Karl Gutzkow

Aus der Knabenzeit

Karl Gutzkow

Aus der Knabenzeit

Sammlung Zenodot
Autobiographische Bibliothek

Karl Gutzkow: Aus der Knabenzeit.
Der Text folgt dem Erstdruck: Frankfurt a.M.: Literarische Anstalt, 1852.

Veröffentlicht in der Zenodot Verlagsgesellschaft mbH
Berlin, 2007
http://www.zenodot.de/
Gestaltung und Satz: Zenodot Verlagsgesellschaft mbH
Druck und Bindung: Books on Demand GmbH, Norderstedt

ISBN 978-3-86640-143-3

»Wer die Menschheit nicht in ihren niedrigen Sphären erkannt hat, begreift sie nicht in ihren Höhen.«

Bogumil Goltz

Vorwort des Verfassers zur ersten Auflage

Die nachfolgenden Blätter wurden nicht geschrieben, um einigen großen Mustern in der Autobiographie nachzueifern. Dem Verfasser war bei Abfassung derselben seine Person in dem Grade Nebensache, daß er sich ausdrücklich gegen die Auslegung verwahrt, als hätte er von sich ein Entwicklungsbild geben wollen.

Er schilderte seine früheste Jugend ihrer besonderen Umstände und Tatsachen wegen, die dem Verfasser nicht undenkwürdig erschienen zunächst ihres Schauplatzes wegen.

Denn Berlin ist eine Stadt, die als Heimatstätte von Personen, die in die Literaturgeschichte eingetreten sind, nicht eben besonders berufen ist. Berlin könnte, behauptete man lange Zeit, nur gesuchten Witz, kalten Verstand und Gemütsleere hervorbringen. Wie ist nicht seit Goethe und den schwäbischen Lyrikern der Norden Deutschlands überhaupt vom Süden verketzert worden!

Nun aber haben sich seither alle Gebiete Deutschlands in ihrer besonderen Eigentümlichkeit geregt, haben ihren Schoß geöffnet und die Quelladern deutscher Sitte, deutschen ursprünglichen Lebens selbst an Stellen sichtbar werden lassen, wo man bisher wenig Spuren davon hatte sehen wollen. Schwaben zeigte sich, wie sich von selbst versteht, als das Goldland der Poesie und des privilegierten »Gemüts«, das Rheinland als der Armidagarten der Phantasie, Thüringen öffnete die Felsenspalten seiner Sagen, wo die verzauberten Kaiser träumten über die Zukunft unsres Volkes, Schlesien, Westfalen, selbst die Lüneburger Heide und die Deutschböhmen haben über die Meilenzeiger der Landstraße, die bunten Röcke der Polizei und das große Nivellement der modernen Wirklichkeit hinweg irgendein heimatlich Besonderes, traulich anders, als was alle kennen, von sich zu offenbaren gewußt. Nur Berlin brachte als spezifisch Berlinisches – immer und immer nur seine Eckensteherwitze, eine gewisse sentimentale Weißbiergemütlichkeit und die Schusterjungencouplets der Friedrich-Wilhelmstadt hervor.

Ist denn nun aber wirklich Berlin so flach, poesielos, unidyllisch, wie es sich gibt und genommen zu werden pflegt? Geht jener unterirdische Silbererzgang des deutschen Gemütslebens wirklich um die Mark Brandenburg herum und befreundet sich nirgends mit der bescheiden flutenden Spree, einem Strom, von dem man doch ganz vergessen zu haben scheint, daß auch er von einem Gebirge heruntertüpft, und bei Bautzen wahrhaft tobt und schäumt wie ein Wildwasser? Berlin ist von Hause aus prosaisch! Das möchte man fast glauben, wenn man sieht, was sich alles an Ort und Stelle auf der breiten Grundlage Berliner Trivialität, vulgo »Quatsch« genannt, aufbauen darf und von eigentlich Heimischem dabei nur Tatsachen, die im deutschen Vaterlande wenig Kredit gewinnen wollen. Und doch besitzt Berlin in sich selbst eine bessere Entwicklungsfähigkeit, als ihm die speziellen Interessen der dortigen Tonangabe seit fünfzig Jahren gestatten wollen. Ja, es ist nicht wie es scheint, so verlassen von einer gewissen Ursprünglichkeit, und die Neigung zur Selbstpersiflage ist durchaus nicht primitiv vorhanden. Es ist nicht einmal so kahl, so sandig, so farblos in seiner Umgebung, wie man nach den allgemeinen topographischen Bedingungen der Mark und dem Spott des bevorzugteren Südens bisher geglaubt hat.

Vielleicht nützen die nachfolgenden Blätter einem besseren Studium. Schon das wäre erfreulich, wenn einmal die Tausende von Berliner, die das spezifisch Berlinischsein-Sollende erst auf dem Theater oder in der bekannten Jargonliteratur kennengelernt haben, den Blick von ihrem Geburts- und Heimatschein aufzuschlagen wagen und bekennen dürfen: Endlich schwindet dieser falsche Schimmer totaler Unpoesie, dieser Beigeschmack von Verstandesnüchternheit, der auf dem berlinischen Ursprunge liegen soll und dem eine geringe Bildung, vorzugsweise in den Theatern, von verdorbenen Schauspielern und allerlei anderen dilettantischen Elementen ausgehend, einen spezifisch sein sollenden Charakter gegeben hat. Die nachfolgenden Blätter sind nur eine Probe dessen, was der Verfasser von späteren Lebenszeiten reicher, eine Probe dessen, was tausend andere noch ohne Zweifel bunter und mannigfaltiger aus ihrer eigenen Jugend zur Widerlegung eines Vorurteils ans Licht bringen könnten.

Nächst dem Interesse des Schauplatzes glaubt der Verfasser zugleich von allgemeinen Seelen- und Lebenszuständen manches dargestellt zu haben, was den Erzieher, den Freund des Volks beschäftigen kann. Hier und da gibt er Beiträge zu einer Wissenschaft, die man neuerdings »Gesellschaftskunde« genannt hat, einer Wissenschaft, welche die leere und allgemeine Bezeichnung des Volkes in seine einzelnen Bestandteile auflösen, die große Masse gruppieren will und über die wir kürzlich von W. H. Riehl ein mannigfach anregendes Buch erhalten haben.

Endlich stellen sich diese Blätter die letzte Aufgabe, für Berlin selbst ein allmähliches Sichentwinden und langsames Freiwerden vom Lokalgeiste zu schildern. Der Verfasser hat diesen Prozeß an sich selbst durchgemacht. Einen schönen Jugendwahn auf hoher Lebensfahrt als drückenden Ballast zu erkennen und fortzuwerfen, kostet für jedes fühlende Herz Überwindung. Könnte jedoch der Verfasser zeigen, daß man liebende Pietät und strenge Beurteilung der in seiner Jugend empfangenen Eindrücke in ein

Gleichgewicht bringen kann, »wo man der Empfindung nicht schenkt, was dem Verstande gebührt«, so hätte er noch einen geheimen und von ihm mit vertrauendem Herzen angestrebten Zweck dieser Blätter erreicht.

Die endlich an der Darstellung vielleicht auffallende, zuweilen scherzend übertreibende Wort- und Bilderwahl möge die Tatsachen selbst nicht verdächtigen, die ohne Ausnahme faktisch sind und niemanden anders als bereits Verstorbene treffen. Der bekannte aufgebauschte Ausdruck des komischen Heldenepos schlich sich hier und da nur deshalb in die Prosa ein, weil eine innere Besorgnis den in der Würdigung seiner Herzensmotive selten glücklich gewesenen Verfasser bestimmte, überall da, wo bei alledem seine eigene Person zu sehr hervortrat, lieber sogleich selbst Gelegenheit zu einem Lächeln zu geben, das er überhaupt in diesem Buch selbst bei den wohlwollenden Lesern desselben immer wird voraussetzen müssen.

Dresden, Februar 1852

Karl Gutzkow

1811–1821

I

Vertrauensvoll ergreift ein Kind die Hand des Lesers. Es spricht: Komm mit! Ich will dich führen! Wohin? In eine Zeit um dreißig, wohl vierzig Jahre zurück. So könnte es zunächst antworten. Doch sagt es lieber gleich: Ich führe dich an den Rand der Ewigkeit, an den Uranfang der Tage, den auch du kennst, wenn du nur dein Ohr an das innerste Klopfen deines Herzens legen willst; ich führe dich zurück in die Zeit deiner ersten Jugend, wo der Mensch den Ahnungen der Ewigkeit so nahe steht, den ersten Dämmerungen alles geschichtlichen Lebens!

Der Schauplatz des Jugendmärchens, das alle erlebt haben und das wahrer ist als alle Geschichte, liegt wie in einer dunkeln, einsamen Kammer. Ist das uranfängliche Chaos eures Lebens, die unermeßliche, öde, dunkle Stille um euch her, der Mutterschoß eures geistigen Lebens nicht wie jene dunkle Boden- oder Polterkammer des Hauses, wohin eine Zeitlang der ausgediente Tannenbaum der Jugend verbannt wird, und was nicht alles durcheinanderliegt! Entkleidet seiner goldenen Herrlichkeit, von der Glut seiner glänzenden Lichter halb versengt, wandert das vertrocknete grüne Reis in eine winterkalte Kammer zur schmutzigen Wäsche, zu leeren Kübeln, zu alten Besen. Ach, soll denn auch der liebe Baum sogleich in den Ofen? Es weinte doch die Dryade zu bitter, wenn sie schon am dritten Weihnachtstage in den Flammen sterben müßte. Die Eltern schonen das Herz der Kleinen und töten ihre Seligkeit nicht mit zu grausamer Eile.

Diese dunkle Kammer – dieser abgelegene Winkel unserer heilig gehaltenen Erinnerungen, diese dunkle Dachbodenverbindung mit dem Ewigkeitstraum des vegetativen Kinderlebens, unter den Sternen geträumt – erhellt sich dann manchmal nach Jahren. Die schmutzige Wäsche des Alltagslebens, die alten Kübel der Sorge, die Besen des Schicksals werden beiseite geworfen, und der alte, noch nicht verbrannte Tannenbaum bekommt seine stramme Richte wieder und schmückt sich und strahlt in goldner Herrlichkeit. Was euch allen in Augenblicken solcher Freude (hervorgerufen, leider, meist nur durch Leid und Wehmut des Alters) einen Berg zaubern würde, an dessen grünem Fuß ihr geboren wurdet, oder ein storchennestgehütetes Giebeldach im Dorfe oder eine Hütte im Walde oder einen Palast in rauschenden Städten, dasselbe Wunder führt denn nun zunächst den Knaben, der euch heute erzählen will, auf einen der schönsten Plätze Europas und der Welt.

Da, wo jetzt in der norddeutschen Hauptstadt Friedrichs des Großen Standbild auf die Umgebungen der Häuser, Kirchen, Paläste, der neuen Menschen, veränderten Sitten, gegenwärtigen Meinungen in stiller Mitternacht ein: Gewesen! niederzuflüstern scheint, während der Anbruch des Morgens das glorreichste Auferstanden! verkündigt, am Beginn der freundlichen Boulevards, die, schon seit lange nur von wilden Kastanien geschmückt, immer noch »Unter den Linden« heißen, gegenüber der Wohnung des Prinzen von Preußen und späteren Kaisers und einem düsterschweigsamen, erinnerungsreichen Säulenhause, dem Palais der Oranier, liegt ein nicht hohes, aber in seinem Umfang majestätisches Gebäude.

Wer vorübergeht und ein Mann nach der Uhr ist, bleibt hier eine Weile stehen. Die Uhrkette wird gezogen und der Weiser der Taschenuhr bedächtig nach jenem großen Zeitmesser gerichtet, der an dem Hauptportal über einem langsam und feierlich bewegten Perpendikel schwebt. Diese akademische Uhr schlägt meines Wissens nicht laut. In alten Tagen unterhielt neben ihr auf der zerbröckelnden gelben Wand eine Sonnenuhr die Kontrolle des felsenfesten, unumstößlichen Dogmas der Normaluhr, die kritische Gegenprobe der angegebenen Stunden. Ginge in Berlin die Uhr der Akademie falsch, so wäre »etwas faul im Staate Dänemark«. Der Punkt, den Archimedes suchte, um die Welt aus ihren Angeln zu heben, liegt dem Berliner zwischen seiner akademischen Uhr hüben und dem Barometer Petitpierres drüben. Gib mir, wo ich stehen soll! predigen für die frommen Geheimräte die Büchsels und Krummachers in den Matthäus- und Dreifaltigkeitskirchen; Müller und Schulze haben nur einen festen Glauben: den an die Uhr der Berliner Akademie.

Ein wunderbares, ein Riesengebäude! Ein Pantheon aller Künste und Wissenschaften! Tempel der Minerva nach allen ihren Beziehungen – auch zum Kriege! Preußens Minerva muß ja als Einjährig-Freiwillige Schild und Lanze führen. Rings die Musen, in der Mitte Mars. Asyl der Künstler und Rennbahn der Kavalleriepferde. Die Trompete der Ulanen durcheinanderwirbelnd mit der Trompete Famas, die hier in einem Kämmerlein der akademische Historiograph des Landes zu blasen hat. Über der akademischen Uhr sollte aus der Mauer Pegasus springen; das Pferd ist es, dessen geflügelter oder zugleich hufbeschlagener Bedeutung dies ganze gewaltige Quadrat gewidmet ist.

Nach der Lindenfront hinaus liegen die von Friedrich dem Großen nach einem Brande wiederhergestellten Sammlungs- und Unterrichtssäle der hier vom ersten Preußenkönig schon in seiner Kurfürstenzeit errichteten Akademie der schönen Künste. Mehr zur Rechten, dem früher Prinz Heinrichschen Palais, der heutigen Universität zu, beginnen die Säle und Sammlungen der Akademie der Wissenschaften, zu denen sich noch in der Stall- oder Universitätsstraße, der rechten Seitenflanke, die Druckerei der Akademie mit persischen, arabischen und Sanskritlettern, also halb gelehrten Setzern, gesellt. Auf der dritten Linie des Quadrats, die zur jetzigen Dorotheen-, früher »letzten« (!) Straße hinausgeht, lag der akademischen Uhr gegenüber die damals von dem Astronomen Bode geleitete Sternwarte. Nach der vierten, der Charlottenstraße zu, führte eine Treppe zur Anatomie hinauf und zu den Hörsälen des alten, hier schon vor der Universitätszeit blühenden »medizinischen Kollegiums«. Alle andern Längenseiten, Turmpavillons und Vorsprünge dieses enzyklopädischen, allumfassenden Baues hatten eine Bestimmung, die man unter Umständen keine prosaische nennen kann, wenn sie auch mit dem wissenschaftlichen und artistischen Charakter der übrigen Teile nicht in nächster Berührung stand. Sie wurden zu Pferdeställen verwandt, teils für das Gardedukorps- oder Kürassier- oder Ulanenregiment, teils für die Bespannungen der königlichen Prinzen und Seiner Majestät des Königs selbst.

Dies abenteuerliche, seltsame, lichte und dunkle, klassische und romantische Gebäude, ein Pegasusstall nach Hufbeschlag und Flügelschwung, mußte einem in demselben am 17. März 1811 gebornen Kinde, das ohnehin wie jedes Kind in einem Span geschnitzter Baumrinde Silberflotten, in einem blitzenden Kiesel Dresdner Grüne Gewölbe sieht, so gut wie das halbe Universum erscheinen. Ihr Armen, die ihr hier nur die Uhr, die Kunstausstellungen, die akademischen Leibnizsitzungen, die Boppschen Sanskritlettern, die funkelnde Kometenwarte, den Rudolphischen Kursus über Splanchnologie nebst den demonstrativen Spirituseingeweidegläsern, die Königlich Preußischen Wagenremisen und die Hauptwache der Ulanen seht, wieviel ist euch von der noch übrigen wahren Poesie dieses Pantheons oder Pandämonismus entgangen! Die inneren Höfe, die Pluvien dieses Tempels, die lauschigen Mysterien innerhalb dieser vier Straßen, unzugänglich allen Neugierigen, streng gehütet von den Kastellanen mit Rohrstöcken, von den königlichen Leibkutschern mit Peitschen, von den Schildwachen mit dem Sarras – da gab es erst zu schauen, zu lauschen, zu schleichen, zu naschen, zu wühlen, mit romantischen Hilfsmitteln zu spielen! Inmitten dieser vier Langseiten gab es allerlei wirres Gemäuer. Düstre, grasbewachsene Gänge führten zu schauerlichen viereckigen oder runden Türmen. Ohne Zweifel war das Innere des Quadrats dem Kinde wichtiger als die akademischen Säle, wo Schleiermacher zu Friedrichs des Großen Geburtstag über Plato, Wilken über die Kreuzzüge las oder Gottfried Schadow neuangekommene vespasianische Badewannen mit seiner kostbaren, allerweltbekannten Hausverstandslogik balneologisch und vom Standpunkte moderner Bequemlichkeit musterte. Hier zeichneten die künftigen Düsseldorfer, die Julius Hübner, Hopfgarten, später die Bendemann, Sohn, Hildebrandt als erste Studienklässer nach Gipsabgüssen, dort wurden eben von Italien Gemäldekisten zur Kunstausstellung ausgepackt und das Campagna-Romana-Stroh wie gemeines pommersches oder Uckermärker Stroh vom Gendarmenmarkt behandelt. Hier ordnete man die Bücher der Akademiker oder zog von der Presse ein neues Werk von W. von Humboldt über die Kawisprache, in deren von einem Mustersetzer leise vor sich hin buchstabierte Gurgellaute sich das Roßwiehern einer Reitschulbahn für Gardekavallerie mischte. Dort krächzten um die Himmelskugel der Bodeschen Sternwarte Scharen von Raben, die der vergoldete blitzhelle Glanz des großen Globus ebenso anlocken mochte wie der Leichengeruch von der grauenvollen, jeden Abend mit frischen Leichen versorgten Anatomie her.

Aber wichtiger waren dem Knaben die schmetternden Trompeten, die Signale und Ablösungen von einer der Mittelstraße gegenübergelegenen Wache, das Wiehern und Kettenrasseln von hundert Pferden, die durch Trommelschlag und Pistolenschüsse an kriegerischen Lärm gewöhnt wurden. Wichtiger waren ihm die kleinen Gartenplätze, die grünen Rasenbänke, die Lauben von wildem Wein und türkischer Bohnenblüte, die Fenster mit Terrassen von Goldlack, Levkojen, Astern, die großen Kästen mit Kresse, die ihre zinnoberroten, beizendduftenden Blüten an Bindfäden bis hoch über die Fensterrahmen hinaus prangen ließ, welche Idyllenwelt dann von Kutschern, Bereitern, alten pensionierten Hofdienern griesgrämlich gehütet wurde. Da stand ein einziger, aber riesengroßer Nußbaum, der dem ersten Rosselenker des Königs gehörte und mit den drastischsten Mitteln gehütet wurde vor den lüsternen Blicken der Knaben, die schon glücklich waren, nur ein einziges duftendes Blatt von ihm zu erhaschen, das sie mit sanftem Fingerstrich in seinem zarten Geäder von dem Blattgrün befreiten und als übriggebliebenes zierliches Geripp in den »Brandenburgischen Kinderfreund« legten. Hier war alles Idylle. Die reizendsten Lockungen der Natur lagen in diesem stillen Seitenhof mit seinem einzigen Nußbaum, einzigem Blumenbrett und einziger grüner Rasenrabatte. Die Wohnung des so bevorzugten Selbstherrschers vom allerhöchsten Wagenbock lag mit jenem schattigen, früchteschweren Nußbaum, unter dem eine grüngestrichene Bank die Geduldeten zur Ruhe einlud, so versteckt, so malerisch, so dicht gelehnt an einen großen, pittoresken Turm, von dessen eisengegitterten Fenstern oft mit Sehnsucht hinuntergeblickt wurde wie auf ein Landschaftsbild.

Von den großen Künstlern und Gelehrten, die auf dies Viereck angewiesen waren, erfuhr der Knabe erst allmählich etwas. Verständlich waren ihm in seinen ersten Lauf- und Sprechübungen nur jene rüstigen, kurzen, strammen Leute, die in ledernen Buchsen, gelben Stulpen an den Stiefeln, blauen Röcken, roten Westen und kleinen, silberdrahtüberzogenen und mit langen Silberschwänzen in der Mitte gezierten englischen Jockeimützen vor dem viereckigen Nordostturm, an der Ecke der »letzten« und der Stall- oder Universitätsstraße, walteten und schalteten. Diese Männer hüteten und pflegten einige dreißig stattliche Rosse, die dem Bruder der regierenden Majestät gehörten, dem Prinzen Friedrich Wilhelm Karl von Preußen Königliche Hoheit, Vater der verwitweten Königin von Bayern, Großmutter des musiktrunkenen Bayernkönigs Ludwig. Links bis zur Astronomie wieherten die Fahr- und Reitrosse des Prinzen, rechts bis fast zur Sanskritdruckerei standen seine Wagen. In dem viereckigen Turm selbst gab es Dienst- und Ablösungsstuben, Wohnungen, bestehend aus Küche und Kammer für einige bevorzugte Wagen- und Rosselenker, Verschläge für Sättel und Riemenzeug, Riegel für Kandaren, Schabracken, Pistolenhalfter, und bis hoch hinauf über dunkle breite Treppen ging es in die Dachkammern mit geheimnisvollen Luken, durch welche der Wind melancholische Weisen pfiff, und wo doch aus der Vogelperspektive, von einem zwischen den Dachziegeln wildwachsenden, zierlich geformten Kopfe sogenannten Hauslaufes aus, die ganze bedeutungsvolle Gegend übersehen werden konnte. Dort die Kunsträume mit ihren Gipsabgüssen und den hohen Fenstern, an denen durch permanente Vorhänge ein Oberlicht für die Herren Maler und deren Schüler erzielt wurde. Hier zur Seite die Wissenschaftssäle mit ihren Büchern und Protokollen; dort die Himmelsgloben der Astronomie; besser seitwärts tanzten auf dem anatomischen Theater, wenigstens nach der Versicherung schauerlicher Spukgeschichten, zerschnittene Arme, enthäutete Beine, um ein Begräbnis betrogene Köpfe unter grauenhaften Klagetönen, die man nachts von jenen Sälen herüberschallen hören wollte. Drüben dann der gewaltige Koloß des Prinz Heinrichschen Palais, dessen Besitzer so geheimnisvoll, ja mythenreich seit Jahren in Rom verschollen war, während einige alte Pferde von ihm in jenem Winkel drüben das Gnadenbrot fraßen und das übrige Palais den Musen überlassen blieb, die hier 1810 die so rasch aufblühende Universität begründeten.

Zwischen den schattigen Alleen des damals ringsum geschlossenen Universitätsparkes, Kastanienwald genannt, lag ein großer Holz- und Zimmerplatz, wo Tausende frisch geschälter, sogar in der Rinde den tollsten – Kinderappetit zum Kauen und Verspeisen derselben reizender Bäume aufgeschichtet lagen und die gewaltigen Sägen, die Äxte, die Hämmer von morgens bis abends widerhallten und dröhnten an derselben Stelle, wo jetzt ein freundlicher kleiner botanischer Garten liegt, ein *jardin des plantes* zum Universitäts-Taschenhandgebrauch. Weiter abwärts dann die Ufer der Spree, noch nicht überbrückt, noch nicht mit schönen Kais versehen, noch nicht halb verschüttet und zugedämmt. Nirgends gab es hier Durchgänge. Die »letzte« Straße war Sackgasse, wie sonst der »Bullenwinkel«. Um den jetzigen Hegelplatz war alles Wiese und Holzschuppen. Schräguber wohnte Hufeland, der berühmte Professor und Leibarzt des Königs, ein Mann im runden Quäkerhut, dem Knaben so erinnerlich wie einer seiner liebsten Bleisoldaten. Zur Seite die Lehranstalt der jungen Militärärzte. Dann folgten Kasernen (berlinisch »Kassarmen«), Exerzierplätze, große Magazine, alles verworren, regellos durcheinander auf denselben Plätzen, die sich nach wenigen Schritten zum Überblick der Linden öffnen, der Bibliothek, des Opernhauses, des Schlosses, bekanntlich einer der schönsten Perspektiven der Welt.

Es mag wenig Städte geben, wo berühmte und vielbedeutende Gebäude so dicht in großer Anzahl beisammenliegen und zwischen den gewaltigen Quadersteinen und stolzen Säulen doch soviel stille, bescheidenste Lebensexistenz gestatten, wenigstens wie sich damals noch einnisten durfte. Von allen diesen großen Beziehungen war oft die Seele des Knaben wie von rätselhaften Schwingen gehoben. Aus dieser majestätischen Anschauungswelt zitterten, drängten, schauerten sozusagen Tatsachen auf ihn ein, für welche er keinen andern Ausdruck hatte, als eine unendliche, namenlose Sehnsucht nach Licht, Klarheit, irgendeiner tüchtigen Bewährung im großen Ganzen. Das hinlänglich überberufene Wesen des in andern Stadtteilen üppig wuchernden Berlinertums kannte er nicht. Die Welt um ihn her war eine vornehme und bedeutungsvolle.

Der Vater des Knaben nahm allerdings nur die soziale Position eines ersten Bereiters Seiner Hoheit des Prinzen Wilhelm ein. Die Dame Eitelkeit müßte eigentlich den Erzähler bestimmen, den Leibbereiter eines königlichen Prinzen ein wenig ins Stallmeisterhafte hinüber auszumalen und aus einem solchen nachreitenden (nicht vorreitenden) Knappen halb und halb einen Ritter zu machen. Doch gibt er der Wahrheit die Ehre. Sein Vater ist vielerlei gewesen und immer in seiner Art tüchtig. Dem Roß zu dienen, hebt ja auch den Menschen. Es ist ein freies, auf Gegenseitigkeit begründetes Verhältnis. Der Hirt übt absolute Herrschaft über seine Herde, der Reiter kann sein Roß nur allmählich für sich gewinnen. Dem Rosse dienen, ihm seine Launen abgewinnen, ist ein Triumph der männlichen Kraft. Ihr glaubt es gezähmt zu haben, es gewinnt einen Schein von Ergebung, Schwäche, selbst von gemütlicher Anhänglichkeit, aber jeder zu lang verhängte Zügel gibt ihm die Kraft der eigenen Laune wieder und – launisch ist das Pferd, so launisch, wie nur Könige launisch sind! Das Pferd hängt von der Reizbarkeit seiner angebornen Natur ab. Es hat sich beim besten Willen, wenn man so sich ausdrücken wollte, nicht in der Gewalt. Mit einem plötzlichen Schreck, einem ungeahnten Scheuwerden stürzen alle seine guten Vorsätze zusammen. Das Roß vergißt dem Menschen nie, daß denn doch die Peitsche und der Sporn die strengen Begleiter seiner Liebe sind. Oft ist es, als verstünde das edle Rassenpferd nicht einmal die Sprache des Abendlandes, als lernte es nie, daß es andere Laute geben könnte als die des Sohnes der fernen morgenländischen Wüste. So hat ein »Bereiter«, ein Stallmeister, ein Offizier, ein Wettrenner, ein Pferdeamateur ein von arabischen Ahnen stammendes Tier liebgewonnen, er streichelt es, der treffliche Renner spielt mit den Ohren, schwingt den Schweif, stößt die kurzen grammelnden Laute des Wohlbehagens aus, man glaubt Wunder wie innig der Bund zwischen Tier und Mensch geschlossen ist – und plötzlich bringt man den vom Rosseshuf getroffenen Herrn nach Hause. Blut quillt aus des Sterbenden Munde. O wie oft drang dies Schreckenswort an des Knaben Ohr! Dieser oder jener lustige Reiter, der ihn auf den Schoß genommen, ihm Backwerk geschenkt hatte – einen Hufschlag bekam er auf die Brust, und man trug den Unglücklichen ins

»Klinikum«, diese grauenvolle Ausgangspforte des Lebens, wo der Tod statt der Sense eine chirurgische Säge schwingt – es lag dicht in der Nähe – Dorotheen- oder »letzte« Straße Nr. 1.

Der tägliche Eindruck des Stallebens war ein unterhaltender. Da stehen die Rossebändiger, putzen Riemzeug oder bemalen ihre ledernen Buchsen mit geriebenem Ocker. Ihre Mienen waren gebräunt, wild, bei manchem sogar übermütig. Das machte die noch nicht lange überwundene Kriegszeit. Wir schreiben mit dem heranwachsenden Jungen etwa 1817 oder 18. Die Reisige und Roßknechte legten damals noch nicht lange den Dreimaster, die orangeschwarzweiße Schärpe, den geschliffenen Säbel ab. Weit in der Welt im Kampf mit »Bonaparte« herumgeworfen, waren sie bald in Tilsit, bald in Königsberg, bald in Breslau oder bei Leipzig. Sie sahen Paris, Ligny, Namur, Belle-Alliance. Sie sahen zum zweitenmal Paris, sogar Orléans. Der zweite Pariser Frieden scheint ihnen nicht behagt zu haben, die Räumung Frankreichs das Allerverdrießlichste zu sein. Dort war's eine lustige Welt, ein Friedensschluß, der mit einem Teil der Franzosen, den Emigranten, Versöhnung, die beste Kameradschaft, Huldigungen, allerlei Zuvorkommenheit gebracht hatte. Hier jetzt nichts als »Schurigelei« und Wachtparade – Spazierritte nach Charlottenburg, Jagdausflüge nach dem Grunewald, winterliches Haltenmüssen vor den Schlössern, Theatern, bei Bällen und den Diners in der Wilhelmstraße. So war es im Felde, in der »Kampagne« nicht. Da hatte es zwar Entbehrungen, Strapazen, Gefahren gegeben, aber welche Entschädigungen dann auch im Quartier, welche Abenteuer, bei den Gutgearteten welche Freude an fremder Sitte und schnelle Gewöhnung an die zuweilen liebenswürdige Art des verhaßten Feindes! Der geringe Mann findet sich auch unter den Gegnern bald mit seinesgleichen zurecht. Nur die Großen führen die Kriege, die Kleinen haben sich nach einem Streit bald ausgesöhnt. Von »Beute«, die auf dem Schlachtfelde gewonnen, vom wohlfeilen Einkauf beim Kosaken wurde als von etwas Selbstverständlichem gesprochen. »Pendülen« und kostbare aus den Rahmen geschnittene Bilder fehlten freilich. Wie hätten sie auch sollen transportiert werden! Eher aber wurde erzählt, daß man seine Errungenschaften schon wieder geteilt hatte mit dem Feinde selbst, verschenkt an den guten Wirt, zurückgelassen als Andenken an eine zärtliche Mutter, deren Tränen den Krieger gerührt hatten, an die Kinder, die an den roten Bärten der Fremdlinge zupften und sich mit deutschen Liebkosungen trösten ließen, wenn ihnen ein Bruder Pierre, Matthieu oder Napoleon bei diesen Fremden daheim gefallen oder in Rußland erfroren war.

Noch steht das Bild der Rückkehr aus dem gezähmten kaiserlichen Frankreich dem Erzähler nach dem Bericht der Mutter vor Augen. Die Weiber gingen ihren Männern entgegen schon bis zum halben Wege von Potsdam. Hinter Steglitz umarmten sie die Langentbehrten, endlich im Staub Erkennbaren. Beim Landgute des Großkanzlers von Beyme steigen die Wohlbehaltenen vom Roß und küssen Weib und Kind. Aber wie sind sie verändert! Die wilden Bärte reiben beim Küssen ja fast wund! Und die Worte, was die neu sind, die Fragen, wie so zerstreut, so fremdartig und vergeßlich sie klingen! Das Pferd da, Sophie, das hab' ich erbeutet, aber ich verkauf es – die Juden in Magdeburg haben schon sechzig Taler geboten. Der Stallmeister gibt siebzig! Da! Drei Uhren! Eine für den Bruder, eine für den Vetter, eine für den Ältesten zur Einsegnung! Lauter echte Breguets! Hier Tücher, Lyoner seidne Tücher, nicht viel, aber nur um die Mode zu zeigen, und ein Ring – wer weiß von wessen Hand! Später sage ich's – aber nimm ihn nur! Die Kosaken verkauften alles um ein paar Gläser Branntwein. Was kann ich nicht alles erzählen! Im Mantelsack liegen auch ein paar Taler.

Und nun erkenne man die Ansicht, die im Volke über Kriegsbeute lebt; das sind Anschauungen, die noch aus den Zeiten der Landsknechte stammen, aus den Zeiten der erstürmten Städte, die man einer mehrtägigen Plünderung überließ.

Das ist, fragte die ihr Eherecht schon wieder Fühlende auf dem Wege halb schon bei Schöneberg, die ganze Bescherung? Das ist alles? Da sind doch andere, die auch zurückgekommen sind, was haben die nicht mitgebracht! Wahrhaftig mehr als die Tabakspfeife mit dem silbernen Beschlag! Mehr als da die englischen Rasierzeuge und die Pariser Seife! Mehr als die Spieldose da mit der Modearie des Tages: »Ich war Jüngling noch an Jahren!« Lauter unnütze und verschwenderische Dinge das! Und nun zeigt sich auch sofort, daß die Haupterrungenschaft der Krieger, ihre wahre gemachte Kampagnebeute Mißmut, Zorn, überspannte Phantasie, tolle Lebenslust und ein überraschender Reichtum von neuen, bisher unerhörten sakramentischen Bougreflüchen und Kreuzhimmelherrgottsverwünschungen über die Wucherer im Felde, die Räuber, die Stubenhocker, die Schleicher, die den armen Fremdlingen »das Fell über die Ohren« zögen, und die nimmersatte Habgier und Putzsucht der respektiven Ehehälften sind.

Noch klingt auch im Ohr das wirkliche wilde Toben der Rückkehrenden. Was klapperten die Säbel, stoben die Funken auf dem Straßenpflaster, wurde gesungen, gewettert und getrunken! Auf den Straßen schrie man aus: »Bonapartes neueste erbärmliche Stoßseufzer aus St. Helena« und ähnliche Pamphlete. Man kennt die Spottliteratur, die nach Napoleons Sturz auf allen Märkten und Gassen wenig Großmut und viel Siegesübermut verriet. Ja, sagten sogar die Heimkehrenden, wenn er nur bald wiederkäme! Sie mochten die »Entrunzelung des grimmen Krieges«, den schalen Frieden, die Plackereien des wiederhergestellten Dienstzwanges nicht, auch nicht beim Militär, wo jetzt alles russisch werden sollte. Die Rüstung, die allgemeine, blieb eine stramme, trotz der Durchmärsche, die von den heimwärts ziehenden Russen kein Ende nahmen. Aber die Russen galten in der Tat für die gemütlichste Nation von der Welt. Die Großen mochten sich mit Eifersucht und Mißstimmung aneinanderreiben und Fritz des Franz, Franz des Alexander längst überdrüssig geworden sein, die Kleinen hatten Freundschaft geschlossen und nahmen sich von der allgemeinen menschlichen Seite. Es hieß zwar, der Russe nimmt ein Talglicht und zieht es sich, selbst wenn er's vom Leuchter, nicht vom Lichtzieher genommen, zum Frühstück durch die Zähne; aber die Kinder bekamen russische Taufnamen: Paul, Alexis, Feodor, Kathinka, Alexandrine, Maschinka. Auch Türken gab es unter den Russen, und nicht unkenntliche. Iwan, ein Türke vom Schwarzen Meer, nahm den Knaben oft auf den Schoß und schenkte ihm Thorner Pfefferkuchen und große Rostocker oder Stettiner Äpfel. Ein unerlaubtes Einstürmen von trunkenen Russen in unser ihnen nicht gehörendes Quartier und die mit Macht von der entschlossenen Mutter verteidigte Tür ist dem Knaben gegenwärtig wie eine Szene aus dem Homer.

Die Geschichte des Ringes aus Paris wurde erzählt, aber vom fünfjährigen Knaben noch nicht verstanden. Dagegen begab sich folgendes unter des Knaben eigenen Augen.

Zwei Reiter des Prinzen hatten sich im Felde die treueste Freundschaft geschworen. Der eine mit krausem, schwarzem Haar, lebensfroh, mit Feueraugen – der erste Vorreiter des Prinzen. Der andere blond, ernster, milder, nur zuweilen aufbrausend, blauäugig, der höher stehende Nachreiter. Es konnte keinen fröhlicheren Gesellen geben als den schönen, schwarzen, krausköpfigen Lorenz. Wenn Lorenz auftrat in den frischgetünchten gelbledernen Beinkleidern, den hohen geglänzten Steifstiefeln, in der kurzen blauen Jacke mit weißen Metallknöpfen und roten silberbesetzten Krägen und Aufschlägen, die runde Jockeikappe und die silberdrahtüberflochtene Reitgerte in seiner Hand tänzelte, die Sporen an den Absätzen klirrten, da war er der Stolz des Marstalls. Lorenz schäkerte mit den Mädchen, lachte mit den Frauen, allen mußte seine frohe, lustige Art gefallen. Er war verheiratet und hatte die schönsten Kinder. Aus dem Kriege heimkehrend, waren die verbundenen Freunde, Lorenz und des Knaben Vater, halbe Franzosen geworden. Wenigstens die Sacrebleus der Pariser konnten sie sprechen, ohne den Meidinger studiert zu haben. Sie hielten eine geschlossene Kameradschaft, die sie um so enger verbinden mußte, als sie in einem und demselben Hause wohnten, im nordöstlichen Marstallpavillon der Berliner Akademie.

Aber ach, diese Freundschaft wurde auf harte Proben gestellt! Die aus Frankreich heimkehrenden jungen Reiter fanden ihre Frauen wieder, aber beide gegenseitig in Zorn und Haß entbrannt. War es die alte Eifersucht, die seit Kriemhilden und Brunhilden die Frauen wetteifernder Kriegsgesellen gegeneinander aufstachelt, oder hatte reizbares Frauennaturell keine Veranlassung gefunden, für den Würfel und das Kartenspiel, das die Männer verband, ebenso bindende Surrogate, den Kaffee, die Neugier, die Zuträgerei, die Klatschsucht, eintreten zu lassen – genug, die beiden Frauen der Freunde haßten sich. Und es war nicht etwa ein Haß, wie bei uns, den Leuten der Bildung, gehaßt wird, der Schein einer kalten, oberflächlichen Gleichgültigkeit des einen gegen den anderen, ein Hinterrücksangreifen, ein Mangel nur an sympathischer

Stimmung – nein, es war ein Haß wie aus der Heldensage. Die Kinder der einen Frau, den Kindern der andern sich nähernd, wurden mit Gewalt fortgerissen. Frau Lorenz, eine hohe, schlanke Gestalt, mager, von brennend stechenden Augen wie ihr Gatte, bei dem aber nur die Kohlenaugen vor Lust und Freude funkelten, und die Mutter des Erzählers, kleiner, rundlicher, von blauen Augen, schwarzem Haar und schwarzen Augenwimpern und einer so gewaltigen Charaktererregung fähig, daß sie auf ihrer Stimmung festhielt, ob dabei auch ein Schüreisen biegen oder brechen sollte. Das Pathos dieser Leidenschaft reichte bis ans Tragische. Beide Frauen waren angewiesen auf Liebe, Schonung und Duldung! Denn – nach einer verhängnisvollen Wendung – jede hatte zwar ihre eigene Stube (ohne Kammer!) mit drei Kinderbetten oder wenigstens Plätzen oder Stühlen, aus denen man abends Betten machen konnte, beide sahen diese Herbergen als Dienstwohnungen für eine große Wohltat an, aber beide benutzten dabei nur eine und dieselbe Küche. Brunhild und Kriemhild in einer einzigen Küche! Zwei Feuerflammen vor einem und demselben Feuerherd. Beide auf einem und demselben steinernen Estrich ihre Gemüse putzend, ihre Kartoffeln schälend, ihre Erbsen, Linsen verlesend! Und Gemüse, Kartoffeln und Erbsen auf einem und demselben Herd zu kochen! Es ist wahr, eine kleine Scheidewand von Backsteinen trennte den Topf Brunhildens vom Topf Kriemhildens. Links knisterte an seltenen Tagen der Speck der einen, rechts brotzelte die gebackene Leber der andern. Die Kartoffeln, die Bohnen, die Erbsen dampften sich dicht nebeneinander in dieselbe Esse aus, in dieselben schwarzglühenden Wände, auf deren rußige Kristalle immer gleich kalte, gleich starre Mienen des Hasses und des verweigerten guten Morgens fielen. Durch die kleine Küche war eine Demarkationslinie der Neutralität gezogen, die nur beim Eintreten durch die Tür von beiden Parteien überschritten werden durfte. Sonst standen Eimer und Scheuerfaß, Schrank und Holzklotz, Hackebrett und Marktkorb in mathematischer Genauigkeit so gestellt, daß eins nicht um die Linie in das Gebiet des andern rückte, es sei denn, daß der immer zurückgehaltene und nur von einem im Hause den Königlichen Vizewirt spielenden »Sattelmeister« zur Ruhe verwiesene Groll eine Veranlassung zum Ausbruch suchte.

Wie dieser Haß hatte entstehen können, ist dem Erzähler unbekannt. Soviel ist erwiesen, geringe Leute hassen sich nicht, wie wir uns hassen. Wir Gesellschaftsfähiggewordenen gehen süßlächelnd mit Komplimenten aneinander vorüber, während »wir uns vergiften könnten«. Aber Naturmenschen – was wäre denen Mäßigung und ein Zügeln ihrer Leidenschaft! Es erschiene ihnen Feigheit. Ein Scheitholz, das der einen im Wege liegt, wurde mit dem Fuß zur andern hinübergeschleudert wie eine giftige Otter.

Ein kostbares Gericht, das die eine Mutter zum Sonntag ihren Kindern bescheren will, wird bei der Enthüllung aus dem sonnabendlichen Marktkorbe von der andern mit lauter Lache begrüßt. Da wird kein Epigramm in das innere Herz zurückgedrängt. Keine Diplomatie tritt an die Stelle des wilden Naturzustandes, der alles sagt, was er denkt, alles austobt, was er fühlt, ja jede Gelegenheit ergreift, sich in jenen nervenanspannenden Zorn zu versetzen, der erst die rechte Nahrung mancher Seele sein zu müssen scheint und auf sie wie berauschendes Opium wirkt. Dieser schlimme Krieg der Küche, dessen Schlachtfeld zuweilen auch der große, mit Steinen gepflasterte Hausflur war, dauerte während des ganzen großen, heiligen Befreiungskrieges fort und wurde als schon Napoleon längst in St. Helena von Sir Hudson Lowe, vom Magenkrebs und der bittersten Reue über seine verkehrte Menschen- und Weltauffassung zum gefesselten Prometheus geworden war und die großmütigen Sieger von Belle-Alliance immer noch in den Straßen witzlose Pamphlete auf den Unschädlichgemachten auszurufen duldeten, noch lustig fortgesetzt zum Jammer der beiden Freunde, die so eng verbunden von Paris heimkehrten und durch ihre auf wilde Sitten, Unlust am Frieden, Kartenspiel und sehr geringe Wertschätzung des Geldes begründete brüderliche Einigkeit den Zwiespalt nur noch ärger machten. Da geschah ein Wunder, das tief in die Herzen dieser Menschen und auch in die Seele des Knaben griff. Die Kinder beider Parteien liebten sich schon lange so innigst, so zärtlich wie die Väter. Und nun nahte sich auch den Müttern der Engel des Friedens, aber im weißen Gewande mit der Palme in der Hand, der Engel des Todes. Des schönen Lorenz jüngstes Kind, ein holder, kraushaariger Schelm von wenigen Jahren, ein Mädchen, erkrankte und starb. Die kleine lockige Marianne – des Prinzen Gemahlin hieß Marianne – hatte noch vor einigen Tagen so heiter mit dem Knaben gespielt. Dann hieß es: Mariannchen liegt zu Bett! Und bald: Mariannchen ist tot! Lorenz, der Vater, weinte. Die Mutter, die kalte Brunhild, verhüllte ihren Schmerz in düstern Ernst.

Das Unglück bei Armen ist ebenfalls noch etwas anders als das Unglück bei Reichen. Das Unglück des Armen entmutigt eine Weile fast ganz seine Kraft, während den Gebildeten das Unglück sichtlich heben und moralisch anfeuern kann. Die Armen haben nicht die geläufige Vorstellung von einer allgemeinen Verteilung von Leid und Freud und deren Ausgleichung. Sie nehmen jede Begegnung des Geschicks persönlich, wie etwas auf sie allein von höheren Mächten, von Gott absichtlich Gemünztes. Sie fliehen, sie verstecken sich wie vor einer wirklich aus den Wolken langenden Hand des persönlichen Gottes. Sie bitten und flehen Gott um gnädige Lebenslose an, wie an den Stufen eines großen Weltkönigs. Sie hoffen nur darum das Gute, Freundliche und Gnädige, weil ihnen doch in der Regel Gott ein alter Bekannter, ein zwar ernster und strenger, aber doch meist gütiger Vater gewesen. Aber dann eben der Jammer um ein Mißgeschick, der Schrecken, das Entsetzen, sich in so unerwarteter Weise rätselhaft schlimmen, unheilvollen Mächten verfallen zu sehen und den Finger Gottes gerade auf sie ausgestreckt zu erblicken! Sie ahnen dann sogleich die Fülle des Elends, die nun über sie kommen würde. Die kalte Lorenz, sonst eine vortreffliche Mutter, verbarg ihre Tränen nur, um nicht ihren Schmerz vor der Feindin sehen zu lassen.

Aber der Todesengel hatte es anders beschlossen. Die eben entschlummerte Kleine bedurfte einer Ruhestätte noch vor dem Grabe. Irgendwo mußte die Leiche doch noch drei Tage außerhalb des Zimmers stehen, nicht neben der stilljammernden Mutter, dem zerknirschten Vater, den weinenden Geschwistern. Wo anders war sie unterzubringen, als in der Küche? Diese Küche zweien Herren gehörig, sonst ein Tummelplatz des Hasses, wurde nun die Versöhnungsstätte der Liebe. Die Simultanküche wurde Simultankirche. Zwei Konfessionen des Herzens beteten hier nun zu demselben Gott der Liebe, und ein Glockengeläute rief für beide Parteien zum Frieden. Der enge Raum konnte zur Errichtung eines Katafalks für die kleine Leiche – zwei Stühle und ein Strohsack genügten – nur dann ausreichen, wenn von beiden Frauen eine jede etwas von ihrem Gebiet hergab. Und so geschah es. Die kleine Frau mit den blauen Augen unter den schwarzen Wimpern hatte ebenfalls Mariannchen wie ihr Kind geliebt. Die Demarkationslinie wurde aufgehoben. Das Kind mit dem Lokkenhaupte lag halb im Gebiet seiner Mutter, halb im Gebiet der Nachbarin, hier das Haupt, da die Füße, der Feuerherd wurde zum wirklichen Altar. Über dem endlich dann nach zweimal vierundzwanzig Stunden, zum Tage der Bestattung weißgeschmückten, rosen- und myrthenumkränzten kleinen Kinde reichten sich die Mütter weinend die Hände und blieben ihr Leben lang verbunden, verbunden in aller Liebe. Ja, sie holten das Verlorene nach. Denn viel stärker, emsiger zum Dienen und gegenseitigen Helfen wurde ihr Herz, gleichsam um zu zeigen, als hätte die bessere Regung schon von Anbeginn bestanden.

Aber beide Frauen bedurften sich auch einander! Denn ach! Die Armen ahnen nicht mit Unrecht in einem Unglück den Anfang einer ganzen Unglückskette. Dunkelste Wetter ihres zornigen Gottes zogen über diese Frauen herauf. Der schalkhafte, muntre, im Trunk freilich wilde und gefährliche Lorenz verlor vom Tode seiner kleinen Marianne an, ja auch von der Rührung über die Versöhnung der Frauen, die alte vom Pariser Venusberge mitgebrachte Heiterkeit. Denn diesen Menschen ist es, als müßten sie spitze und stachelnde Dinge im Leben haben, die ihnen erst Kraft und Elastizität geben. Lassen diese Widerhaken nach, wird alles weich und gut um sie her, so fangen sie an leck zu werden (»recht spack« war der pommersche Ausdruck des Vaters) und siechen hin. Lorenz ist nicht der einzige, den der Erzähler unter zuviel Milde und Güte, unter zuviel Aufforderung zur Tugend und Mäßigung zusammenbrechen sah. Wie dem schönen Lorenz ging's auch seinem Freunde, dem Vater. Die Gelegenheiten zu gewaltigen Szenen nahmen ab. Der wilde Nachklang des Krieges verhallte in der Ordnung der Sitte und im bessern Gemüt. Der Säbel, der oft noch gezogen wurde, sogar wenn die charakterfeste Mutter auf ihrem Rechte oder ihrer Auffassung vom Rechte bestand, verrostete, wurde vergessen, verschenkt; schon lange ging er kaum noch aus der Scheide, und die Kinder gewannen allmählich auch an Kraft, dem entfesselten Zorn des von seinem Jünglingsalter und in den »Kampagnen« nicht zur Selbstbeherrschung angeleiteten Vaters in die Arme zu fallen. Da sank allmählich der Kosakenbart, das wilde Haar, die »Kameradschaft« wurde kleiner, der Sinn trüber, düstrer, ernster.

Doch so trüb und düster wie bei Lorenz freilich umwölkte sich der Sinn des Vaters nicht. Jenen suchte man eines Tages lange und vergebens. Es war Mittagszeit, schon gegen ein Uhr. Das Essen wartete. Wo ist Lorenz? Die Mutter der toten kleinen Versöhnerin suchte ihn, schickte die Kinder nach allen Orten, wo Lorenz zu verkehren liebte. In allen Kellern, wo Spiel, Trunk, Tabak die Kumpane zu vereinigen pflegte, in allen Ställen des Königs, der Prinzen. Lorenz war verschwunden. Erst gegen Abend fand man ihn in der dunklen, unheimlichen Sattelkammer an einem Riemzeugpfosten aufgehängt.

Die Wirkung dieses Selbstmordes auf die alte Genossenschaft des Krieges war gewaltig. Alle hatten den Unglücklichen geliebt, alle ihn im Herzen gehegt. Aber eine milde Vorstellung, die dem Gebildeten von einem so traurigen Ausscheiden aus dem Bereich der Lebenden geläufig ist, fehlte in diesem Kreise ganz. »Der schöne Lorenz hat sich erhängt!« Das war ein Verdruß, den er allen angetan. Man fand es natürlich, daß der Friedhof. der das kleine mit Blumen geschmückte Mariannchen aufgenommen, den erhängten Vater nicht aufnahm. Man fand es natürlich, daß er nächtlicherweile von den Boten jenes schauerlichen Ortes abgeholt wurde, des Selbstmörderkirchhofs, »Türmchen« genannt, der in so naher Verbindung mit der anatomischen Flanke des Akademiegebäudes stand. Da wurde nicht polemisiert gegen überlebte Sitte und Gewohnheit. Der schöne Lorenz, allgeliebt, allumschmeichelt, hatte sich durch den Schnallengurt in der Sattelkammer, an dem er sich erhängte, aus unserer vorgezeichneten, altmoralisch bedingten Welt ausgeschieden. Es war eine Blendung der Hölle gewesen, die den Lorenz fortgerissen – der Teufel hatte ihn geholt! Die Kirchlichkeit, die Orthodoxie war in jenen Tagen im Zunehmen. Der Knabe hörte Schilderungen, wie hier der Teufel sein Opfer umlauerte, beschmeichelte, allmählich verwirrte. Komm, komm in die Sattelkammer! Da ist's still, kühl, dunkel! Der Riegel, er ist stark genug! Nimm den Schnallenriemen! Um den Hals damit! Du kommst in mein schönes lustiges Reich, in ein ewiges Paris, den ewigen Venusberg! Der Knabe sah ihn, den Versucher, wie er mit eigener Hand dem Lorenz die Schlinge zuzog. Man erzählte, daß Unmut über eine erfahrene Zurücksetzung, Schmerz um ein strafendes Wort des Prinzen, der über die nicht aufhörende kampagnemäßige Aufführung seiner Leute erzürnt war, Schmerz um die Bevorzugung mehrerer neu angenommenen, glatten, geschorenen, schmeichelnden Diener diese Katastrophe herbeigeführt hatte.

Dem Freund des schönen Lorenz, dem Vater des Knaben, ging das Begegnis des Kameraden nahe bis zum eigenen Tod. Er wurde krank, ja er sprach verwirrt, eine Weile konnte man um die Rückkehr seiner gesunden Vernunft besorgt sein. Doch erhob er sich vom Lager, blieb aber lange feierlich gestimmt und ernst bewegt. Die Prinzessin Marianne, eine tonangebende Pietistin, viel weiter gehend in ihrem kirchlichen Wühlen und Umgestalten als König Friedrich Wilhelm III., ihr Schwager, hatte ihn schon öfters auf Jesus Christus, als das einzige A und O des Lebens, hingewiesen, ja nach Lorenzens Ende auch auf den Herrn. Wenigstens war die hohe Frau gewillt, den letztern zum Inhaber des ersten Paragraphen ihrer künftigen Dienstpragmatik, nach dem sich jeder zu richten hätte, zu erheben. Da verfiel der Vater ins Grübeln, kam täglich auf sein vielbewegtes, immer von Gott behütet gewesenes Leben zurück, auf die »Wiedergeburt«, und das Roß wurde ihm verleidet, und das Reiten bot keine Freude mehr. Eines Tages kam er mit der Nachricht an von seinem Übergang zu einem kleinen Beamtenposten beim Kriegsministerium. Es war eine Belohnung für langjährige, dem »Staat« – (*L'état c'est la cour*) geleistete Dienste.

II

Es hat zahllose Menschen gegeben, die auf untern Lebensstufen standen und doch dem Auge seltene und zuweilen verhältnismäßig ganz wunderbare Kräfte der Seele und Eigentümlichkeiten des Herzens verrieten.

Die gewöhnliche Lebenschronik eines Gebildeten ist meist monoton. Dagegen gibt es Tausende von Entwicklungen, die sich nur im niedersten Striche des Strebens hielten und doch nie so dumpf oder bewußtlos auf plattem Boden hinkrochen wie die Lebensmomente der bevorzugten Klassen, die nur aus Vergnügen und Gähnen bestehen.

Aber auch der Bauer, der deutsche Handwerker, welcher letztere seinen Auerbach oder Jeremias Gotthelf noch sucht, steht an Reiz zurück gegen gewisse Erscheinungen der Mittelsphäre, des Kaufmannstandes, des abenteuernden Unternehmers und der dienenden Klassen. Eine Bauersmagd auf dem Dorfe ist bald erschöpft in dem Wert, den sie für den Menschenforscher oder Dichter beanspruchen kann, oder man müßte denn bei der Schilderung ihrer Lebensverhältnisse übertreiben, künstlich hinzusetzen, Unmögliches, wie seither genug geschehen, mit rosigsten, saubersten Aquarellfarben, die hier so selten passen, darstellen. Aber eine Bauersmagd, die zum Dienen in die Stadt kommt, eine andere, die nach einem Fehltritt den Ort, wo zu leben sie sich schämen muß, verläßt, sich als Amme verdingt und aus wunderlichen und verschnörkelt-verworrenen Lebensverhältnissen oft nicht wieder herauskommt, regt das ganze Interesse an, das wir den Abenteuern der spanischen Schelmenromane schenken, wo die Gil-Blas oft gescheiter und bedeutsamer sind als die Prälaten und Hidalgos, die sie zu bedienen vorgeben. Manche Staatsaktion ist geeignet, eher auf die »Gran Tacanos« (die Erzschelme) als die Alberonis zurückgeführt zu werden.

An Begegnungen mit solchen wunderlichen Erscheinungen war die Jugend des Knaben ausnehmend reich. Seine Familie stammte väterlicherseits aus Pommern. An Pommerns und der Uckermark Grenze liegen die Ortschaften Löcknitz, Klempenow, Dorotheenwalde. Sie müssen den ganzen Charakter der dortigen Landschaft tragen, müssen umgeben sein von feuchten, fruchtbaren Sumpfstellen (»Bruche« genannt) und müssen walddurchwachsen sein.

Denn so lebt diese grüne Urheimat in des Knaben Gedächtnis. Die Vorfahren müssen nichts Gewöhnliches gewesen sein. Kenner der pommerschen Geschichte wissen sogar, daß die Grafen Gutzkow die bekannte Stadt gleichen Namens gründeten, die jetzt zu Mecklenburg gehört, Greifswald und Stralsund anlegten und eine Zeitlang Rügen beherrschten. Die Grafen Gutzkow kamen mit den Ottonen, denen Pommern sein Christentum verdankt, aus Franken, sind auch kein slawisches Geschlecht gewesen. Sie ritten schon im neunten Jahrhundert beim Magdeburger ersten Turnier ein; dann wurden sie brandenburgische Amtshauptleute in Stendal und Salzwedel. Von dort die Elbe überschreitend, bekämpften sie die Reste des obotritischen Heidentums, wurden in Pommern lehnspflichtig, blühten bis in die Mitte des vierzehnten Jahrhunderts, sahen sogar, daß die große Königin Margareta, die alle drei Kronen Skandinaviens zugleich trug, eine Enkelin aus ihrem rügischen Stamme war, und verloschen mit unverheirateten Frauen und Geistlichen. Der Schild des altdeutschen, nicht slawischen, ursprünglich Gutzgauch (Kuckuck) geheißenen Geschlechts, zwei gekreuzte Knochen mit vier Rosen in den Winkeln, kam mit dem Lehnheimfall ins pommersche Wappen, dann ins königlich preußische, wo es lange zu sehen war. Jetzt ist letzteres an Schilden so reich, daß auf den neugeprägten Talern die Erinnerung an die Grafen Gutzkow nicht mehr vorkommt.

Auf Wollin an der Ostsee führen die ersten Familiennachrichten zurück. Einer dieser, wie so viele mit den Ottonen nach Norden eingewanderten fränkischen Adligen und nur im Namen slawisierten Grafen war selbst Bischof. Der Vermutung, daß eine Zölibatübertretung ein bürgerliches Bastardgeschlecht des Namens erzeugte, entspricht das stete Leben der weiter verfolgbaren Ahnen in der Nähe der Kirchen – nicht als Bauer oder »Kossäten« (Kotsassen, Beihufner), sondern als Schreiber und Schulmeister. Wäre der alte Graf Moor in den »Räubern« Bischof gewesen, er hätte seinem Bastard Hermann gewiß einen Küsterdienst verschafft. Der Kuckuck, der von Walter von der Vogelweide und allen Dichtern des Mittelalters wie die Nachtigall gepriesene Gutzegauch (der Name des holländischen Malers Koeckoeck kommt euch weniger komisch vor, die ihr doch an die Grafen Taube und Fink und Geyer gewöhnt seid), singt das monotone Lied von Armut und Entbehrung in dem verkommenen Geschlecht.

Gerichtsschreiber, Schullehrer, Küster sind armuts- und kindergesegnete Lebensstände. Der Großvater war anfangs Patrimonialgerichtsschreiber in einer Zeit, wo zu den erlaubten Justizmitteln der ländlichen Gerechtigkeitspflege noch ein großes, dem Kinde oft geschildertes Faß gehörte, in dessen einen Boden ein Loch geschnitten war, groß genug, um den Kopf des Inquisiten hindurchzulassen, während die Beine durch zwei entsprechende Löcher im anderen Boden hinlänglich Kraft zur langsamen Bewegung behielten. Der Großvater, erst Protokollant irgendeines pommerschen Don Holzapfel und seines juristischen Beisitzers Magister Schleewein, wurde »ob schwächlicher Gesundheit« Schullehrer »wie auch« Küster in Löckenitz, Klempenow oder »Dortenwalde«. Früh gestorben, hinterließ er, wie eben Schullehrer sterben, ein liebevolles Andenken und das Elend der Seinigen. Diesen Großvater überlebten die kranke bettlägerige Witwe und zwei unmündige, kräftige, des Vaters »schwächliche Gesundheit« nicht dokumentierende Knaben. August und Karl rangierten als Schulmeisterwaisen mit den Vögeln unter dem Himmel. Aber die Engel kamen von ebendiesem Himmel und erweichten die Herzen, daß sie ihre Mehlkästen aufschlossen und ihre Fleischtöpfe öffneten und mitten in unsere Zivilisation hinein keine Hungerleichen duldeten.

Die Invaliden Friedrichs des Großen, denen die Schulranzen der Dorfjugend das Gnadenbrot zutragen durften, hatten doch noch eine kleine Pension für einen bei Leuthen verstümmelten Fuß; aber ein Schulmeister, der so seines Wissens und wirklichen Könnens wegen von der Schreiberbank weggenommen wurde, ein kalligraphischer Dorfgelehrter, hinterläßt seinen Kindern Regen und Schnee, Sturm und »Schlack«-Wetter, Zittern und Frieren auf der Heide, wenn sie reihherum bei den vermöglicheren Bauersleuten die Kost bekommen und wandern müssen tagein, tagaus von Löckenitz nach Klempenow, von Klempenow nach Dortenwalde, pochen müssen an Gehöft und Amtshaus und Jägerhütte und Müllerhof, und abends, wenn ihnen die Engel durch das Herz guter Leute noch für die ewiglich aufs Bett gebannte Mutter Brot, gedörrtes Obst, Eier, Speck mitgegeben, weit, weit damit nach Hause zurücktrollen müssen. Da war kein Wind, kein Regen, kein Schnee, kein Frost, der diesen beiden Schulmeisterwaisen einmal gesagt hätte: »Ihr bleibt heut am warmen Kachelofen! Der Bauer hier duldet euch!« Die Bauersfrau gäbe gern noch sonntags vor dem Bettgang Eierbier und einen brennenden Kienspan, um ihr aus dem Pommerschen Gesangbuch ein Lied vorzulesen mit dem kindlichfrommen Stimmchen – die Jungen mußten durchaus zur kranken Mutter zurück mit ihren eroberten Brosamen. Denn sie konnte nicht einschlafen, wenn sie nicht die Jungen gesehen, ihnen den Abendsegen abgehört und jeden Morgen das flachsblonde Haar gestriegelt hätte von ihrem Bett aus.

Es war eine in ihrer Art gebildete Frau, diese kranke Schulmeisterwitwe. Alle liebten sie und gaben ihr und den Jungen. Im Novembersturm und Jännerschnee, in Julihitze oder Augustgewitter aßen ihre Söhne bei einem Pfarrer, einem Jäger, einem Müller, einem Amtmann, drei bis vier Erbpachtbauern. Letztere waren jene stattlichen fetten Bauern mit den silbernen Talerreihen auf den langen Röcken, die damals nach Berlin oder Stettin ihren Roggen, ihren Weizen, ihre Wolle oder ihre Gänsebrüste selbst einfuhren.

Daher kam's nun auch, daß der Vater des Knaben so wunderbar erzählen konnte. Scheherezade hätte an ihm ihren Meister gefunden. Sein Erzählen war kein bloßes Berichten von Allgemeinheiten, Erinnern an Unbestimmtheiten, alles war Leben, die Wirklichkeit selbst, handgreiflich die Tatsache vors Auge gerückt; nun sieh dich satt und vergiß dich selbst darüber! Wie käme es anders, daß der Knabe das nie gesehene, autochthonische, spickaal- und gansbrustgesegnete Urland der Pommern kennt wie den Rhein oder seine Tasche!

Säen, ernten, heuen, dreschen, das konnte auch die Umgebung Berlins, ja Berlin selbst lehren, in dessen Ringmauern damals noch gesät, geerntet, geheuet und gedroschen wurde wie auf dem flachen Lande. Aber du treues Pommerland, das du gar zu langsam und bedächtig dem Geist der Zeit nachschleichst, woher lebt denn der abtrünnige Halbpommer wie leibhaftig in jenen »Bruchen«, die soviel Heu für die Rindviehzucht abwerfen, sieht im Geiste diese Scharen von Gänsen, die »mit den Flügeln jauchzend«, wie Homer singt, deine Stoppelfelder wie weiße Linnen bedecken und winters mit ihren geräucherten Brüsten die Tafeln der Kenner schmücken?

In des Vaters Schilderungen glänzte das dem Pommerland nahegelegene Boitzenburg, die Stammburg der stolzen Arnim, als das Land der agronomischen Fabel, wo die Bodenkrume so fett wie mit Butter bestrichen ist, die Kühe in ihrer Milch schwimmen, das Gras von selbst auf die Heuböden hinaufwächst, das letzte Korn aus Mangel an Säcken ungeerntet bleibt und die Knechte vom Hofe mittags »kübelweise« Linsen und Speck aufgetragen bekommen. Wie gegenwärtig bist du Pommerland dem geistigen Auge bis hinab an die Niederungen der Insel Usedom und Wollin, wo am Strande die Kiebitze dahinschießen, deren beinunterschlagenes Wie-der-Wind-laufen in guten Stunden der Vater dem Sohne im Felde vormachte, dieselben Kiebitze, die uns die kleinen delikaten grünen Eier mit dem goldgelben Dotter und grünlichen Eiweißgallert geben. Woher stammt alles das so gegenwärtig her, als aus der Erzählerphantasie des Vaters, der schon seiner kranken Mutter Kunde aus der Welt zwischen Löckenitz, Klempenow und Dortenwalde hatte bringen müssen?

Die beiden Brüder August und Karl kamen mit der Zeit aus dem Lande, das da heißt Vorpommern, in das andere Land, das da heißt Hinterpommern. Die Schulmeisterwaisen strebten Großes an. Sie hätten Knechte werden können, die Kraft dazu hatten sie. Sie wollten aber dem Stammbaum des Hauses, wenn auch nicht dem Grafen Hermann von Gutzgowe, der beim ersten deutschen Turnier in Magedburg in die Schranken ritt, und Margareta der Großen, der bessern Semiramis des Nordens, als jener andern in Petersburg, doch den Küstern, Schreibern und Schullehrern Ehre machen. Der Ältere lernte daher in Stettin das Schneiderhandwerk und der Jüngere Maurer. Für zwei solche Schneeflocken zur Osterzeit, die ein Sonnenstrahl wegtauen konnte, war es eine Heldenlaufbahn, sich fünf Jahre lang bis zum »losgesprochenen« Schneider- und (beim Vater des Erzählers) Maurergesellen ehrlich und bieder in Stettin obenauf zu erhalten. Sie wurden mit einem Stolz, der auf ihrer Lebensstufe die vollste Berechtigung hatte, zünftig gesprochen und konnten auf die Wanderschaft gehen.

Doch siehe! die unruhige, abwechslungsgewöhnte Dorffreiherrlichkeit regte sich mit der gewonnen Freiheit. Erst kommt ja allerdings der Mensch, der da muß, dann aber, wenn es irgend geht, der Mensch, der da will, und noch mehr, der Mensch, der das eine lieber will als das andere. Sie hatten jenen ausgehalten, nun kam dieser in Versuchung. Der Schneider ging nach Berlin, suchte »Kondition« und wurde – der Diener eines Grafen. Der Jüngere, der Maurer, folgte, arbeitete an einem Bau der damaligen »Syrupsstraße« – die Zeit Friedrichs des Großen hatte der ersten so hochgepflegten und blühenden Zuckersiederei (1749) zu Ehren diesen süßen Namen einer der Straßen gegeben, die den Spittelmarkt mit der Waisenhausbrücke verbinden (Wallstraße) –, erlebte aber das Unglück, daß ihm von aufspritzendem, heißem eben gelöschtem Kalk das eine Auge geblendet wurde. Die Heilung dauerte lange. Der Bruder besuchte ihn und pries seine Lage. Der Graf war ein Graf Brühl, Erzieher der Kinder des Königs. Der Bruder machte Anträge, eine so gefährliche Lage zu verbessern. Die Bedingung war nur die, daß er sich vor keinem wilden Pferde fürchtete. Da war keine Not. Die Koppeljungen von Löckenitz waren des Vaters beste Freunde gewesen. Mit ihnen hatte er sich auf jungen Fohlen getummelt, mit ihnen war erin die Schwemme geritten. Der Maurergesell brauchte nur die Reitpferde des Grafen zu sehen, und schon griff er nach der Striegel und dem Wassertrog.

Der Graf wußte den neuen jungen Freund seiner Pferde so zu schätzen, daß er ihn, als einer seiner hohen Zöglinge seinen ersten eigenen »Hofstaat« erhielt, diesem Prinzen selbst empfahl, nicht minder auch den älteren Bruder. In der königlichen Manege wurde die Kunst des Reitens noch einmal methodisch vom Sattelschluß bis zum Grabensprung durchgemacht.

Prinz Wilhelm, ein gemütlicher und bei den traurigen zurückgezogenen Verhältnissen, in denen der in Klios Annalen sattsam gewürdigte Vater die eigne königliche Familie zu leben zwang, in Bescheidenheit aufwachsender Jüngling, gewöhnte sich so an die beiden Brüder, an den ersten Kammerdiener, den er halten durfte, und an den ersten Pfleger seines neuen Marstalls, die jungen pommerschen Dorfsöhne, daß sie sich alle drei lebenslang nicht wieder aus dem Auge verloren. Die ersten selbständigen Reisen nach Böhmen, Sachsen, Schlesien, den Feldzug von 1806, den fluchtartigen Rückzug, den dreijährigen Aufenthalt in Königsberg, die Freiheitskriege und nach ihnen noch manches Jahr des Friedens und des gerüsteten Manövers hielten Herr und beide Diener, der eine in Gnaden, die andern in Treuen zusammen.

Eine Fülle von Erlebnissen, deren Erzählung und winterabendlich wiederholte Darstellung die Phantasie des Knaben mit allen Zaubern der Ferne und der buntesten Lebensbeziehungen erfüllte, war die Folge dieser neuen Lebenslage.

In Berlin gab es keine echten Berge zu sehen. Aber zum Greifen nahe hingen echte Berge über dem Haupt, wenn die Rede war von den Engpässen Böhmens, den Schluchten des Riesengebirges, Felsen, die über die Straße hinweggingen, so daß man sie »im Reiten mit dem Hut berührte«. Himmelhohe Gebirge, tiefe Täler, siedendheiße Quellen, wildreißende Ströme wechselten ab mit den verschiedenen Benennungen für das, was dem gemeinen Mann überall zunächst gerückt ist, Maß und Gewicht, Brot, Butter, Fleisch, Eier, Käse und die hunderterlei Abweichungen in der Volkssitte für Grüßen, Danken, Fluchen, Schäkern, Necken. Alles das stammte aus des Prinzen erster Bildungsreise mit seinem Gouverneur, dem Grafen Brühl, nach Sachsen, Schlesien, Böhmen.

Nun aber kam die Erzählung vom »unglücklichen Krieg«. Wie wurde die spätere Überzeugung von einer Soldateska, die sich 1806 als überlebt gezeigt hätte, schon vorweggenommen und der siegesgewisse Auszug der gezopften »Werbe«- und »Handgeld«-Soldaten als eitel Verblendung geschildert, das Gebaren der Potsdamer Garden als törichter Übermut! Wie wurde die Kriegskunst der alten Überbleibsel aus Friedrichs des Großen Sagenkreise verspottet, der alte Möllendorf auf seinem Schimmel! Oh, was sollte Napoleon Ursache haben – so hätten die »noch auf Spießruten dressierten« Regimenter geprahlt –, sich vor diesem Schimmel zu verstecken! Aber da wurde dem Prinzen schon bei Auerstedt ein Pferd unterm Leibe erschossen, als er auf Befehl seines Bruders, des Königs, eine Attacke mit Blücherschen Husaren versuchte. Es war ein Kummer um den Braunen, wie solcher nur so beim Eid um sein Roß Babieca empfunden wurde. Dann die Jenaer Niederlage, die Flucht, der Jammer um den Prinzen Louis Ferdinand bei Saalfeld, die nun losplatzende Lächerlichkeit der alten Generale in Steifstiefeln, die unter Tränen die Leute zur Ruhe und nur immer zur Ruhe verwiesen und dabei doch noch Augen hatten, sich über die Verwilderung der Bärte zu ärgern, wie denn General von Rüchel den Prinzen in Potsdam ersuchte, doch den Offizieren nicht mit so schlechtem Beispiel voranzugehen und sich einen Schnurrbart wachsen zu lassen.

Erzählt wurde der Rückzug über die Elbe, General L'Estocqs neues, hoffnunggebendes Zusammenraffen der Trümmer, die Schlachten bei Eylau, Friedland, die Königsberger Zeit. Alles rollte sich in wildem Getümmel und in rasender Flucht vor dem Kinderauge auf und war das schauerliche Vorspiel einer folgenden, dann aber auch ganz himmlischen Wunderzeit der Siege und des Triumphes. Napoleon wurde oft vom Vater in unmittelbarer Nähe gesehen. Er nannte ihn nur Bonaparte. Der Korse stand leibhaftig vor dem Knaben, der ihn mehr noch als der Vater, ja wie den Teufel haßte. Gelbes Gesicht, weißlederne Hosen, dünnes schwarzes Haar, grüner Oberrock, dicker, kurzer, gedrungener Wuchs, hohe schwarze Steifstiefel, ein lächerlich kleiner Hut – für den Vater war er, da ihn dieser in Tilsit auf der Memel mit den von Gottes Gnaden eingesetzten Kaisern und Königen ganz vertraulich hatte verkehren sehen, beinahe schon eine Respektsperson geworden – wenn auch wohl einmal hinzugefügt wurde: Man hatte ihn da geradeso, daß man ihn hätte treffen können, wenn einer hätte schießen wollen. »Mit einem Ruck hätte er da ins Wasser müssen. »Aber«, setzte der vorsichtige Patriot hinzu, »die Generale, die Gendarmen, die Mamelucken, die Pracht und Herrlichkeit der gestickten Komödiantenuniformen, worin die ehemaligen Schneider, Schuster, Friseurs staken, ließen dergleichen doch nicht gut zu!« Jetzt beugten sich Kaiser und Könige vor dieser »Räuberbagage« und »dankten ihrem Schöpfer« für einen guten Frieden. Das ganze Leid der königlichen Familie lebte im Vater wie eines, das ihn persönlich getroffen. Diese Diener der »unglücklichen«, d.h. gedemütigten Großen sahen in der Tat die Tränen der Königin Luise fließen, sahen wirklich die Zurücksetzungen, ihren Herrschaften angetan. Die große zeitungsausposaunte Weltgeschichte, die Strategie der Kabinette und Diplomaten, war diesen bescheidenen Umgebungen unbekannt, aber die unmittelbarste Wirkung aller neuen Zustände in den vornehmen Menschen selbst, im gedemütigten Stolz derselben, ihren ausbrechenden Leidenschaften, fühlten sie ganz in sich selbst wieder. Der vertriebene Kurfürst von Hessen freilich, der Alte mit dem Zopf, und sein Sohn, der spätere Spieler von Homburg, mischten Humor in diesen Schmerz. Man konnte namentlich vom letzteren nicht Albernheiten genug erzählen. Der junge Prätendent guckte in die Kochtöpfe der Stallbedienten und lud sich bei den Frauen derselben zu Gaste ein. Demoiselle Emilie Orlöp, die künftige Gräfin Reichenbach, wurde vom Vater geradezu unter die »Appelsinenmamsells« rangiert, die damals Unter den Linden hausieren gingen und nicht einmal jetzigen Bierkellnerinnen gleichkamen. Es bestätigte sich hier die alte Erfahrung, daß die Kleinen an den Großen es lieber haben, daß sie sich mit Impertinenz groß geben als klein ohne Würde.

Wie wurde dagegen des Prinzen Wilhelm Art gerühmt! Der Vater erzählte: Du warst geboren! Ein schöner Märztag im Kometenjahr! Die Sonne schien aufs Bett der Mutter! Sie wollte hinaus, so prächtig roch's nach Hyazinthen und Frühjahr! Nach acht Tagen war die Taufe. Neun Paten; der zehnte war der Prinz. Am Abend, da der Sekretär eine goldene Bescherung vom Schlosse in die Wiege warf, ging es hoch her.

Bis in die Nacht wurde gezecht, gesungen. Die Mutter wurde davon krank, recht krank. Eines Tages bestellte der Prinz die braune Venus, eine Stute, die er selbst gekauft hatte. »Bist ja so traurig?« redet er den Diener an. »Ich weiß schon, du hast die Landkarte beim Manöver verloren!« – »Hoheit...« – »Schon gut, es ist eine neue gekauft. Künftig für Landkarten Ledertaschen!« – Eine Stunde wird geritten. Alle zehn Minuten wendet sich der Prinz und will seine Venus gelobt haben, weil er sie selbst gekauft hatte. »Geht sie nicht süperb?« – »Königliche Hoheit, ein Punkt im Auge...« – »Wetter mit seinem Punkt. Bloß weil ich sie gekauft habe, muß sie jetzt einen Punkt im Auge haben...« – »Sie wird blind werden, Königliche Hoheit!« – »Ist nicht wahr! Es war ein armer Rittmeister, dem ich das Pferd abgekauft habe; hat keinen Punkt...!« – »Aber, Königliche Hoheit...« – »Hat keinen Punkt! Hättet ihr das Pferd gekauft, der Stallmeister und die andern, dann hätte die Venus keinen Punkt. Nun ich einmal eingekauft habe, nun soll sie einen Punkt haben!« – Damit denn die Sporen gegeben. Und dann wieder innegehalten. »Bist ja aber so traurig? Was ist?« – »Hoheit...« – »Ist der Junge nicht gesund?« – »Die Frau... die Frau...!« – »Krank?« – »Sterbenskrank!« – »O weh! Den Leibarzt kommen lassen! Und solange sie stillt, von meinem Tisch essen und Burgunder trinken!« – So wurde denn der Junge mit Milch aus Prinzenkost getränkt und hatte in späteren Jahren auf die bittern Vorwürfe, die ihm gemacht wurden, namentlich vom Vater selbst, wie man sich bei solchen Verpflichtungen unter die »Turner«, »Demagogen«, die »Literaten«, ja »Gottesleugner« begeben könnte, kaum eine andere Antwort geben können als die: Es gibt eben zwei Welten, die des Herzens und die des Geistes! Die Pflichten und Rechte beider gleichen sich hienieden nicht aus!

Die Lichter, Farben, Raketen, Feuerwerke des Erzählungsstoffes aus den Befreiungskriegen lassen sich nicht wiedergeben. Nach dreijähriger Abwesenheit von Berlin kehrte der Hof Weihnachten 1809 von Königsberg in die bis dahin von den Franzosen gouvernierte Stadt zurück. Noch war die Zeit gar trübe. Schmalhans war der Küchenmeister selbst bei Hofe. Dann aber – nach dem Brande von Moskau! Die Niederlage der »großen Armee« durch Frost und Hunger wurde vom Vater mit dem ganzen parteiischen Gefühl vorgetragen, das im Naturmenschen das Unglück des Feindes für eine Quelle vollkommen erlaubter Freude für sich selbst nimmt. Niemandem mehr als den unter dem »Bonaparte« kämpfenden Deutschen wurde das Elend des Winters 1812 in alle Gliedmaßen gewünscht, zumeist den Bayern, die in Schlesien grausamere Wirtschaft getrieben haben sollten als die Franzosen. Die Erhebung war natürlich nur die Erhebung »Preußens«, nicht »Deutschlands«, das ein solcher angestammter Hohenzollernsinn nur unter dem Namen: »Aller Herren Länder« zusammenfaßte. Preußen war es allerdings allein, das in Schlesien, der Lausitz und in Sachsen das blutige Vorspiel eröffnete und wieder an die Möglichkeit einer Niederlage des Franzosenkaisers glauben lehrte. Die zarteste Blüte der schlesischen und märkischen Jugend wurde wie mit einem einzigen Sensenschnitt bei Großgörschen hinweggerafft. Der Prinz stand bei Blüchers Hauptquartier, dessen Seele Scharnhorst war, der dem Knaben als grübelnder, denkender, ernster Genius des Schlachtenschicksals geschildert wurde. Bei Großgörschen, wo der Prinz gegen Marmonts Bataillone einen Kavallerieangriff kommandierte, fiel jener gewissenhafte Kritiker der braunen Venus, ein Stallmeister, der sonderbarerweise den Eigennamen »Major« führte, ein geliebter, lange beweinter, brandenburgischer zweiter »Froben«.

Nach dem Waffenstillstand und der noch mitgerittenen Schlacht an der Katzbach (denn aufs Reiten kam es bei jenem Treibjagen allein an), traf den Vater bei Leipzig, wo seine Erzählung regelmäßig das knatternde Niederfallen der Gewehrkugeln mit etwa in Kohlfeldern niederprasselnden Tausenden von Erbsen verglich, eine Prallkugel so empfindlich in den Rücken, daß er nach einem schmerzlichen Aufschrei ohnmächtig vom sich bäumenden Pferde fiel. Die besorglichst teilnehmenden, vom Prinzen und selbst von Blücher ihm zugerufenen Worte der Hilfe und des Bedauerns standen, wenn auch nicht sichtlich zu lesen, doch über der Tür des Hauses für ewig geschrieben. Der herzlichste Anteil des Prinzen kann ermessen werden nach einer Zeltkameradschaft, die sogar in Schlesien des Dieners Hemden trug und bei manchem einsamen Ritt, wo die standesmäßige Verpflegung fehlte, aus dessen Brotbeutel und Feldflasche vorliebnahm.

Die Wirkung des Schusses war glücklicherweise über eine betäubende Erschütterung nicht hinausgegangen. Bald schwang sich der Leibbereiter, der seine geladenen Pistolen im Halfter und den Säbel nie ungeschliffen trug, wieder auf seinen Braunen. Thüringen, Hessen, Nassau wurden mit Blücher rasch durchritten.

Nun fanden sich die Katten, Bajuwaren, Alemannen bei ihrer vaterländischen Fahne ein. Aber oft klagte der Abenderzähler die Wildheit an, die sein Korps schon auf deutschem Boden zeigte. »Die Bauernlümmel dachten immer, gleich hinter ihrer Garnison singe Feindesland an.« In Wiesbaden wurden die heißen Bäder, die an der Quelle gesottenen Eier und die sogar möglicherweise gebrühten Hühner bewundernd erwähnt. Bei Kaub ging es in kalter Winternacht, als die erste Stunde des Jahres 14 schlug, über den Rhein.

Es brach jene zweite Hälfte unseres glorreichen Befreiungskrieges an, die soviel Betrübendes brachte nach dem großartigen Anfang, die Uneinigkeit der Heerführer, die Leiden der Winterkampagne, die Unfähigkeit der Strategen gegenüber dem sich noch einmal in seiner ganzen Größe zeigenden Bonaparte. Gegenüber der Begeisterung im Bunde mit dem Verstande kämpfte bei den Preußen die Begeisterung im Bunde mit dem Gemüt, wiedergegeben in Blücher selbst, mit dem die große Sache wie der Schritt eines Nachtwandlers am Dachfirst entlang ging. Der Prinz kommandierte eine Brigade, stand speziell unter Yorck, hatte den Major von Hedemann als Generalstabschef und durfte sich mancher schönen Waffentat rühmen. Aber die Weisung, die ihm wurde, mit 14 Kanonen Metz zu nehmen, wird man nach dem Jahre 1870 in ihrer ganzen Komik zu würdigen wissen. Einen Teil der Schlachttage um Laon bildete ein glückliches Gefecht bei jenem Dorfe Athis, das damals vollständig abbrannte und 1870 wieder verbrannt wurde, bekanntlich wegen der daselbst von den Ortsbewohnern ermordeten Husaren. Beim endlichen Vorgehen gegen Paris machte der Prinz einen Angriff auf La Villette. Bis dahin hatten alle Berichte des Vaters pessimistisch gelautet. Die Strapazen und Entbehrungen gingen über alle Kraft. Seine Erzählungen betrafen einsame Meierhöfe, verlassene Dörfer, versteckte Waldhinterhalte, niedergebrannte Städtchen, Plünderungen, Gewalttätigkeiten, Jammerszenen aller Art. Einreden von Humanität und Billigkeit machte sich zuweilen der Erzähler selbst. Aber die Achsel zuckend, sagte er wie später Bismarck: »Es ist eben Krieg.«

Stereotyp war bei diesen Begegnissen, daß bei Fouragierungen die gewaltsamsten und rücksichtslosesten Tyrannen die Faulenzer waren, die Großsprecher, die »Schnauzmäuler«, die Kavaliere aus dem Gefolge der mitbummelnden Fürsten, die »Federfuchser«, die Wirtschaftsführer. Beute sollte gemacht werden, und da wurde derselbe Sarras gezogen, der sonst zum Kampf in der Scheide blieb. Hier drohte ein Feigling mit Niederschießen und führte ein großes »Maul«, während er da, wo nur ein paar Kugeln herüberpfiffen, mäuschenstill davonschlich. Von einer großen Zahl dieser »Heimtücker«, deren Heldentaten nur in Essen und Trinken bestanden – wie sie später auch die ewigen Tafelhelden und mit dem patriotischen Zaunpfahl nach Orden und Gratifikationen winkenden »Erinnerungsfresser« geblieben schienen – wie der Vater des Knaben charakterisierte –, wurmte es oft den scharfen Kritiker, daß später, als der Friede hergestellt war, gerade diese in Patriotismus aufschneidenden »Kameraden« die fettesten Anstellungen, die einträglichsten Ämter erhielten. Es ist die Menschenart, durch deren Schilderung dem Knaben früh ein Bild der ewigen Niedertracht der menschlichen Natur vorgeführt wurde, und in anderen Lagen, unter anderen Bedingungen, bei unseren neuesten politischen Kämpfen und dem mehrfachen Umschwunge der öffentlichen Meinung sind sie ihm ja auch oft genug wiedererschienen.

Nach den Schlachten von Laon und Montmartre bildete der Einzug in Paris den Glanz dieser Abenderzählungen, die jene Geschichte vom Ringe krönte. Frankreich, seiner Opfer, des Blutvergießens und der militärischen Despotie überdrüssig, öffnete durch Waffenstillstand und Friedensabschluß die Tore seiner Hauptstadt. Diese aber empfing die Verbündeten mit einer Begeisterung, die zu groß war, um sie anders zu erklären, als durch Veranstaltung der Royalisten und Emigranten, Jauchzen, Willkommen, Blumen, Kränze, ein Regen weißer Kokarden empfing die einziehende Armee. Der Vater blieb lebenslang von der Erinnerung wie berauscht. Die Boulevards, das war denn doch noch etwas anderes als Berlins Unter den Linden! Das Palais Royal, die

Tuilerien, die Champs-Elysées – wahre Zauberworte für den jungen Hörer, der in dem Gewühl von Kosaken, rotröckigen Engländern, beinbaren Schotten, ungarischen Husaren und der eigentümlichsten aller Nationen, genannt die Pariser selbst, sich früh zurechtfand und sich auf die behaglichste Art bei einem Elsässer Sattler auf dem Boulevard St. Marceau einnistete, wo der Vater im Quartier lag und von der französischen Gattin des Landsmannes soviel galante Späße berichtete, daß die Eifersucht der Mutter rege wurde und ein liebevoll nachdrückliches Anstoßen und das drohende Wort: »Schäme dich, Alter!« diesen Schelmereien einen Übergang zum Zirkus von Franconi bahnte. Denn auch auf fremdem Boden blieb des Pommers Leidenschaft die Pferdedressur. Franconis berühmter Hirsch, der durch einen sprühenden Feuerregen gejagt wurde, war das letzte und prächtigste Bukett aller dieser Berichte. Unter den glitzernden Lichtern desselben, unter dem wie deutlich vernommenen Geschrei der Jäger und dem Lärm der Musik mahnte dann endlich den gaffenden Jungen der »Sandmann« zum Gehen ins Bett.

Die später erst halb und halb verstandene Geschichte vom Ringe bestand aus Fragmenten, die wohl einen Zusammenhang gehabt haben wie diesen: Ein Elsässer Sattlergesell, Kaspar Pfeffel, kommt nach Paris und sucht Arbeit und findet deren genug bei Michel le Long, *Sellier anglais*, d.h. einem Pariser Sattler, der aber in glänzenden Riemen, blanken Steigbügeln und leichten blaßgelben Sätteln nach englischer Art arbeitet. Michel le Long hat das blühendste Geschäft, ein schönes, junges, gutes Weib, aber eine recht elende Gesundheit. Er ahnt sein Übel, die Schwindsucht, und bereitet sich vor, nächstens zu sterben. Voll Wehmut bedenkt er, was aus seinem Weibe, seinem Geschäft werden wird. Seine Ehe war nicht mit Kindern gesegnet. Kaspar Pfeffel, der Elsässer, sein bester Gesell, konnte den Jahren nach sein Bruder sein, aber er wurde gehalten wie der Sohn im Hause. Der deutsche Arbeiter war geschickt, fleißig, zuverlässig. Michel le Long hustet des Nachts und stöhnt am Tage. Er berechnet das baldige Ende seines Übels und weist die Tröstungen seines liebenden Weibes zurück. Wie er abzehrte, wie seine Hand abmagerte, sah er eines Tages an einem Ringe, wie ihm dieser, während er still am Fenster sitzt und sich von der Sonne wärmen läßt, vom Finger gleitet. Kaspar Pfeffel, in der Nähe arbeitend, hebt den Ring auf und behält ihn vorläufig, denn der Meister wurde am Fenster gerade angerufen, bei sich.

Im Abwarten des Gesprächs am warmen Boulevardfenster kam der Ring in Vergessenheit. Kaspar Pfeffel hatte ihn an den Finger gesteckt, bis der Besuch abgefertigt war. Als er sich umsieht, war Michel le Long in seine Schlafkammer gegangen, hat sich hingelegt, blieb liegen, acht, vierzehn Tage lang, stirbt.

Auf seinem Sterbebett mußte er seltsame Worte mit seinem Weibe gesprochen haben. Sie kam verweint heraus und schwankte, beschämt die Augen niederschlagend, durch die Werkstatt. Kaspar Pfeffel erinnert an den Ring des Meisters. Sie hört nicht darauf.

Öfter und öfter zog er ihn ab, und jedesmal nahm sie ihn nicht, und jedesmal ging der Ring auch langsamer von den dicken Fingern Kaspar Pfeffels, der gesund und frisch und wohlgenährt war. So behielt Kaspar den Ring einen Tag, vier Wochen, sechs Monate, ein Jahr und lebenslang. Denn nach einem Jahre wurde die Witwe sein Weib, Kaspar Pfeffel Michel le Longs Nachfolger.

So lebten beide manches Jahr, getröstet durch die heilende Zeit und das treugebliebene Glück im Geschäft. Nur daß ihnen Kinder fehlten, auch ihnen wie dem ersten Bunde, das minderte das Maß der Freude. Da führte das sinkende Gestirn des »Korsen« die Fremden nach Paris. Kaspar Pfeffel erhielt deutsche Einquartierung. Seine neuen Hausgenossen, Monsieur Charles und der schöne Lorenz, konnten nicht angenehmer wohnen als unter eitel Riemzeug, Sätteln und Steigbügeln. Monsieur Charles, nicht so unzuverlässig wie der schwarzlockige Kamerad, wurde der Liebling des Hauses, der Galopin Madames, der gemütliche Anschluß bei jeder Lustpartie nach St. Cloud oder Versailles, der gelehrige Schüler der Firma le Long Veuve im Französischparlieren. Necken und galantes Schäkern muß dabei so um sich gegriffen haben, daß es kein wundernahm, als die dicke behäbige Frau Sattlermeisterin einst den vom Finger des guten Kaspar zufällig abgestreiften und von Monsieur Charles zum Scherz angesteckten Ring als ein Omen für ihre Zukunft erklärte. Charles sollte, es war ein Ausbruch des Übermuts, zum Ärger des gesundheitstrahlenden zweiten Gatten ihr dritter werden. Möglich dann, daß der deutsche Reitersmann schon Rechte auf seine künftige Stellung hin in Anspruch nehmen wollte und die Frau Meisterin zu einer Strafe veranlaßte. Sie holte ein Etui, verlangte den Ring, legte ihn hinein und übergab das Geschenk Monsieur Charles mit der Bedeutung es *à Madame son épouse* mitzubringen. Aber siehe da! Beim Öffnen war's ein andrer Ring, kein Trauring, sondern ein goldner Reisen zum Zierat. Das Geschenk war zu reizend, und die deutsche *Epouse* trug den Ring bis ins Grab. Im Ahnungsgefühl, daß dieser Ring denn doch den dritten Mann der Sattlerin bedeuten konnte, den Vater ihrer Kinder, wurzelte der Ring so fest ins Fleisch der Mutter, verwuchs das Symbol der Pariser Gefahren und der schalkhafte Gruß einer guten und auf die gemeinsamen, durch alle Welt gehenden Frauenrechte bedachten Französin so in dem Finger, daß man, als die Mutter hochbetagt starb, den Ring hätte durchfeilen müssen, wenn man ihn nicht hätte mit in den Sarg geben wollen. Er rostet jetzt auf dem Dreifaltigkeitsfriedhof vor dem Halleschen Tore in Berlin.

Dem sanguinischen, leidenschaftlichen, abenteuerlich bewegten Charakter eines solchen Vaters hielt das schalkhaftblitzende, freundlichlächelnde, grübelndzweifelnde Auge der Mutter immer den Widerpart. Der pommersche Reitersmann hatte etwas vom Beduinen; immer sich tummelnd, unruhig, rastlos, morgens mit der Sonne auf, im Gespräch das Ende vergessend, dabei alles mit Umsicht und Eifer erledigend, ehrgeizig, schnell verletzt, dann aufbrausend, lärmend, aber leicht begütigt und versöhnt. Sein Weib kam von den Prinzipien der Stabilität her. Ihr Vater war ein Zuckersieder bei den Schicklerschen Entreprisen in jener Gegend, wo jetzt die Raupach- und Wallnerstraße münden. Weiter noch hinaus wohnte der Siedemeister Berg mit seiner Gattin, einer Mutter von – achtzehn Kindern. Das älteste davon war unsre Sophia. Viele Mitglieder von dieser fast biblischen Nachkommenschaft starben frühzeitig. Die überlebenden waren Weber, Handschuhmacher, Hutmacher, alle Gewerbe durcheinander schienen vertreten. Wenn diese Onkels, diese Tanten zusammenkamen, schwirrte und summte es in der einzigen Stube, die hier eine ganze Wohnung vorstellen mußte. Was gab es da nicht zu horchen, zu erlauschen, erst allmählich zu begreifen! Wie oft wurde plötzlich leise gesprochen, wie oft plötzlich leise geklagt und mit der Zeit ganz laut geweint! Was gab es da nicht zu fragen, zu erraten! Wieviel Leid und Freud hängt sich an das Leben so vieler geringer Menschen, und was bringen sie nicht, wenn sie zusammenkommen, für seltsame Nachrichten aus ihrem Pygmäendasein mit? Wieviel Not haben sie zu tragen, wieviel Kummer einzutauschen für ihre Freuden, die ihnen nur sonntags und an Festtagen zuteil werden können! Aber wie genügsam sind sie auch! Wie glücklich macht sie schon eine erwärmte Stube, ein knisterndes Feuer, ein brennendes Acht, ein Fidibus, ein Trunk Dünnbier, noch dünnerer Kaffee! Wie glücklich sind sie in dem sonntäglichen Reichtum frischer Wäsche, wohl gar eines neuen Rockes, immer aber einer guten Predigt und zuweilen eines jener in Masse unternommenen Spaziergänge, die man Überlandgehen nennt! All diese Menschen von der Mutterlinie hatten etwas Sinniges, Sanftes, Geregeltes, Feines, Bescheidenes.

Der eine von ihnen, ein Hutmacher, kam auf der damals noch zu Fuß mit dem Knotenstock und dem Felleisen auf dem Rücken unternommenen Wanderschaft bis nach Siebenbürgen. Er hatte in Wien für die feinsten Gewölbe auf dem Graben gearbeitet. Er hatte Ungarn durchreist und würde noch in die Türkei gewandert sein, wenn er dahin hätte Pässe bekommen können und die Zeit der ausbrechenden Griechenerhebung Fremden günstig gewesen wäre. Eines Tages, nachdem man ihn seit achtzehn Jahren tot und verschollen geglaubt hatte, erschien ein kleiner vertrockneter Mann mit einem Knotenstock, den Hut mit Wachstuch umkleidet, ein Felleisen auf dem Rücken, und sagte: »Kennen Sie mich nicht?« Die Schwester erkannte ihn sofort als den Bruder Christian. Brauchte er doch nur seine wie Leder gegerbte Hutmacherhand zu geben – die Hutmacher müssen in siedendes Wasser greifen –, um erkannt zu sein. Er redete in der Tat die Seinigen mit Sie an.

Der Vetter aus Siebenbürgen war still, schweigsam und eigentümlich verheißungsreich. Als er sein Felleisen abgelegt hatte, schloß er es auf und gab jedem ein kleines Andenken von seinen weiten Reisen und zog sich dann den Rock aus. Wir glaubten, es fröre ihn und er wollte sich am Ofen wärmen. Nun zog er aber auch die Stiefel aus; wir glaubten, er hätte sich die Füße durchlaufen oder hätte Frostballen, die ihn schmerzten. Jetzt zog er sogar die Beinkleider aus. Aber, Vetter Christian, was habt Ihr denn vor? Ja, es war zum Totlachen, er stellte sich abseits gegen die Wand und zog sich auch noch das Hemd aus. Aber nun stand er erst recht bekleidet da. Ein Lederkoller vom feinsten, weichsten Ziegenleder bedeckte seinen bloßen Leib bis zu den Knien. »Kommt«, sagte er lächelnd, »faßt an!«

Wir betasteten ihn. Der Wams strich sich hier und da gar sanft, hatte aber an anderen Stellen harte, kuriose Buckeln. Die Eltern ahnten schon. Vetter Christian zog den Koller aus und stand nun so lange abgewandt splitternackt, bis er sich wieder ganz angekleidet hatte. Die Eltern sahen die Bescherung. Ein Messer, eine Schere herbei! Jetzt ging es ans Auftrennen und Ausschälen. Die Buckeln in dem schweren Wams waren eingenähte Taler. So geharnischt war der fleißige und vorsichtige Hutmacher von seiner Wanderschaft nach achtzehn Jahren heimgekehrt. Auf die Art hatte er sein Gespartes in den Herbergen gesichert und sich von den Gefahren frei gemacht, die sein Felleisen bei einer Rast im Walde, einem Nachmittagsschlaf auf kühlem Rasen oder einem Nachtquartier auf Scheunenstroh hätte treffen können.

Was ist aber Vetter Christian gegen Vetter Wilhelm, den Weber! Dies war der älteste der Brüder. Auch dieser war wandernd bis Würzburg gekommen. Seine Kunst war die feine Weberei auf Musselin. Aber seinem mühsam erlernten Beruf traten die Engländer und die Maschinen in den Weg. Wenn der Vetter – doch wie kann man einen Helden so einführen, einen merkwürdigen Originalmenschen so gewöhnlich, so ohne Anrufung der Muse, ohne Beginn eines neues Kapitels besingen! Steige herab, Klopstocks begeisternde Messiassängerin! Denn Eloah, keine andre rufe ich an. Aus deinen Händen empfing David die Harfe und sang die Taten Israels wider die Kinder der Philister, auch Klopstock durfte sich dir nahen, begeistre auch den Erzähler dieser Geschichten zum Preise eines Gottessohnes, der, wenn er die Feder ergriffen und nur ein klein, klein wenig mehr Schulunterricht genossen hätte, zu den beiden weltberühmten Schustern von Nürnberg und Görlitz, Hans Sachs und Jakob Böhme, ein ebenbürtiger Dritter gewesen wäre!

III

Vetter Wilhelm war Musselinweber. Ob ihm *pure laine* oder *laine coton*, Musselin in Wolle oder Baumwolle, besser zuhanden war, weiß der Neffe nicht zu berichten, das aber kann er versichern, es lebte in dem kleinen vertrockneten Männlein ein seltener Geist, vor allem ein Gottvertrauen und eine spekulative Mystik, die ihn zu einer der merkwürdigsten Personen macht, deren Existenz je in ein junges Menschenleben eingetreten sein kann. Wenn wir die Kunst der Musselinweberei der Stadt Mossul in Mesopotamien verdanken, so lebte der Vetter in seinem Webstuhle wirklich auch nur wie in Mesopotamien. Paulus war ein Teppichweber. Seines ihm nachstrebenden Geistesverwandten Heimat waren die öden Steppen am Euphrat, die grünen Triften des Tigris. Von den Früchten des Ölbaumes und den Datteln der Palme, ja selbst von Heuschrecken, wie Johannes in der Wüste hätte dieser seltene Mensch leben können. »Vetter« Wilhelm war klein, mager, dürr. Wie seine Schwester (wir hätten ihn Onkel nennen müssen, aber »Onkel« Wilhelm hieß bereits der ältere Bruder des Vaters, der Kammerdiener des Prinzen) hatte er schwarzumbuschte, feurige Augen. Sein Blick war voll Geist und Leben, seine Rede scharf und sicher, doch zurückhaltend, da sich ja zuviel des Heidentums und der Weltlichkeit in üppigster, durch keine Polemik auszurottender Selbstsicherheit unter den Menschen bewegt. Vetter Wilhelm, nie verheiratet, nie, wie man glauben mußte, verliebt gewesen, war seinem innersten Wesen nach ein aufrichtiger, von jeder Heuchelei entfernter, gläubiger Pietist der alten Spenerschen Schule und mit theologischem Anstrich. Er kannte Jakob Böhme. Er rühmte dessen Glauben und tadelte das Übermaß seines Witzes und das Spiel seiner Phantasie. Der Vetter hatte nicht die Spur von einem Kopfhänger. Über jeden guten Spaß konnte er lachen und seufzte nur, wenn er die reine Weltlichkeit der meisten, auch der guten Menschen gar so sicher sich ergehen sah. Keinem Unchristlichgestimmten war er etwa in offener Feindschaft gram. Er ließ die Mannigfaltigkeit des Lebens, das Durcheinander dieses Menschengewühls, die volle Hantierung und Gewerbefreiheit Satans, wie sie einmal Gott zugestanden hat, gelten und wünschte nur, daß immer mehr und mehr beiseite treten möchten, immer mehr in ihr Kämmerlein gehen und vor Christo, dem Seligmacher, die »eigene Selbstgerechtigkeit« bekennen. Die »Wiedergeburt« war jener Revolutionszustand im menschlichen Gemüt, für welchen er nicht etwa richtend und eifrig, nicht ketzermacherisch, sondern still und gelassen Proselyten warb. Er begnügte sich, wenn er ratlose Zustände, Folgen blinder Leidenschaften aus dem Winkelchen heraus, wo er seine Pfeife schmauchte, sich winden und ächzen sah, die Achseln zu zucken und mit Gelassenheit zu sagen: »So muß es kommen, wenn man Jesum Christum nicht erkennt!« Vetter Wilhelm teilte alle Menschen in drei Klassen: in solche, die wiedergeboren sind, die ihren Tag von Damaskus noch erleben werden und solche, die »dahinfahren«. Die letztere Klasse war ihm leider die große Mehrzahl der Menschheit. Satan mußte ja bis zum Jüngsten Gericht fortleben. Da gehörten ihm nicht nur die Säufer, die Lügner, die Ehebrecher, sondern »Dahinfahrende« waren auch viele Vornehme, Reiche, Gewaltige, und die, denen es obenein von allen am schlimmsten ergehen würde, waren berühmte Schriftgelehrte und bewunderte Hohepriester und Pharisäer.

Der Stallturm der Akademie liegt nahe der Universität. Unter den Professoren, die da so selbstzufrieden aus ihren Kollegien kamen, waren nur wenige, die für den Vetter nicht zu den Dahinfahrenden gehörten. Hochmut auf Wissen, Pfaueneitelkeit waren ihm schon allein die Anwartschaft auf nähere Bekanntschaft mit dem Satan. Diese Verurteilung begründete sich nicht etwa auf blinde puritanische Bibelklauberei, nein, der Vetter war in seiner Art ein gelehrter Mann, der die Textkritik kannte. Er kannte die Geschichte Roms, Griechenlands, der Deutschen und der Franzosen. So arm er war und so schlecht »die Musselinweberei« ging, so hatte er sich doch die Übersetzungen der Schriften von Pascal und Bossuet zu verschaffen gewußt. Es gab auch Vereine, aus deren Bibliotheken der alte Webergesell (denn das blieb er, obschon Meister, und ohne sozialistische Prätensionen) Bücher entlieh. Er kannte Schröckhs Weltgeschichte, hatte alle nur erdenklichen Erbauungsschriften von Spener, Arndt, J. V. Andreä bis zu den neuesten Werken von Neander, dem »Glockentöne-Strauß«, Lisco, Couard, besonders aber dem Konvertiten Goßner gelesen. Er kannte nicht nur Sokrates und die Allgemeinheiten der altgriechischen Philosophie, nicht nur das meiste von Jakob Böhme und einiges von Tauler und den Scholastikern, sondern sogar allgemeine Umrisse von Schelling und Hegel, bei denen er natürlich nur den sich ohnmächtig abmühenden Menschenwitz und ein gelehrtes Heidentum belächelte. Die wissenschaftlichen Ausdrücke verwelschte er auf die sonderbarste Art, sprach auch in der Regel berlinisch und würde es, wie ein echter Berliner, für Affektation gehalten haben, mich zu sagen, wo auch Blücher mir sagte, aber er ahnte, was Subjekt und Objekt, Idealität und Realität hieß. Auch *in politicis* stand er weit über den damaligen Berliner Zeitungen. Doch hatte es lange gewährt, bis sich der Knabe über eine seiner stehenden Terminologien klar werden konnte, »die Propriande«. Bei jeder Gelegenheit bezog er sich auf die Wirkungen der »Propriande«. Was Satan nicht tat, tat die »Propriande«. Doch war letztere nur die Avantgarde des ersteren. Wir müssen von seiner Geschichtsphilosophie ausführlicher sprechen.

Vetter Wilhelm war Apokalyptiker. Mit ruhig lächelnder, unerschütterlich sicherer Überzeugung stellte er seinem Neffen die Weltalter nach den Gesichten der Offenbarung Johannis dar. Das große siebenköpfige Tier, mit welchem die Könige buhlten, war ihm Rom, der Papst, der Antichrist. Napoleon war ihm eines der Zeichen, die »der Wiederkunft des Herrn« vorangingen. Die »Propriande« arbeitete für die Zukunft des Gerichts dem allgemeinen Siege des Antichrists voraus. Denn der Antichrist (zuweilen wurde er auch mit dem Namen Voltaire bezeichnet) mußte ja siegen. Je mehr »Aufklärung«, desto mehr lachte der Vetter. »Nur zu! Nur zu!« Das Maß konnte in seiner fast inbrünstigen Sehnsucht nach dem Ende aller Dinge und dem Tage der Auferstehung nicht voll genug werden. Dann kam die Periode der überlaufenden »Zornschalen«. Der Vetter berechnete alles chronologisch, wie nur Bengel getan, in den er sich ebenfalls vertieft hatte. Die Propriande war die wühlende Genossenschaft der Propaganda, und zwar in dem doppelten Sinne der römisch-katholischen und der politisch-pariserischen Propaganda. Die Propriande, welche Professor Krug in Leipzig bekämpfte, und die, die der Minister von Kamptz nach Köpenick schickte, war ihm eine und dieselbe. Die Jesuiten und die Turner waren ihm Aste und Ausläufer desselben Baumes, der in Rom wurzelte; die Äste wußten es nur nicht. Vetter Wilhelm wäre Staatsrat geworden, hätte er diese loyalen Ansichten auf eine wissenschaftliche Ausbildung begründen können.

Der Knabe staunte der seltsamen Weisheit. Jede Tatsache seiner geliebten Beckerschen Weltgeschichte hatte beim Vetter ihre apokalyptische Zahl. Gregor, Innozenz, Friedrich der Hohenstaufe, Papst Leo, Wallenstein, Friedrich der Große, Voltaire, Napoleon, alle waren stigmatisiert schon vor ihrer Geburt mit irgendeinem Zeichen aus dem Buche aller Bücher. Seine eigene Schwäche nicht erkennend, klagte er Bengeln an, daß dieser aus Ungeduld, die Wiederkunft Christi zu beschleunigen, in seinen Auslegungen Sprünge gemacht hätte, die sich später, als eine so ungemein apokalyptische Zeit wie die der Französischen Revolution und Bonapartes anbrach, als übereilt erwiesen. Das Verhältnis Bonapartes zum Papst, das gegenseitige Sichselbstauffressen der Köpfe jenes Tieres, auf welchem die babylonische Kokotte thront, interessierte ihn außerordentlich. Natürlich waren die Jesuiten die Seele der »Propriande«. Sie gerade arbeiteten in ihr *à deux mains*, kirchlich und politisch. Jahn, Arndt, Görres und ihr Anhang waren ihm Einfaltspinsel, die im Auftrag der Jesuiten handelten, sie wußten es nicht.

Wenn Vetter Wilhelm »keine Arbeit« hatte, so schlief er bei seinem Schwager und dicht in der Nähe der Kinder. Zünftiger Meister seines Gewerbes war er in jüngeren Tagen geworden, hatte aber mit dem ersten »Stuhle«, auf dem er für eigene Rechnung Musselin zu weben begann, Unglück und konnte sich in Zukunft nur noch als Geselle zu anderen, meist fast ebenso armen Meistern halten. Wenn der Vetter zu lange arbeitslos gewesen und sein Herz im Drucke der getäuschten Erwartung auch zu lange hatte zagen müssen, so hörte der Knabe des Nachts ein so lautaufseufzendes, jammervolles Atmen neben sich, daß er davon erwachen mußte. Dann rangen sich die tiefen Weherufe von des Vetters Herzen, und ein fast hörbares Klopfen seiner Brust steigerte sich dermaßen, daß er zuletzt laut zu beten anfing und fast so, als wüßte er von seinen Worten nichts. Der Erzähler hört ihn noch, wie er in einer Nacht, wo sein Schmerz den neben ihn Schlafenden geweckt hatte, mit auf der Brust gefalteten Händen sprach: »Du, mein Heiland, nimm mich doch zu dir, so es dein Wille ist! Laß mich doch in meines Herrn Freude eingehen, so es dein Wille ist! Laß mich doch sterben, o mein Gott, und deine Herrlichkeit schauen, so es dein Wille ist!« Zitternd rief der Neffe:

»Vetter, schlafen Sie denn noch nicht?« Er schwieg. Er hatte den Anruf kaum gehört. Es war, als lebte sein Geist in fremden Welten. Diese Nacht blieb dem Knaben unvergeßlich. Doch lebte Vetter Wilhelm noch viele Jahre danach. Er nannte solche Zwiesprache mit Gott »das Gebet im Kämmerlein«. Wie anders helfen sich jetzt die Arbeiter mit Streikmachen, Staatshilfe und Gewinnanteil! Der Vetter verlangte nichts für den Arbeiter als hohe Zölle für die Produktion des Auslandes.

Die Schwester eines so sinnigen Bruders mußte es in ihrem Naturell haben, dem stürmischen Charakter des Vaters eine imposante Ruhe entgegenzustellen. Aber diese Ruhe war nicht Phlegma, nicht einmal Selbstbeherrschung, es war die Ruhe, die eine nicht minder lebhafte Beweglichkeit gibt, die Beweglichkeit des Gemüts, wo Verstand und Herz im glücklichsten Gleichgewicht leben. Es ist hier von armen, geringen Menschen die Rede, aber wirkt es nicht wohltuend und beruhigend, wenn wir noch in den Urquellen des Volkes soviel Reinheit, Lauterkeit und ohne alle wissenschaftliche Bildung flüggen Verstand antreffen? Es darf uns nicht gegenwärtig genug bleiben, was wir im Volke (abgesehen von den meist geschilderten Ausnahmen von der Regel) im großen und ganzen noch soviel Grundstoff und echte Bodenkraft sittlichen Lebens antreffen. Der Autor spricht von diesen Menschen nicht, weil sie zu ihm in Beziehung gestanden haben, sondern weil er meinen muß, es kann nur Freude gewähren, so in das Gewöhnlichste und Unbelauschteste des Lebens einzublicken. Noch jetzt ist das ursprünglich Gesunde, echt Deutsche, ja man möchte zuweilen sagen, peinlich Pedantischeim Charakter des Berliners nicht ganz verschwunden nach den moralischen Umwälzungen und dem sittlichen Bergab der Stadt seit 1848.

Die Mutter hatte fünf Kinder, von denen zwei früh starben. Sie war klein, von zarter Haut, sanften Gesichtsformen und einer Lebhaftigkeit der Mienen, die Freude und Schmerz, Furcht oder Liebe, Teilnahme oder Abneigung sofort widerspiegelten. Weiter als bis zum Mienenausdruck erstreckte sich die Leidenschaft dieser immer regen Natur nur dann, wenn eine Beherrschung eine Niederlage geworden wäre. Für gewöhnlich hatte sie ein strahlendes, bald dunkles, bald helles Auge, ein immer blitzendes, begleitet von einem Nicken, wo Zustimmung, von einem Zusammenziehen der Augenbrauen, wo Abneigung verraten wurde. Doch das alles verriet sich nicht so schnell. Hier ließ die gutmütigste Schlauheit einen Narren plaudern, bis er ermüdet war, und behielt sich die eigne Meinung, ohne darum eine andere falsche herauszuhängen, vor. Die erlaubte List der Diplomatie wurde von ihr ebenso klug geübt wie die unerlaubte verabscheut. Ruhig wurde entgegengenommen, was des andern Absicht und Begehr. Stimmte das Vernommene nicht mit den eignen Wünschen oder Verhältnissen, so war die Abweisung kurz und bündig. Für neutrales Verhalten gab es sanfte und milde oder kurze, zum Abwarten ratende Worte. Der Befreundete wurde mit frohem Gruß empfangen, ohne Überschwall. Kam die Mutter zu anderen, so brachte sie vor allem sich selbst mit, und das galt mindestens soviel wie ein Korb voll Neuigkeiten. Trotz der langstrichigen Haube, die sie trug, trotz des kattunenen Kleides oder grobwollenen Überrockes war es eine Person, ein Ich, das sie darstellte. Bescheiden war sie gegen Vornehme und nicht unterwürfig. Nie zudringlich, nur zutraulich. Schnell dem Menschlichen nahe und für Freud und Leid gewonnen. Hilfreich nach dem Maße des Könnens, am liebsten mit der eigenen Person dienend bei Kranken und Gebrechlichen. Bei einem weinenden Kinde auf der Straße nicht nur Trost spendend, sondern auch Nachfrage haltend. Untersuchung, Strafe oder Drohung äußernd gegen die Bedränger. Immer prüfend und auf der Hut gegen alles, was von Menschen oder vom Schicksal überhaupt Schlimmes kommen könnte. Im Sommer Sorge tragend für den Winter, im Winter Sorge für den Sommer. Den Kindern und dem Gatten in gesunden, fröhlichen Zeitläuften ein scharfes Auge, oft mit schmälendem und lärmendem Munde über Törichtes, Unerlaubtes, Willkürliches, oft auch genug strafend. Strafte sie, so geschah es mit dem vollen Ausbruch des eigenen Ingrimms, nicht etwa mit jener pädagogischen Kühle oder dem grausamen, sogenannten »kalten Blute«. Wiederum dafür in Krankheit, beim geringsten angewehten Übel oder auch nur bei Hilflosigkeit, und wäre der Jammer von einem fehlenden Knopf gekommen, eine überströmende Hilfe, in allen Händen dann Rat und Tat und zutunliche Liebe.

Diese Mutter konnte nur lesen, nicht schreiben. Sie wußte von wissenswürdigen Dingen nichts als die nächste Sphäre ihres Lebens und einen kleinen Hausschatz von Kinderliedern, mit denen sie ihre Lieben zu wahren Paradiesesträumen einzusummen verstand. Je weniger sie auf dem Wissen ausruhte, je weniger sie für ihren Verstand die Schule eintreten lassen konnte, desto ureigener mußte ihr Geist wirken. Bei begabten Naturen ist das Wissen eine Waffe, bei minderbegabten ein niedergerissener Wall. Begabte, die nichts wissen, verschanzen sich mit sich selbst. Ihr Horizont ist eng, aber klar und rundum zu übersehen. Diese Mutter hatte keine Vorstellung von der Größe der Welt und der Verschiedenartigkeit der Menschen und Sitten. Sie ging nie auf Fernes oder Fremdes wagsam ein und konnte in aller Gelassenheit fragen, ob in Wien auch eine Spree wäre. Das aber, was ihr scharfes Auge erreichen konnte, lag ihr um so klarer und offner vor. Sie war des Gatten unmittelbarer Gegensatz. Ein immer Schweifender, Unruhiger wie ein Strichvogel, ein Herz voll Enthusiasmus, Liebe und Zorn, je nachdem, hatte sich die Maßhaltende, Besonnene, Vernünftige, Zügelnde und Lenkende gewählt. Es fehlten die heftigsten Konflikte nicht, aber die Gutmütigkeit und die Gewöhnung entwirrten sie. Die Mutter verwaltete die Kasse und gab dem Vater sein tägliches Taschengeld.

In einer solchen Welt, umgeben von so bunten Eindrücken, konnte des Knaben Bewußtsein nur wie von einem Traumleben ins andere erwachen. Rinnen ohnehin doch Wirkliches und Unwirkliches in erster Kindheit zusammen. Eine logische Aufeinanderfolge des allmählichen Erwachens aus dem vegetativen Leben wird sich niemand gegenständlich machen können. Einzelne Lichtstreifen fahren in der Erinnerung, freilich oft bis zum Greisenalter treu bewahrt, über diese erste Nacht des schlummernden Geistes. Es sind Erinnerungen vom Zufälligsten und für die allmähliche Menschwerdung manchmal Unwesentlichsten. Oder bedingten etwa gerade diese unwesentlich scheinenden Lichtblitze die spätere Hellung? Wer in seine erste Jugend zurückgreift, Momente festhalten will, was hält stand? Nichts von dem, was z.B. andere an ihm sahen. Zu unserer Überraschung hören wir in späterer Zeit andere erzählen von unserer jugendlichen Art oder Unart. Unsre eigne Erinnerung hascht nur kleine blaue, rote, grüne Flecken, wie einer, der in die Sonne gesehen.

Wie summt's und singt's im Ohr von den Liedern, die man auf dem Mutterschoß vernommen! Wie gegenwärtig ist der Glaube an den »Reiter zu Pferd«, den »Hobermann«, den man »mit blanken Stiefeln« auf dem Mutterknie spielen durfte! Wie heimisch ist man in dem baum-nest-vogel-eierreichen Zauberlande, das sich ankündigte: »Muhme Reelen, hat men Garten, hier 'en Garten, dort 'en Garten, und das war 'en runder Garten!« Manches Erlebnis hält sich nachdrücklich fest. Daß die Schwester den Knaben auf dem Nacken reiten ließ, der Reiter niederstürzte, im Blute schwamm, lebenslang davon Narben behielt, steht noch nach dem Orte, wo der Unfall geschah (vor dem jetzigen »Nationaltheater«), vor dem Auge des damals Dreijährigen. Aber sonst sind die Erinnerungen bunt durcheinandergewürfelt und knüpfen sich an Spiele, Natureindrücke, Geschenke, Überraschungen, Besuche, heftige Strafen, besonders die ungerecht erlittenen. Zwischendurch tönt fort und fort eine Art Melodie, ein einziges Klingen, wie wenn man sich eine große Meermuschel ans Ohr hält.

In stillen, wehmütigen Stunden des Alters ziehen die zitternden Klänge der ersten Jugend an uns vorüber. Es sind glückliche, traumselige Klänge und Empfindungen. Sie stammen von Dingen, für welche sich die Eindrucksfähigkeit unserer Sinne jetzt völlig abgestumpft hat.

Das Liegen im Grase! Haben unsre Geruchsnerven noch den Reiz, die Düfte nachzuempfinden, die dem Knaben die langen Blätter der Grashalme ausströmten, die gelben Butter- und Kuhblumen, die zarten Gespinste des Löwenzahns, dessen Kronen man im Alter nur noch abbläst, um seine schwindende Lungenkraft zu prüfen, in der Kindheit, um einfach zu zeigen, daß man »Lichter ausblasen« könne, und aus dessen weißsaftigen Stengeln man sich Ringelkränze windet? Hat man noch Appetit für jenes Kraut, dessen abgewirbelte Samenstengel die Kinder wie die Ziegen zerkauten, und vor allen für jene wie Salep schmeckenden abgeschälten Fruchtknoten, die der Berliner Jugendtroß, unter Schafgarbe und Kamillen suchend, »Käse« nennt? Hat unser Ohr noch einen Reiz für das Rascheln von welkem Laub, womit man sich im Oktober und November Hütten, Stuben, Kammern baute und sich traulich einnistend in ihnen lagerte, bis die Pedelle der Universität mit ihren Rohrstöcken kamen und die Vorsteller dieser Ifflandschen Familiengemälde unter den entlaubten Bäumen des Kastanienwaldes verjagten? Alle Reize unserer späteren Sinne würden diesen Szenen keinen Genuß mehr abgewinnen. Was hört nicht alles das Ohr des Kindes mit Behagen, ja mit Wollust! Das einsame Sägen in einer Holzkammer, wie dringt es zum lauschenden Kinde so feierlich sicher und majestätisch konsequent herüber! Alle Lehrworte, zum Fleiß ermahnend, wirken nicht so viel, wie ein solches stilles Beispiel von hin und her fahrender, treuer Ebenmäßigkeit, wie zum Beispiel vom Häckselschneiden auf dem Stallboden. Man erinnere sich: Das Bersten des ersten Wintereises auf den Straßen unter dem vorsichtig prüfenden Fuße! Das Knirschen des festgefrorenen Schnees! Das Ächzen der Lastwagen über ihm her! Wie gewährt das Ausschütteln und Rütteln von Walnüssen zur Weihnachtszeit einen so seligen Sinnenreiz!

Die Vorstellungen, die sich mit diesen Lauten verbinden, sind es nicht allein, die uns damals so wohlgetan, es waren die Laute selbst. Aber zu grelle Töne verwundeten dann auch das Ohr fast physisch. Der Knabe wurde ein Liebhaber der Musik, lernte sogar die Flöte blasen, aber die Violine konnte er nicht streichen hören, ohne vor Schmerz zu weinen, vor wirklichem physischem Schmerz. Der langgehaltene Strich der Geige schien sich eine Resonanz im Nervengeflecht des Unterleibs gesucht und dort gefunden zu haben. Die Eltern mußten ihn von jedem Tanzort entfernt halten.

Die Sinne der Kinder sind im jungfräulichen, reizbarsten Zustande. Alles Blitzende, und wären es zertretene Glasscherbenatome auf dem Straßenpflaster, reizt Kinderaugen wie Diamanten. Eine Zeichnung, die dem Kind schon an sich gefällt, wird zum Überfluß illuminiert. Die bunten Bilderbücher, so grell ausgemalt, stumpfen den Farbensinn des Kindes eher ab, als sie ihn heben. Welche Phantasie weckt ein unausgetuschter Bilderbogen! Der getuschte übersättigt. Man lasse dem Auge seine Lust und gestatte dem Kinde, aus dem bunten Kasten die Farben zu wählen, die ihm die wohltuendsten sind, und malte es den Soldaten grüne Stiefel und den Rittern rote Helme. Die Welt, die der Wirklichkeit entspricht, findet sich schon. Man lasse sie, ohne pedantische Belehrung, durch diejenigen Anschauungen hindurch sich entwickeln, die dem Kinde die liebsten sind. Des Kindes Ohr findet mehr Wohllaut im Spatzenlärm als im Gesang der Nachtigall. Es liebt die rüstige, rührige Welt, die sich rüstig und rührig auslebt. Eine Wassernachtigall von Porzellan, die mit aufgegossenem Wasser beim Blasen einen schmetternden Ton gibt, war dem Knaben anfangs lieber als die wirklichen Sprosser, die sich die Nachbarn hielten, oder die eigene Lerche, die im dunkelverhangenen Käfig ihre Sehnsucht nach dem Felde auswirbelte. Für Lerche und Nachtigall kommt erst das Ohr aus dem reisenden Herzen. Das Kind wälzt sich im Heu und Stroh mit einer Luft, die nicht bloß ihre Quelle in der Ausgelassenheit hat. Es strömen ihm aus Heu und Stroh Düfte entgegen, die das wahre Doppelpatschuli und Luxusarom der Jugend sind. Das Naschen, das wir aus moralischen Gründen bestrafen, entspringt beim Kinde aus physischen. Liegen doch in Nüssen, Äpfeln, Birnen, in gedörrtem Obst so himmlisch- und höllisch verlockende Wohlgeschmäcke, wie unsere Gaumen nicht mehr empfinden, während wir jetzt andrerseits Gefallen an Speisen haben, die dem Kinde widerstehen, besonders alles Schlüpfrige, Glatte, Gleitende, Molluskenartige, wozu gewiß bei den meisten Kindern der Kohlrabi und die in Fleischbrühe gekochten Kartoffeln gehören – Speisen, um die der in Rede stehende Knabe, weil er sie nicht essen konnte, oft genug hungern mußte.

Und du, heilige Einsamkeit! Wie wiegst du die Kinderseele in überirdische Träume – oder, richtiger, irdische; denn das Kind denkt sich gerade hier, hier auf Erden alles Himmlische noch möglich. Der Erzähler war ein Virtuose im Alleinsein. Der Bruder war Soldat geworden, die Schwester in der Nähschule, der Vater in seinem Dienst, die Mutter zu aller Nutzen auf den Markt gegangen. Was grübelt sich da nicht, eingeschlossen im Zimmer, den hohen Fenstertritt erklettert, beim Hinausblick auf die damals nicht allzu belebte »letzte« Straße, hinter dem Käfig der Lerche, hinter Blumenstöcken und der an Fäden rankenden türkischen Kresse!

Durch ein verpapptes zweites, aber in den Stall gehendes Fenster schnoberten die Rosse des Prinzen und rissen an ihren Ketten, oder in dem großen von Säulen getragenen Stall lärmte die Trommel und gewöhnte die Tiere an kriegerische Welt. Wo ließ sich schauerlicher träumen als innerhalb der großen Gebäulichkeit der Akademie, dicht unter dem Präpariertisch der Anatomie, wo auf einer grünen kleinen Rundung die zu lüftenden Betten oder die trocknende Wäsche der einsamen Hut des Knaben tagelang überlassen blieben! Die Kürassier- oder Ulanenrosse wieherten zwar dicht in der Nähe oder tummelten sich daneben auf dem Sande im Kreise, aber mittags wurde es still, und gegen Abend traten die Sagen deutlich vor die Phantasie des Wächters von manchem dort oben noch wimmernden Selbstmörder, manchem nächtlichen Hilferuf aus den großen, jetzt vom Abendlicht durchblitzten Fenstern des Schlachtsaales und von manchem, der wieder erwacht sein sollte, sich an Stricken hinuntergelassen hatte, stürzte und nun doch den Professoren Rudolphi und Knape geopfert blieb!

Dort krächzten die Raben auf Bodes Sternwarte, wo die golden blickende Himmelskugel der Prachtliebe der diebischen Vögel eine willkommene Behausung zu bieten schien. Oder auf den jetzt mit Neubauten noch nicht ganz verdrängten großen umzäunten Wiesen der Georgenstraße – früher »Katzenstieg« genannt – und des »Bauhofs« fanden sich stille Plätze zum hingestreckten Dämmern an einem moosbewachsenen, umgestürzten und defekten, hierher verirrten Gartenamor, hinter Remisen und Schobern, unter kraut- und lattich- und brennesselumwachsenen Brettern und Balken, überall wo es nur etwas zu kauern, bauen, spielen, den Großen nachzuahmen gab.

Das Winkelleben der Jugend weckt die ersten Regungen des Bewußtseins, die ersten Regungen der Sehnsucht nach künftigen Zielen. Wer das Auge auf seine Kinder oder seine Zöglinge stets überwachend und sie immer und immer beschäftigend gerichtet hat, wird Maschinen erziehen. Die Jugend muß zwar ihre Heimat kennen, wo sie zu Hause ist, aber die kleinen Nester, die sie sich da und dort in der Stille schon selbst aufbaut, muß man ihr nicht stören. Dort brütet sie ihr selbständiges Leben, ihr Bewußtwerden, ihre Zukunft aus.

Kennt ihr die heiligen Schauer, die zuweilen urplötzlich, ihr wißt nicht wie, eure Seele durchrieseln können? Kommen euch in den Jahren der Reise solche Stimmungen des Sinkens und Vergehens, so sind es, gewiß nicht anders zu deuten, die Vorahnungen des Todes, die entschleierten Geheimnisse der übersinnlichen Welt. Kommen sie aber in den Jahren der Kindheit, so sind es die entschleierten Geheimnisse des Lebens, die Vorahnungen der Größe einer uns zu Gebote gestellten Welt. Das Kinderherz schafft sich aus Sonnenstäubchen zauberische Welten. Wie genügt ein kleines Spielzeug seiner Phantasie, wie erweitert sich der verschönerndste Gestaltensinn, ein bergeversetzender Glaube das Kleinste, Häßlichste, Unbedeutendste in die großartigsten Umrisse! Des Kindes Auge sieht nicht wie das Auge des Erwachsenen. Was ein Stäbchen mit einem Lappen ist und eine Fahne sein soll, ist ihm eine wirkliche Fahne, die prächtigste, wie sie je dem Heer des Propheten vorangetragen wurde. Ein ausgestopfter häßlicher Balg ist dem Kinde kein Surrogat für das Schöne, sondern selbst madonnenschön. So reich weiß es aus sich zu ergänzen, aus seiner Einbildungskraft, seinem Herzen hinzuzufügen.

Es klingt wohl noch im Alter nach, was uns Dinge bedeuteten, die uns später die gleichgültigsten wurden. Muscheln! Diese schlanken hohlen Ovale mit den blanken Perlmutterrändern! Paßten sie gar aufeinander, welche Freude über das zusammenklappende Paar! Kastanien! Die grünen Dornenhülsen und der braunglänzende entschälte »scheckige« Kern! Schmetterlinge! Unter den Fichten der Hasenheide, auf dem dürren, glattgetretenen Sand- und Nadelboden gab es Trauermäntel und Totenköpfe! Selbst der Fang der gemeinen, einfachen, gelbweißen »Kalitte« mit den abfärbenden Flügeln machte glücklich. Schilfrohrblätter! Lang, scharf, schneidend durch die prüfenden Finger gezogen! Fische, daumengroß, am Spreeufer mit freier Hand gefangen, scharfbewehrt mit zwei Stacheln, Iklee oder Steckerlinge genannt, einen Moment in der Hand zappelnd, lustig, fast durch ihre Stacheln gefährlich, dann sogleich tot, reizlos! Ein Vogel, gefangen nach tagelanger, wochenlanger Fallenlist! Endlich das warme, unter den Federn klopfende zarte Herz in der Hand, ein Königreich schien gewonnen! Wie elektrisch unruhig das Tier, wie wirst es den Kopf, wie zieht es die Krallen ein, wie zermartert wird es unter Beratschlagungen der Buben über des Gefangenen Zukunft, wie durch die Wärme der liebenden und doch gewalttätigen Hand abgemattet und zuletzt – nach tausend Plänen gewinnt es die Freiheit, da – »neue Kostgänger« von der

Mutter verbeten werden! Ein Lamm, irgendwo durch ein Gitter blökend, eine Ziege an Nesseln nagend, ein Kaninchen, wühlend unter Kohlstrünken in einer Küche! Diese Welt, nur noch einmal nachempfunden in den Schicksalen Robinsons, nur noch einmal aufblitzend aus den Augen seines geliebten Lamas, sie war für den Jungen Märchen und erste Weltgeschichte zugleich.

Ja, erwähnt darf auch werden der beseligte Aufblick zum Sternenhimmel. Dem Kinde glitzern die Tausende von Himmelsleuchten im weißen zitternden Funkeln wie Tautropfen im Sonnenschein, und oft ist es ihm, als bewegten sie sich wie Lichter im Zugwinde. Daß diese Sterne ebenfalls noch Welten sind, faßt der an diese Erde gebannte Kindersinn nur mit Widerstreben. Wie kann außerhalb dieser großen Erde mit ihren Millionen Menschen, ihren Heilsveranstaltungen von seiten der Gottheit, ihrer besonderen Auszeichnung, den Sohn Gottes gesandt bekommen zu haben, noch eine Existenz vorhanden sein, gegen welche das Erdenleben wie ein Tropfen verschwindet! Nein, dem Kinde ist die Erde der liebste Aufenthalt Gottes, der Schemel seiner Füße.

Jene Strahlenpracht des Himmels ist ihm nur die äußere Zier und Herrlichkeit des im Freien schwebenden göttlichen Wolkenthrons. Unter allen Sternen sucht sich das Kinderauge dann den funkelndsten aus und nennt ihn den Stern des Morgenlandes. Das ist der Wegweiser, der die Weisen nach Bethlehem geleitete und über der Krippe mit dem Jesuskinde stand. Dies Wandeln und Stillestehn eines Sterns, Führen und Leiten, Wissen des Sterns um eine Begebenheit der Erde und des Himmels übertrug sich auf all die stillen Himmelswächter der Nacht, und nie glaubte der Knabe allein zu sein, ob er auch einsam stand, wenn nur die Sterne auf ihn niedersahen. Ja im Monde suchte er die Züge jenes Mannes, der aus ihm niederschauen sollte und von dem man früh genug Dinge hört, die glauben machen können, er hätte es auf jeden einzelnen unter den Menschen ganz besonders abgesehen. Neumond, Vollmond waren ständig in Frage. Wind und Wetter wurden danach bestimmt, das Wohlbefinden des Körpers, das Einnehmen manches Arzneimittels. Die Abwechslung von Tag und Nacht (und wie lag die Nacht so schwarz auf dem »Kastanienwald«, dem »Bauhof« und den Fronten und Flanken der Universität!) führte frühe auf die Vorstellung vom Nichts. Es war ein Schrecken für den Knaben, sich zu denken, wenn einmal die Erde nicht wäre. Wenn diese Sterne erlöschten, diese Fackel des Mondes verglimmte, die Sonne im Meer auf ewig unterginge und alles, alles verschwände und nur Gott bliebe, allein Gott, der Herr, der Schöpfer ganz für sich. Was wäre dann noch? Was bliebe? Und was ist eigentlich Gott? Der Gedanke war schwindelerregend, die Hand mußte sich aufstemmen, am nächsten halten, denn die Ahnungen des absoluten Nichts zogen den Boden unter den Füßen weg. Es war ein Gedanke, der sich wenig über einen Augenblick festhalten ließ, aber den Träumer unendlich oft beschlich.

Wie stark der Heimattrieb des Kindes ist, ersieht man aus der behutsamen Erweiterung der Kreise, die sich um den Mittelpunkt des häuslichen Herdes ziehen. Ein größerer Umweg, den sich ein Kind erlaubt, um in seine Schule zu kommen, ist ihm schon ein Ereignis und kann es in der Tat für seine ganze Entwicklung werden. Ein solcher Umweg bringt Eindrücke und Zerstreuungen ganz neuer Art hervor. Verspätungen wecken den Lügengeist. Man lernt erfinden und bemerkt mit Behagen, daß die Erfindungen geglaubt werden. Jeder Umweg veranlaßte ein böses Gewissen.

Die allmähliche Welterweiterung des Kindes geht langsam vonstatten. Es war ein Argonautenzug, wenn einmal der Knabe wagte, in die akademischen inneren Hofräume zu treten und in die Fenster zu lugen, wo die Gipsabgüsse standen oder die Bücher der gelehrten Akademiker. Der Garten der Universität war damals eingefriedigt von einer oft erkletterten Mauer. Er galt für einen erlaubten Tummelplatz, doch nur in seinen äußersten Grenzen. Zu nahe an die Fenster, wo die Schleiermacherschen Vorlesungen gehalten wurden und eine große Uhr die Stunden ohrenzerreißend ankündigte, fing der verbotene Hesperidengarten an.

An der Stelle, wo jetzt die Singakademie steht, floß früher ein Spreearm, bedeckt mit Floßhölzern, die von den gemeinen Leuten »Karinen« genannt wurden, als hätte ihnen ein Professor den Namen aus Schellers Wörterbuch gegeben. Die herrlichen langen »Tafelbirnen« in den jetzt Magnusschen Gärten und links und rechts in denen des Finanzministers Klewitz, dem Friedrich Wilhelm IV. einst die Scharade aufgegen haben soll: »Raten Sie einmal! Das Erste frißt das Vieh, das Zweite haben Sie nie und das Ganze sind Sie!« – der Finanzminister verbat sich sehr die Defizits seiner Obsternte und stellte Wachen aus. Aber dann trat die herrliche Zeit ein, die man nannte: »Die Spree ist geschützt.« Des Fischfanges und doch wohl noch mehr der Baggerung wegen wurden die Spreearme ohne Wasser gelassen. Das war dann wonnig, in dem schwarzen Schlamme zu waten. Dann waren alle Gärten zugänglich. Bis häusliche Strafgerichte der Verwilderung ein Ende machten.

Über die »Karinen« hinweg ging die Sonne auf. Und wenn sich der Regenbogen über dem Zeughause, dem neuerbauten Dom und den Pappeln des »Lustgartens« dehnte, mußte an seinen beiden sich zur Erde neigenden Enden Gold zu finden sein. Das war der Kinderglaube. Warum da nicht streben, hinauszukommen über die so enge Grenze der »Letzten« und der »Mittelstraße«! Aber jenseits der Dorotheenstädtischen Kirche, wo die neun Paten im Kometenjahr Gevatter gestanden hatten, wurde die Orientierung abenteuerlich. Eine Freimaurerloge lag dieser Kirche gegenüber. Der große Garten dieses von Schlüter im idealsten Kommodenstil gebauten Hauses zog sich wie ein Mysterium bis zur Spree und an den unheimlichen Katzenstieg hin. Hier war alles unangebaut. Nichts sah man als lange einsame Strecken von Holzhöfen, nichts als Wiesen zum Bleichen und Trocknen der Wäsche. Die äußerste bekannte Grenze seines Horizontes nach Norden wurde dem Knaben die Artilleriekaserne, wo der Bruder in Hoffnung auf eine bald wieder ausbrechende Kampagne kanonierte, bombardierte, feuerwerkerte. Dies Kasernenleben war dem Knaben das erste selstbändig sich regende »Anderssein« außerhalb der Prinzenställe.

Die Kaserne der Gardeartillerie zu Fuß bildet ein Viereck. von welchem zwei Schenkel nach der Georgenstraße und dem Kupfergraben zu liegen. Hier eintreten zu dürfen an der Hand eines schützenden »Freiwilligen« konnte mit Stolz erfüllen. Eindruck machte hier alles. Die langen dunklen Gänge mit den numerierten Türen, in der Küche unten die Soldaten in Kitteln, Rüben schabend, Kartoffeln schälend; der Pommer, der Polack, der Schlesier, der Westfale durcheinander – denn die Garde rekrutierte sich überall. In den nicht allzu großen Zimmern befand sich immer ein Unteroffizier mit acht bis zehn Gemeinen, deren Betten am Tage übereinander aufgetürmt bis an die Decke reichten. An den Wänden entlang hatte jeder Gemeine ein Plätzchen für Uniform, Gewehr (damals trug die Artillerie noch Gewehre), Riemzeug, Schuhwerk und ein Schränkchen für seine nächsten Habseligkeiten, die Löhnung, sein Kommißbrot. Am Fenster befand sich für alles das ein freundlicherer Platz für den Unteroffizier. Unten im Hofe, meist abgeprotzt, standen die Kanonen. Stundenlanges Bewundern des »Man so Tuns« im Richten, Auswischen, Lagden, Zünden. Bewundern der Donnerwetter, die dabei mit Stentorstimme von den Unteroffizieren geschnarrt wurden und desto lauter ertönten, je näher die Offiziere standen.

Dies Kasernenleben erzeugt in seinen Teilnehmern eine Gemeinschaftlichkeit der Stimmung, die auf den Geist schließen läßt, dessen Offenbarungen wir in unserer Prätorianerzeit kennengelernt haben. Der Gemeine blickt auf den Sergeanten, der Sergeant auf den Leutnant, der Leutnant auf den Hauptmann, der Hauptmann auf den Major. Die laufende Chronik des Appells, der Wache, des Exerzierens, der Parade, des Kirchenbesuchs, des Manövers, der Revision der Armatur und Kleidungsstücke, die Ankunft der Rekruten, das Avancement, erfüllen hunderttausend Seelen wie die alleinigen Fragen der Welt und des ganzen Lebens. Bewundrer unsres wieder eisern gewordenen Zeitalters finden darin ein großes Erziehungsmoment unsres Volkes, eine Rückwirkung solcher Regelmäßigkeit auf die Sitten des Lebens. Andere wollen dagegen finden, daß sich mit diesem Formalismus die Liebe zum Müßiggang einstellt und das Verlernen der Handgriffe und Fertigkeiten, die wieder zum späteren Erwerb dienen sollen. Die nachgerade für die Gesellschaft bis zum Unerträglichen gesteigerte »Arbeiterfrage« hängt mit der allgemeinen Militärpflicht mehr zusammen, als man bisher dargestellt hat.

Durch den Bruder erschloß sich manches Kasernenzimmer, wo Familien ihren Herd aufgeschlagen hatten. Ein Unteroffizier hatte in Mußestunden wieder die Nähnadel ergriffen und war für das Wohl seiner Kameraden, zunächst seines Weibes und seiner Kinder, in aller Stille auch ein Schneider. Eine Heldengestalt, die vor der Haubitze mit kräftiger Stimme kommandierte, saß er mit untergeschlagenen Beinen und wichste den Zwirn und stichelte an einer seinen Interimsuniform für irgendeinen mit Mutterpfennigen gesegneten Fähnrich. Wie hatte der Treffliche den Schneiderziegenbock noch kurz zuvor verwünscht und sich verschworen, ihn je wieder zu besteigen! Da zwingt ihn das weinende Geständnis einer ehrlichen Nähterin, die er liebte, sie Hals über Kopf zum Weibe zu nehmen. Um sie und seinen gesegneten Nachwuchs zu erhalten, mußte er wieder auf seinen Bock. Sein Leben wechselte zwischen Kartätschen und Nähnadeln, zwischen Bomben und besponnenen Knöpfen. Das war wirklich Prometheus an den Felsen geschmiedet! Zum Unglück wurde dem Armen, er hieß Richter, die geliebte Mutter seiner Kinder obendrein krank. Eine Entzündung der Brust bekam eine gefährliche Wendung. Schon setzten die Chirurgen ihre Messer an, um die edelsten Werkstätten der Natur auf Leben und Tod wegzuschneiden. Da meldete sich ein »Wunderdoktor«, ein ehemaliger Schäfer, der in der Vorstadt die Armen kurierte und die Brust zu heilen versprach. Die Chirurgen entfernten sich spöttisch. Glück schon genug, daß sie nicht die Sanitätspolizei von dem Nebenbuhler in Kenntnis setzten. Der Schäfer beginnt sein Werk, er heilt die Brust. Womit? Mit dem Balsam der Geduld. Wohl strich er auch Salben auf die eiternden Wunden, aber sein wirksamstes Kraut war treues Kommen, Gehen, Wiederkommen, Abwarten, Pflegen, Sorgen, Mühen und das ein ganzes Jahr hindurch. Die Chirurgie ist nur zu oft jene Heilkunde, der die Geduld gebricht. Sie schneidet weg, was zu heilen sie sich keine Zeit nimmt. Richter konnte zum Dank nicht mehr tun, als diesem »treuen Schäfer« für eine Pflege, die über ein Jahr gedauert hatte, zwanzig Taler geben. Aber zwanzig Taler! Ein Krösuskapital für einen Unteroffizier – selbst bei der Gardeartillerie! Ein unerschwingliches, wenn nicht der arme Held ein Doppeltuchschneider geblieben wäre! Seinen frohen Sinn, seinen witzigen Verstand, seinen aufstrebenden glühenden Ehrgeiz, alles mußte er hingeben und Westen und Uniformen nähen und Buchführen über seine schlimmen Kunden, die sich von der Löhnung nur wenig abziehen lassen konnten. Diese Doppelexistenz trieb Richter lange Jahre, bis er Gendarm wurde – ein Belohnungs-, ein »Ruheposten«! Das sind so Lebensläufe in ab- und aufsteigender Linie, wie deren ringsum von dem kleinen Helden dieser Geschichte genug beobachtet und damals für ganz normal gehalten wurden.

Am Soldatenleben wurde das Poetische mehr verstanden als die Prosa. Der Wachtdienst, die Ablösung, das geheimnisvolle Mitteilen einer Parole oder der betreffenden Dienstanweisung für das zu bewachende Lokal, das weiß- und schwarzgestreifte Schilderhaus mit dem Nachtmantel, der darin aufbewahrt wurde, das ewige Forschen und Umblicken des Postens nach militärischen Honoratioren, die durch Geradestehen oder Präsentieren geehrt werden mußten, alles das war Gegenstand still andächtiger

Forschung. Von manchen Wachtlokalen oder Schilderhäusern erfuhr der Knabe, daß es auf ihnen spuke oder »spieke«, wie man im Volk sagt. Das »Spieken« in den Berliner Schloßgängen ist historisch geworden und noch jetzt traditionell bei allen Schloßschildwachen. Aber es spukte noch an vielen anderen Orten, wo Schilderhäuser einsam standen und die Wachen mitten in Novembernächten unter sausendem Sturm und stürzendem Regen von ihren Bretterhäuschen aus in »pechdunkle« Nacht hinauslugen mußten. So waren fast alle Wachen in der einsamen Gegend an der unteren Spree, wo jetzt der Hamburger Bahnhof liegt, spukhaft. Am Artillerielaboratorium, der Pulvermühle, den Pulvermagazinen, den Train- und Wagenhäusern, die alle um den jetzigen Humboldthafen liegen, lauerte nicht nur der Tod, dem ein einziger glimmender Funke hier eine furchtbare Feuerhochzeit hätte bereiten können, sondern der Begleiter des Todes, das Gespenst. Mancher junge Rekrut schnürte gern aus seinem Beutelchen einen Mutterpfennig und bezahlte ältere beherztere Kameraden, um nur nicht auf einem der äußersten Posten am Laboratorium Wache zu stehen.

Die Posten hatten Nummern und wurden von der Hauptwache aus nach den Nummern besetzt. Auf Nummer sieben und Nummer dreizehn »spukte« es gewiß. Auf Nummer dreizehn »schilderte« einst der Bruder. Für sieben einen halben Silbergroschen erbot sich ein älterer Kamerad, ihm diesen Dienst, der gerade auf die Geisterstunde fiel, abzunehmen. »Meine Mittel erlauben mir das nicht!« sagte der junge Rekrut und ging entschlossen auf Nummer dreizehn. Er stammte aus der rationalistischen Zeit Berlins und wollte es mit den Geistern wagen. Ringsum lag tiefe Stille. Der junge Artillerist stützt sich auf sein Gewehr; die Nacht ist stichdunkel. Fern herüber rauschen zuweilen die Tannen. Birken schimmern geisterhaft. Ein Erdwall umgibt das pulvergefüllte Magazin. Einige Rundgänge auf ihm hin und her und das Auge immer auf etwaige glimmende Funken gerichtet. Wehe dem Wandrer, der hier etwa mit einer brennenden »Tobaks«-Pfeife oder »einem Zigaro« (so sagte man früher – Betonung wie »Figaro«) gekommen wäre. Der rationalistische Zweifler sieht, hört nichts, geht in sein Schilderhaus, schläft ein. Ein Schlaf im Stehen währt nicht lange. Eben summen von den Kirchtürmen der Stadt zwölf Glockenschläge. Die Angst des Dienstvergehens (auf Posten schlafen!) vergrößert die Vorstellung möglicher Gefahr. Der Zweifler sieht erwachend ein langes riesiges Gespenst. Wer da! ruft donnernd die Furcht, die bekanntlich immer lauter schreit als der Mut. Alles ist still. Die lange schmale Gestalt bleibt unbeweglich. Mit gefälltem Bajonett rückt der Zweifler aus dem Schilderhause vorwärts. Einige beherzte Schritte, und das Gespenst ist verschwunden. Er war nicht etwa jener mit einem Laken verhüllte Kamerad, der seine sieben einen halben Silbergroschen zu Ehren bringen wollte, sondern ein schmaler, langer, sandiger Fußsteig, der sich zwischen dem grünen Rasen dahinzog und vom Schilderhause aus, zumal mit schlaftrunkenen Augen betrachtet, eine perspektivische Täuschung veranlassen konnte.

Im Soldatenleben scheint, von außen aus betrachtet, alles wie über einen Kamm geschoren. Aber nach innen gibt es die bunteste Mannigfaltigkeit der Charaktere, Sitten, Lebensweisen. Man hält diese gewaffneten, buntgeschmückten Menschen für mechanisch abgerichtete, willenlose Wesen zum Verwechseln. In der Kaserne aber, im geheimen Getriebe des Dienstes treten alle Temperamente, alle moralischen Systeme in lebendigst nuancierten Exemplaren zum Vorschein. Geizhälse, Verschwender, Stoiker, Epikureer, Lustigmacher, Melancholiker, alles durcheinander. Früh machte es dem Knaben einen eigenen Eindruck zu wissen, daß dieser dort so steif und mechanisch marschierende Soldat gestern erst von einem Arrest aus der Lindenstraße gekommen war, jener hübsche Junge mit dem silbernen Portepee »keine Eltern hatte«, weil »sein Vater ein Prinz« sein sollte; jener Leutnant, der so heiter seinen Degen schwang, »voller Schulden steckte«; jener Kapitän, der so martialisch kommandierte, zu Hause »unter dem Pantoffel seiner Frau« stand; und jener Oberst zu Pferde gar, der den runden blitzenden Hut mit Federn trug, daheim ein Liebhaber der Hühnerzucht war, der türkischen Enten, der Tauben und der Pfauen.

Das Negligé aller dieser so kerzengrad zusammenhaltenden Menschen gab von jedem ein anderes Bild als das, wie er jetzt exerzierte oder mit klingendem Spiel vorüberzog an seinem König, hinter dem man, an den Pfeilern des Opernhauses sich anklammernd und wie zur »Suite« gehörig, die Parade mit vorüberdefilieren ließ. Das da ist der verhaßte, weil so gehässige Fähnrich von Haase! Das der treffliche, liebenswürdige, dem gemeinen Soldaten gegen die kleinen Offiziere immer beistehende Major! Wißt ihr alle, die ihr herum-»drängelt« auf den Stiegen des Opernhauses, hier unter den Larven und Bildsäulen der Musen, ihr, die ihr hier Skizzen aufnehmt zu den damals beliebten Paradebildern, die den Malern mit Gold, Roten Adlerorden und Wladimirs bezahlt wurden, wißt ihr so, wie der kleine Bursche hier, daß vor drei Tagen beim Manöver zu jener goldgelbglänzenden Kanone hinter Rixdorf die jungen Prinzen, die Söhne des Königs, herangeritten kamen und den Fähnrich von Haase arg ins Gebet nahmen?

»Was bedeuten«, sprach zu ihm der spätere Kaiser Wilhelm I. von Deutschland, »was bedeuten da vorn am Mundstück Ihres Kanons die beiden Buchstaben C. F.?«

Fähnrich von Haase, über und über errötend, erwiderte nach längerem Besinnen: »Ich weiß nicht, Königliche Hoheit!«

Prinz Wilhelm will mit seinen Brüdern, den Fähnrich bemitleidend, weiter, da sagt der Bruder des Knaben: »C. F., Königliche Hoheit, bedeutet *Canon Français*. Dies Geschütz war erst preußisch, dann eine Zeitlang in französischer Gewalt und ist jetzt wieder unser.« Die Prinzen lobten die Antwort. Aber wer hier ringsum kennt nun des dort marschierenden Herrn von Haases Rache?

Das Manöver ist vorüber. Jene selben dahinreitenden Pferde, des Bruders treuer Rinaldo an der Spitze (die Unteroffiziere der Fußartillerie waren damals beritten), sollen den Staub abspülen und in die Schwemme reiten, sich auch erquicken am klar rinnenden Wasser des damals in jener Gegend noch appetitlicher dahinflutenden, schilfumrandeten Schafgrabens. Der Fähnrich von Haase kommandiert vom Ufer aus: »Da! Dort! Zum Himmeldonnerwetter, reiten Sie da, wo ich sage!« Aber der Schafgraben war auch damals schon nicht überall besser als sein Ruf. Auf jene Stelle paßte Rückerts Wort vom Berliner Unterbaum – die Spree käme zum Oberbaum herein wie ein Schwan und ginge zum Unterbaum hinaus wie ein –, Rückert war aus Schweinfurt, ein gewisses Wort war ihm geläufiger. Der Bruder will weder sein Geschütz, noch sein Gespann, noch seinen eigenen treuen Rinaldo in den Morast führen, biegt von der kommandierten Stelle ab, sucht jenes klare Schwanenwasser Rückerts, findet's und ruft alle Kameraden, ihm zu folgen. Aber wehe dem aus dem Wasser mit den triefenden, erquickten Pferden Zurückkehrenden!

»Für diese Ihre Insubordination werden Sie Arrest besehen!« Haase meldet den Vorfall, nicht aber das Examen des künftigen Deutschen Kaisers dem Kapitän. Der Fall kommt an den Major. Jener brave, dort eben den Degen zum Präsentieren schwenkende Herr auf dem Apfelschimmel sagt: »Herr von Haase, woher kommandierten denn Sie?«

»Woher?« antwortete der schon wieder Examinierte. »Vom Ufer aus, Herr Major!«

»Ach so, Sie waren also nicht mit im Wasser? Künftig, wenn wir wieder manövrieren werden, soll jeder Kapitän seine Batterie vom Kirchturm aus kommandieren!«

Die Parade ist aber noch nicht zu Ende. Dort beim vierten Geschütz reitet der Bruder! Heute scheint dem Knaben beim herrlichsten Sonnenschein ein Regenschirm über ihm ausgespannt. Denn es war soeben folgende Geschichte passiert: Der Quälgeist der Kompanie, Fähnrich von Haase, läßt sich einfallen, eine Revision der Kasernenzimmer vorzunehmen. Er kommt in des Bruders Zimmer und findet unter dessen Gerätschaften einen Regenschirm.

»Wem gehört dies niederträchtige Zivilmobiliar?«

»Vorläufig mir«, sagt der Bruder etwas patzig.

Von Haase öffnet das Fenster, will einen Akt im Stile Blüchers von Wahlstatt ausführen und den Regenschirm zum Fenster hinauswerfen.

»Halt da!« ruft der Bruder. »Der Schirm gehört meiner Braut!«

Von Haase, durch die kräftig zugreifende Hand des Unteroffiziers an der Ausführung eines »genialen« Einfalls verhindert, dessen Erzählung bei Josty unter der Stechbahn unterhalten haben würde, beschließt, den Bruder zu strafen. Er ergreift die Gewehre einiger Gemeinen ringsum, untersucht sie und findet die Reste der letzten Schüsse noch nicht getilgt. Von Haase stürmt, als wenn er eine Fahne erbeutet hätte, hinunter in den Kasernenhof; dem gerade anwesenden Major wird die Meldung gemacht. Der

Bruder mußte folgen. Aber wiederum unser herrlicher, trefflicher Major, der dort eben auf seinem Apfelschimmel zur Sonnenseite der Linden abbiegt!

»Wie lange ist es her, Herr von Haase, daß die Leute geschossen haben?«

»Vierzehn Tage, Herr Oberstwachtmeister«, antwortet ein Nahestehender statt von Haases. Haase erblaßt schon.

»Und seit diesem Zeitraum haben Sie die Gewehre nichtrevidiert?« fragte der Major. »Da werden Sie – Ja so«, unterbrach er sich, »wenn ich Sie jetzt mit drei Tagen Stubenarrest belegte, könnte das die französische Komödie stören, in der Sie bei Perponchers mitspielen. Morgen früh um acht Uhr ist die ganze Kompanie hier zur Stelle! Dann werde ich selbst die Gewehre revidieren!«

O du von Haase! Schreite nicht so kühn, dilettierender Bühnenkünstler! Stolpre ja nicht! Deine Taten sind aufgeschrieben noch in anderen als nur in den Parolebüchern! Den braven Bruder wolltest du für das, trotz der französischen Komödie bei Perponchers, nicht erklärte *Canon français* verderben! Es geschah folgendes: Einem Schneider Unter den Linden, dem du, wahrscheinlich beim Prinzen von Preußen ewig Verlorner, schuldetest, schuldete auch der freiwillige, auf bescheidenes Avancement dienende Bruder, als er nur noch »Bombardier« war. Herr, sagtest du zu dem Verfertiger deiner eigenen reizenden Taille, Herr, wozu haben Sie die Langmut mit solchem Bürgerpack. das es wagt, bei einem Schneider für den hohen Adel ebenfalls arbeiten zu lassen? Ehrgeizig ist der Hund, der Sohn eines prinzlichen Bereiters! Machen Sie ihm irgendwo unter seinen Kameraden eine eklatante Szene, dann ist er beschämt, sie ziehen ihn auf, ob er wohl auch von Adel wäre, dann wird er Sie bezahlen. Der vornehme Schneider bildet sich ein, eine Szene würde nirgends auffallender wirken als auf der Wache. Der Bruder hatte die Wache am Oranienburger Tor mit acht Mann, und das dicht in der Nähe der »reitenden Artilleriekaserne«. Der elegante Adelsschneider von Unter den Linden tritt in die Wache, dem jetzigen Borsig-Etablissement gegenüber (sie ist abgerissen), beginnt seine Rechnung vorzulegen, mahnt. Der Bruder tut, als wäre er taub. Der Schneider erhitzt sich, lärmt. Der Bombardier trommelt auf die Fensterscheiben. Der Schneider kennt keine Grenzen, sein Zorn wächst, er schlägt auf die hölzernen Tische. Der Bombardier gibt den Kanonieren einen Wink. Der Schneider flucht. Er hatte Eile. Er wollte noch in feinster Toilette ins Opernhaus, um die Milder und die Seidler im Wettkampf singen zu hören. Ich muß in »Olympia«, Herr, wann bezahlen Sie mich oder hier diese Uniform... Was? Um Gottes willen – eine Königliche Uniform wird hier angetastet? Ein preußischer Soldat unziemlich berührt? Und noch dazu auf der Wache? Der Bruder ergreift den Attentäter, öffnet eine Tür, öffnet eine zweite, drückt den Schneider in ein dunkles Loch und bedeutet ihn, dort so lange zu warten, bis die diensttuende Ronde käme, die den Störer eines öffentlichen Wachtlokals mit auf die Hauptwache nehmen würde. Der Schneider wehrt sich, kratzt, donnert an die

Tür, ruft, droht; vergebens. Es schlägt sechs Uhr. Spontinis »Olympia« hat begonnen. Bader hat seine erste Arie. Der erste Adels- und Militärschneider Berlins sitzt in der dunklen Wachtstube des Oranienburger Tores und zerknittert vor Verzweiflung sein Sperrsitzbillett. Um acht Uhr kommt die Ronde, unglücklicherweise ohne Leutnant. Neue Verzweiflung. Der »Hofkleidermacher für Zivil und Militär« hat nur die Wahl zu warten oder sich zu entschließen, mit diesen Leuten über die Straße zu gehen. Zu letzterem ist er nicht fähig. Man reicht ihm als Nahrung, was man selbst hat, Wasser und Kommißbrot. All sein Bitten erlöst ihn nicht. Erst um zehn Uhr rettet ihn der Rondenoffizier, der ihm die Freiheit gibt, ohne den Bombardier für seine Selbsthilfe zu tadeln. Am folgenden Morgen kündigte aber auch der so schmerzlich um die »Olympia«Betrogene dem schlechtesten seiner Zahler, dem Fähnrich von Haase, den Kredit. Die Kompanie ist vorüber. Das Rollen der Kanonen nimmt kein Ende. Reißen wir uns los von diesen Schwänken, deren militärische Einseitigkeit in der Darstellung dem Knaben noch nicht faßlich war. In der Jugend wiegt man im Urteil nicht ab. Die Parteilichkeit der Liebe und des Hasses steht für jedes und alles ein, was sie einmal erfaßt hat, was sie einmal bewundert oder verabscheut.

IV

Die geographischen Grenzen des Kinderhorizonts dehnte nicht allein das neugierige Gelüst, sondern allmählich auch schon mancher glückliche Zufall oder eine besondere Gunst der Eltern aus. Da wurde ein neues aus Aken oder Trakehnen angekommenes Pferd eingeschirrt, ein andres für die Kabriolettfahrt eingeschult. Nun jagte der Vater um alle Tore Berlins. Man sah unbekannte Felder und Sandhügel, riesengroße Windmühlen, andere Stadttore, einsame, gräberbedeckte Kirchhöfe, ja in einiger Entfernung ragte sogar der Galgen auf. Jetzt ist er von der Eisenbahn und der neuen Strafgerichtsordnung wegrasiert.

    Als der Knabe schon zur Schule ging, verführte ihn eines Tages ein Kamerad, zum Rosenthaler Tor hinauszuwandern. Die Gegend war entlegen genug. Das Vogtland hatte den übelsten Ruf. Auf dem Wege dorthin lag ein niedriges altes Haus mit einem Türmchen – jetzt ist davon nur ein Denkmal, dem Begründer eines Armenhauses, Koppe, gesetzt, und die »Turmstraße« übriggeblieben. Das »Türmchen« stand in geheimnisvoller Wechselbeziehung zu dem westlichen Quadratflügel der Akademie. Zwischen dem Türmchen und der Akademie ging in stillem Abenddunkel ein polternder, dumpfhallender Karren.

»Da bringen sie schon wieder einen!« sagte der Vater, wenn unterm Fenster um die neunte Stunde das Rollen des schauerlichen Wagens erklang. Dann war es ein Selbstmörder oder ein Hospitalit, der zur Anatomie vom Türmchen geliefert wurde oder von der Anatomie schon geöffnet, zerschnitten und stückweise wieder zurück zum Türmchen gefahren wurde, um dort sein Grab zu finden. Diese unterm Fenster so nächtlich dahinrollende Chronik von stillen, lebensmüden oder verzweifelnden Entfernungen aus dem täglichen heitern Sonnendasein prägte sich schmerzensvoll dem Hörer ein. Der Vater »richtete« streng, die Mutter milde. Jener sah den Teufel vor dem Karren als lustigen Fuhrmann peitschen, diese blickte gen Himmel und sprach von Gottes Gnade.

Der vorwitzige, viel ältere Kamerad, der den Knaben zum Rosenthaler Tor hinauslockte, behauptete, man könnte hier Einlaß finden, wenn man nur sagte, man wollte die »Leichen« sehen – an derselben Stelle, wo jetzt auf »Koppensplatz« die Kinder spielen. Schon klingelte der Mutige an einem großen, mit Nägel beschlagenen Holztor.

Schlorrende Schritte ließen sich vernehmen. Eine Alte, anzusehen wie eine Hexe, öffnete und musterte die Jungen mit unheimlichem Auge. Als der Führer sein Begehren nach den »Leichen« herausstotterte, schnarrte die Alte die »vorwitzige junge Brut« an und sagte, »die Leichen« wären nur für Herrschaften zu sehen. Sie würde auch nicht die Übermütigen weitergelassen haben, wenn nicht eine unterirdische Stimme gerufen hätte: »Den Kirchhof können sie ja sehen!« Die Stimme kam aus einem Keller im Hofe. Die Knaben schossen wie der Blitz auf den großen grünen Anger, der sich sogleich hinter einer halboffenen Tür frei und ausgedehnt darbot. Hier, wo jetzt ein freundlicher Square mit Bäumen und Brunnen liegt, rings hohe Häuser stehen, Ammen und Wärterinnen mit ihren Kindern verkehren, sah man einen baum- und blütenlosen Kirchhof. Da trocknete man Wäsche, Linnen wurden gebleicht. Zur Rechten lagen Gräber. Sie waren hie und da mit dünnem verbranntem Rasen bedeckt, doch alle namenlos, ohne Kreuze, ohne den Schatten eines Baumes, den Schmuck einer Blume.

Aber inzwischen waren »Herrschaften« gekommen, um »die Leichen« oder, wie sie jetzt hießen, die »Muhmen« zu sehen, »Mumien«, wie erst in späteren Jahren verstanden wurde.

Die Mumien des Türmchens in der Hospitalstraße waren ausgedörrte, nicht verweste alte Leichname. Wir Knaben schlossen uns schnell an. Der Totengräber öffnete einen Keller, in diesem einen alten Sarg und zeigte auf zwei braunlederne, wie von Wäscherinnenhand zusammen-»gewrungene« große Lappen, die einst Menschen gewesen sein sollten. Beklommen und doch neugierig traten die Knaben näher und schüttelten sich vor Entsetzen über Menschen, die man wie gefrorene große Waschlappen hätte aufgreifen und sich damit jagen können. Der Totengräber versicherte wenigstens, die

»Muhmen« wären so leicht wie »Flederwische«. Nach Entrichtung eines Trinkgeldes von seiten der »Herrschaften« wurde der Rückzug angetreten.

Nun ging's zum Rosenthaler Tor hinaus. Wie ging es an ein Ausmalen des Gesehenen! Die Mumien wurden jetzt die schönsten und gefälligsten Gestalten von der Welt und noch »wie lebendig«. Der Schauer, sie gesehen zu haben, wurde ins Großartige übertrieben. Da war man denn, wie unwissentlich und gut vorbereitet, am Galgen angekommen. Noch kürzlich war auf ihm ein Mörder, namens Jakobi, »gerädert« worden. Ja, in Wahrheit, man nahm das Ermorden anderer Menschen früher ernster! Auge um Auge, Zahn um Zahn! Die Statistiker sagen die Unwahrheit, wenn sie durch Zahlen beweisen wollen, die Todesstrafe schreckte nicht ab.

Der Galgen stand einige Schritte von der Scharfrichterei entfernt. Auf einem steinernen Unterbau erhoben sich drei hohe Balken, die oben zu einem Dreieck vereinigt waren. Ringsum lagen die Korn und Kartoffelfelder mit blauen und roten Blumen, die Lerchen jubelten, nichts sah man von Raben oder anderm Galgengeflügel. Der Kamerad war vorwitzig. Er forderte seinen jüngeren Gefährten, mit ihm die steinerne Plattform zu besteigen. Da jedoch bei diesem die vom Vater mit der ihm eigenen Lebhaftigkeit der Schilderung wacherhaltene Erinnerung an den geräderten Jakobi zu abschreckend war, so ging der Verführer allein, ungeachtet ihn der Jüngere angelegentlichst bat, den Frevel zu unterlassen. Der Freund verlachte alle Bedenken, sprang auf die steinernen Stufen und rief wie ein Essenkehrer aus seiner Schornsteinluke heraus ein prahlendes, lautschallendes Hoho! mitten auf dem Galgen, an derselben Stelle wo Jakobi gerädert wurde. Dann sprang er mit einem Mal hinunter.

Es mußte ihm etwas in die Quere gekommen sein. Nicht die Vorstellung seines ominösen Beginnens schien es gewesen zu sein, sondern der volle, gewaltige Rundblick über alle diese Felder, Windmühlen, Häuser, Türme hinweg. Er hatte prahlend und laut sprechen wollen. Da blieb er stecken wie einer, der »vom Platze« ganz sicher spricht, aber »von der Tribüne aus« sich nicht sammeln kann.

Louis wurde auf dem Heimweg einsilbig. Lange hat sein zaghafterer Gefährte das Gefühl nicht bemeistern können, daß sein Freund von dieser Versuchung noch etwas davontragen würde. Er geriet in der Tat auf irrende Bahnen, wurde ein wilder Bube, der seinen Eltern trotzte, sie sogar schlug. Immer dachte sein früherer Kumpan an das herausfordernde Hoho! auf dem Galgen und wagte nicht, davon anderen, die dem Wildling ein schlimmes Ende prophezeiten, zu erzählen.

Aber die Orakel lügen. Louis wurde Schlosser, trat in die Königliche Eisengießerei vorm Oranienburger Tor als Maschinenarbeiter und brachte es durch Talent und geändertes Betragen bis zum Ziseleur. Leider verhob er sich an einem schweren Eisenblock und fing trotz seiner Riesennatur zu kränkeln an. Seine allgemein anerkannten Verdienste erwarben ihm dennoch eine Berufung nach Schlesien auf die Zinkwerke des

Grafen Henckel. Louis wurde einer der zuverlässigsten, bravsten Werkführer, heiratete, tat Gutes, auch an seinen früher von ihm geschlagenen alten Eltern, die ihm vergeben hatten, siechte jedoch hin und starb in der Blüte seiner Jahre.

Wir übersprangen einen längeren Zeitraum – (im ersten Kindesleben zählt ein Jahr für zehn, im Jüngling ein Jahr für fünf, im Mann eins für eins, im Greise ein Jahr kaum noch für drei Monate) zurück also zur ersten, halb bewußtlosen Altersstufe!

Die Gegend vor dem Oranienburger Tor war die früheste sichere Eroberung des jungen Kolumbus. Vom unheimlichen Vogtland, der damaligen Höhle des Pauperismus, zogen sich einsame, endlos scheinende Sandflächen bis nach Tegel hin, wo die Geister der Wöllnerperiode »dem dicken König« Mut zu religiösen Reaktionen eingespukt hatten.

Da lag der Gesundbrunnen und eine Saharawüste, die man den Wedding nennt, auf dessen tief im Sande angelegten Laufgräben, Schanzen, kleinen Belagerungsorts die Artillerie zu exerzieren pflegte und jährlich an jedem dritten August oder »Königsgeburtstag« ein Feuerwerk abbrannte, bei dessen Licht- und Farbenzaubern, Kanonenschlägen, Transparentinschriften der Bruder des Bombardiers, spätern Unteroffiziers, Feuer- und Oberfeuerwerkers nicht fehlen konnte, so sehr ihm dabei vor Müdigkeit beinahe die Glieder zusammenbrachen. Auch die Nordwestseite Berlins wurde erforscht. Überall, wo jetzt neue Straßen und Stadtviertel entstanden sind, lagen sonst Wiesen, Hecken, Kornfelder, Holzhöfe und teilweise innerhalb der Ringmauern der Stadt.

Er bewunderte einen »Apollosaal«, das schwache erste Vorbild der jetzigen Tempel bacchantischer Luft. In der Nähe erhob sich an der Panke die erste Anlage jener königlichen Eisengießerei, die den Anfang eines ganz dem Maschinenwesen gewidmeten Stadtviertels bildete. Immer unruhiger wurde es um die stille Zurückgezogenheit des dem *Laeso, sed invicto militi* gewidmeten Hauses, wo Friedrich des Großen Invaliden ihre hölzernen Beine im Sonnenschein ausstreckten oder wohin sie vom Betreiben einiger Gewerbe zurückkehrten, die sie in der Stadt, wenn auch blind oder einarmig, betreiben durften, z.B. den Handel mit Binsen zum Ausräumen der Pfeifen.

Da lag die schreckenerregende »Charité«, das große von Friedrich des Großen Vater so benannte Krankenhaus, das dem Volke wie alle Krankenhäuser gleichbedeutend mit dem Vorzimmer des Todes war und auch darum dem Kinde so schreckhaft erschien, weil die Sage ging, seine Toten würden in »Nasenquetschern« begraben. So nannte das Volk Totenladen, denen kein Maß nach der Beschaffenheit der Leiche genommen wurde. Sie mußten passen, wenn auch beim Zunageln des Deckels die Nase zugrunde ging.

In den Garten der »Narren« wagte der Knabe zuweilen einzublicken von der Tierarzneischule aus. Diese großen Parkanlagen existieren nicht mehr. Links von der Friedrichstraße abseits betrat man ein Tor, das in eine anmutige Wiesengegend führte, durch die sich eine Allee von Kastanienbäumen zog. An der Stelle, wo jetzt die Couplets des Friedrich-Wilhelmstädtischen Theaters gesungen werden, wurden sonst kranke Pferde obduziert, tierische Mißgeburten ausgebälgt, einst sogar ein großer, in voller Verwesung begriffener Walfisch zur Schau gestellt. Diese geheimnisvolle, den kranken Tieren gewidmete Gegend grenzte an einen Garten, wo die Geisteskranken hin- und herrannten, aus Büchern laut lasen, zuweilen boshaft auflachten, schnöde sich einander maßen und angrinsten oder auch still mit dem Spaten im Boden gruben und weltliche oder geistliche Lieder sangen. Die Astlöcher der Bretterwand erlaubten dem Knaben den Durchblick; aber die Bosheit manches Tollen, der die Lauscher bemerkte, konnte arge Verwundungen herbeiführen. Die Narren lauerten mit Nadelspitzen, Holzsplittern, Sand, um die neugierigen Augen der übermütigen Vernünftigen zu strafen.

Immer mehr wuchs die Kenntnis der lärmenden, menschengedrängten innern Stadt. Heu und Stroh holen zu helfen vom Königlichen Magazin an der Waisenhausbrücke, war eine Last. Ein solches schwankendes und doch sichres Thronen auf dem hochbeladenen Wagen mit vier stattlichen Rossen war ein Siegeszug. Oder es ging in die Alexanderstraße, wo sich neben dem unheimlichen »Ochsenkopf«, dem Arbeitshause der Bettler, Vagabunden und rettungslos Verkommenen eine große Brotbäckerei erhob, wo die Kommißbrotlaibe wie Mauersteine aufgeschichtet standen, auch wie Mauersteine beim Bauen von Mann zu Mann geworfen und ebenso aufgeladen wurden.

Das Hungerjahr 1817 machte den Knaben wöchentlich zweimal zum Träger eines solchen mehrere Pfund schweren Brotes. Die innere, stoßende und drängende Stadt, die handelsreiche Königstraße, das altertümliche Rathaus mit dem Prangerhalseisen, das damals noch betrügerischen Bankerottierern in Aussicht gestellt werden konnte, die düstre Stadtvogtei, der Mühlendamm mit seinen mehlbestreuten Kolonnaden, die alten ehrwürdigen Kirchen Nikolai und Marien, der freundlich-heitere Spittelmarkt mit seinen Obstverkäufern, runden Fischfässern, Buden, Vogelverkäufern, Kaninchensütterern und seiner Bürgerschützenwache, deren Hauptquartier, der Schützenplatz, eine Art »Jahrmarkt von Plundersweilern« war, wo gewürfelt, gezecht, gesungen, gedrehorgelt und manche Mordtat von der bemalten Leinwand erklärt und dicht über die Toten der ringsumliegenden Kirchhöfe hinweg nach dem »Vogel« geschossen wurde; der Dönhoffplatz mit seinen langen, damals noch auf ihm einexerzierten Soldatenreihen; die Jakobstraße und der Durchgang über den pappelbepflanzten, holunderbuschreichen Friedhof der Luisenkirche hinüber in das gelobte Land der damaligen Jugend, die Hasenheide der Jahnschen Turner; das Rondell am Halleschen Tor mit seinem jetzt verklungenen Echo; die schweigsamehrwürdige, totenstille Lindenstraße mit ihrem, wie ein delphisches Orakel so heilig gehaltenen Kammergericht; das Köpenicker Tor mit seiner vereinsamt liegenden und deshalb ohne Zweifel das Schweizerheimweh und das Desertieren beförderenden Neufchatellerkaserne; das jenseitige Spreeufer mit seinen endlosen Gassen, wenn man den Stralauer Fischzugtummelplatz erreichen wollte – und all diese breiten Flächen durchzogen von so vielen geheimnisvollen Gärten mit hohen Mauern und Zäunen, die allerlei vornehme, poetische Idylle, Landhäuser, behagliche Existenzen verbargen – die zahllosen Brükken, hie und da manches grau Altertümliche, Rokoko-Geschnörkelte mit Hermensäulen, Karyatiden, steinernen Helmen und Medusenköpfen, so viel Unbenennbares, wenigstens dem Kinde Anonymes und, wenn es einen Namen hatte, doch Unverständliches – alles das deshalb eine so reiche, vielbewegte Welt, weil damals die Hauptstadt in ihrer gewaltigen bequemen Ausdehnung nirgend etwas imposant Großstädtisches hatte, wie Paris oder London oder auch seine jetzige Außenseite, sondern sich in dieser reichen Mannigfaltigkeit selbst von einem Kinde traulich und gemütlich übersehen ließ.

Mit ganz besonderen reizenden Schauern erfüllten des Knaben Herz drei entlegenere Örtlichkeiten, das Dorf Schönhausen, die Sommerlustresidenz Charlottenburg und die Festung Spandau.

Die Umstände, unter denen diese Orte gesehen wurden, waren keine gewöhnlichen und führen wieder in die engere Familiensphäre der Hohenzollern zurück.

V

Jener Prinz, in dessen Diensten beide Schulmeisterwaisen standen, der Maurer und der ehemalige Schneider, wohnte des Sommers in Schönhausen, einem kleinen, hinter dem Dorf Pankow bei Berlin gelegenen Schlosse. Von einem Parke eingefriedigt, der seine Alleen, Boulingreens, Blumenterrassen, Wasserfälle, kleinen Springbrunnen, seine künstlichen Felsen und von Birkenholz gezimmerten Brückchen hatte, wie nur im größeren Stil ein Park von Kassel, Stuttgart oder Versailles, hatte dies Schlößchen ehedem zum Aufenthalt der Gemahlin Friedrichs des Großen gedient, einer Braunschweigerin, die in den ihr aufgedrungenen und mit sanftester Weiblichkeit ertragenen Mußestunden französisch zu schriftstellern versuchte, während sie, die Schwester der Amalie von Weimar, kein deutsches Wort orthographisch schreiben konnte. Dem Schlosse gegenüber lagen Wirtschaftshäuser, die zur Hofhaltung gehörten. Ringsum lagen nichts als Felder, Wiesen, Dörfer, wie eben die märkischen Dörfer sind, mit Stroh- und Schindeldächern, mit großen Wassertümpeln in der Mitte für die Gänse und die Dorfjugend, mit einer freundlichen, oft uralten Kirche. Die herrlichen Eichen am Parkrande sollten schon allein zu einer kaiserlichen Erhaltung Schönhausens auffordern.

In diese Herrlichkeit ging es schon des Morgens in aller Frühe. Zwar nicht in einem Staatswagen, aber auch vor einem Wirtschaftswagen holten die mutigen edlen Rosse kräftig aus. Eine herrliche Fahrt, wenn sich die blühenden Kastanienbäume der von Berlin abführenden Allee damals noch fast zu einem Dache zusammenschlossen. Auf Naturleben, Lerchen, Amseln, Kuckuck zu achten, hatte des Vaters Beispiel jederzeit gelehrt. Unvergeßliche Tage der Freude!

Alles ringsum still, feierlich, morgenfrüh, sonntagsweihevoll. In Pankow schnurrte schon die Orgel in der kleinen, erst jetzt wieder neuerbauten Kirche. Der Onkel empfängt die Ankommenden unter einem Heck von weißem Flieder, das sich an den gelbgetünchten Wänden der Dienstwohnungen hinzog und die Aussicht nach den Kirschbäumen von »Deutsch-Buchholz« bot.

Wie brannte die Sonne! Wie summten die Käfer! Wie klopfte das Herz, als im Freien der Tisch gedeckt wurde und aus blendend weißem Prinzenporzellan mit gemalten goldenen Wappen Reis in Milch oder gar eine Tafelreliquie verzehrt werden konnte. Hier waltet ein Arkadien. Der Mensch ging mit dem Menschen. Alles war Idylle, selbst bei den Bewohnern des von dem intriganten Schweden Eosander von Göthe erbauten, durch Friedrichs des Großen Gemahlin vielfach veränderten Schlosses. Damals, als es hier Orangerien und Fasanerien gab, wurde selbst Seidenbau getrieben. Von letzterem hatten sich nur die Maulbeerbäume erhalten. Die Prinzessin lud die Dorfkinder von Schönhausen ein und ließ sie mit den eigenen Söhnen und Töchtern auf einige Stunden Kameradschaft schließen. Wenn die Lakaien den Bauernjungen die Nasen geputzt und die Kammerjungfern die Mädchen untersucht hatten, ob sie ordentlich gewaschen und gekämmt waren, durfte der Troß mit den größeren und kleineren Hoheiten an langgedeckten Tischen frischgestrichene Buttersemmeln verzehren, Milch trinken oder Kirschen und Birnen essen.

Gewiß wird in dieser Form das Talent zur Herablassung bei den Großen herangebildet; ob aber auch wahre Demut und Bescheidenheit, läßt sich bezweifeln. Wenn arm und reich, gering und vornehm zusammengehen, so tobt sich der Necksinn, der Haschegeist der Jugend bei den letzteren allein aus. Der Vornehme erhält die erste Gelegenheit, seine Kraft, sein Vorrecht zu üben. Die Unbill der jungen Löwen müßte schon besonders wild und übermütig werden, wenn die zuschauende Brille des Hofgelehrten bei einer Gewalttat den Ausschlag nach der leidenden Seite hin geben sollte. Und mit dem fünfzehnten Jahre hört auch all diese angebahnte »Popularität«, dieser Umgang mit Menschenspielzeug auf. Dann bekommen die jungen Göttersöhne »ebenbürtige« Gesellschaft, und gerade umgekehrt – wäre besser gewesen. Bei erwachender Kraft sogleich Aufforderung zur Selbstbeschränkung, im ersten Vollgefühl sogleich der Bruch durch feinere Spielkameradschaft, die sich nicht unbedingt ergibt, sondern zu wehren versteht, und dann dem gereiften Jüngling Bauer- oder Bürgerknaben – als Einblick in die Werkstätten der Arbeit und zum Studium des wirklichen Lebens!

In Prinzessin Marianne wohnte ein idyllisch-poetischer, gemütvoller Sinn. Die hohe Dame, aus Süddeutschland gebürtig, hätte am liebsten allzeit im Freien gelebt unter dem blauen Himmelszelt und wäre auf Wiesenteppichen durchs Leben gewandelt. Wenn irgend möglich, so wurde ihre Tafel unter einigen Orangenbäumen und Blumenterrassen an der Gartenfront des kleinen dumpfdüstern, etwas feuchten Schlosses aufgeschlagen.

Sie trat gern mit werktätiger Teilnahme mitten ins Leben der Armen hinein und suchte dabei für christliche Wiedergeburt zu wirken, die damals immer mehr im Preise stieg. Die Prinzessin hat viel zu verantworten für die Zeit des preußischen Abwärtsgehens von den Bahnen des Lichtes und des Fortschritts. Solche hochgestellten Günstlinge des Glücks haben gut reden von Wiedergeburt! Bei ihnen sorgt selbst für das Prinzip der Entsagung die Kunst, der Luxus. Die einen dekorieren ihre Zimmer mit frivolem Tande, die anderen im nazarenischen Geschmack, wofür aus Gold, Silber, Bronze, Samt, Seide, Holz genug Kostbarkeiten geschaffen werden. Die Großen haben leicht ausrufen: »Ich und mein Haus wollen dem Herrn dienen!« Der Herr schmückt ihnen ihr Haus mit Kruzifixen von Silber, Breviarien mit Miniaturen, Bibeln mit Handzeichnungen, bunten gebrannten Fensterscheiben, geschnitzten Betstühlen aus Jakarandenholz, Samtpolster erleichtern das Knien. Fransen spielen um die zum Beten gekreuzten Hände. Der vornehme Pietismus kann auch an Pascal, Paul Gerhardt, Angelus Silesius ein allgemein-literarisches, poetisch-gestimmtes Interesse, wie nur an Goethe und Jean Paul, nehmen, während Schmolke und Arndts wahres Christentum für die geistige und leibliche Armut ganz anders wirken als Pascal, Paul Gerhardt, Angelus Silesius für vornehme Bildung. Friedrich Wilhelm IV., unter seinen Kupferstichmappen, seinen Grundrissen zu byzantinischen Bauten, dem Studium des Puseyismus und der anglikanischen Kirche hingegeben, befriedigte mit diesem exklusiven Geschmack ein spezifisch anderes Bedürfnis seiner innersten Natur, als sein Volk mit dem Oberkirchenrat, der Gemeindezucht und der Sonntagsfeier oder der Arme mit seinem Porstschen Gesangbuch befriedigen soll.

Die grünen Pfingstmaien, die das Haus der Armen schmücken, werden nicht von jenem Zedernbaum gebrochen, unter dessen Schatten sich die exklusive Bildung in reizendster Geistigkeit gehoben fühlt. Euch tischt der Pietismus goldene Früchte in silbernen Schalen auf, dem Armen auf kahlem Sandboden nur die ewig dürren Tannenzapfen der Entsagung!

Freilich beißen Heuchelei und – zugegeben – der Fanatismus auch auf solche Tannenzapfen an. Was wird nicht in der Nähe der Großen geheuchelt und gelogen! Diese Fürstin mahnte jeden zur Bekehrung. Sie fuhr aus einer pietistischen Predigt in die andere. Bei Schleiermacher sah man sie nicht. Wie schlugen die Sünder ihre lügenhaften Augen vor ihr nieder, andere Wiedergeborene wieder entzückt empor! O wohl! Eine einzige gute Seite läßt sich der Heuchelei nicht absprechen. Sie mildert wenigstens zum Schein die Sitten; sie läßt einen Menschen herauskehren, der seine Leidenschaften bezwingt. Die Großen brauchen lange, bis sie den faulen Grund um sich her, die Lüge und Verstellung erkennen; ja sie wollen auch lieber alles ununtersucht lassen, wenn nur nicht die Täuschung von selbst sich aufdrängt und die Heuchler, denen Güte und Vertrauen die meisten Wohltaten geschenkt hatte, sich zuletzt so scheußlich undankbar und als gemeine Betrüger enthüllen. Von dem Tage an, wo die hohe Herrin pietistisch wurde, trat in ihrem und ihres Gatten Hofstaat, von den hohen Regionen bis in die untersten, Veränderung über Veränderung ein.

Auch hier hatte der Apokalyptiker den richtigen Maßstab. Vom Frommsein der Großen machte er nicht viel Wesens. Wenn an der Spittel- oder Georgen- oder Böhmischen Kirche die Karossen dichtgedrängt standen, so daß die Armen kaum zur Tür hineinkonnten, lächelte er über soviel geputzte Herrlichkeit und kam auf die Pharisäer zurück und dem Spruch vom Nadelöhr, durch das eher ein Kamel hindurchginge, als daß ein Reicher ins Himmelreich käme. Er erklärte, wohl den Wahn der Großen zu kennen, daß sie sich einbildeten, dermaleinst auch im Himmel wie in der Spittelkirche die ersten Plätze reserviert zu bekommen. Sehr verdächtig war ihm die neue Hof- und Domagende mit ihrer katholisch anmutenden Liturgie. Auch darin witterte er etwas von den geheimen Künsten der »Propriande«, die immerfort im geheimen wühle und nicht eher ruhen würde, bis nicht »in Berlin ein römischer Bischof säße«.

Sind diese apokalyptischen Zeiten nicht schon da?

Charlottenburg und die Festung Spandau wurden dem Bruder zuliebe besucht, der alle zwei Jahre dort in Garnison stand. Diese Reisewanderungen begannen gewöhnlich sonntags in erster Morgenfrühe. Grau und leichenhaft lag noch die scheidende Nachtdämmerung auf allen Straßen; sogar der weltberühmte Berliner Staub war vom Tau niedergeschlagen. Durch den grünen Kastanienwald der Universität schimmerte ein lichter Streifen, der purpurrotgelbe Herold der Sonne. Schlimme Vorbedeutung, wenn auf dem nahen »Hühnerhof«, neben dem jetzigen chemischen Universitätslaboratorium, die Hähne krähten. Dann konnte es Regen geben. In solchen Fällen vertauschten sich die Charaktere der Eltern; der Vater wurde Optimist, die Mutter Pessimist. Unter den Linden, in den Palästen der Vornehmen lag alles noch im tiefsten Schlummer, selbst diejenigen Läden, die sich am ersten zu öffnen pflegen, die der Bäcker, waren noch geschlossen. Im Tiergarten zwitscherte es von allen Zweigen. Die breite, wohlgepflegte Kunststraße entlang ziehen sich rechts und links niedere Wege, die im frohen Gleichschritt erwartungsvoll durchmessen wurden. Durch die Säulen des Brandenburger Tores mehrte sich die Glut der erwachenden Sonne.

Die Hähne hatten unrecht gehabt. Es gibt das herrlichste Wetter. Der Tiergarten, wildverworren, sumpfigüppig, wurde noch von einem Herrn Fintelmann, nicht dem Parkologen Lenné beherrscht. Hinter dem früheren »Venusbassin«, späteren prosaischeren Karpfen-, dann Goldfischteich, linker Hand vom Wege, wucherte es von Schafgarben, Winden, Farnkräutern, Schierling und Wolfsmilch. Es war die volle Vegetation des Sumpfes. Eidechsen huschten unter den hohen Gräsern dahin. Rechts hatte man den Blick nach dem Schloß Bellevue, das sogar Delille besungen hat, mit der vielbewunderten bronzenen Kanone, welche Prinz August (ein berühmter Held auch in der *Prusse galante*) eigenhändig von den Franzosen erobert haben soll. Nun kam das freundliche »Rondell«, das mit einigen finger- und nasenlosen Sandsteinfiguren geziert war und vom Volke »die Puppen« (hochdeutsch: »die Pupsen«) genannt wurde, sonst aber schon zu Knobelsdorffs, des Tiergartenschöpfers, Zeiten poetischer der »Große Stern« hieß. Rings geschnittene Hecken. Die Grenze Bellevues bezeichnete ein erhöhter chinesischer Pavillon, im Volke Regenschirm genannt. Weiterschreitend mehrte sich die Sumpfvegetation. Lazerten, Frösche huschten vor den Frühwanderern in ein Dickicht, wo auf moorigem Boden die fächerpalmartigen Farnkräuter sich streckten, die lockenden Blüten der giftigen Aaronswurzel auf schwarzbraunem Stengel sich wiegten, gelbweiße große Pilze sich von einem inzwischen abgebrochenen grünen Wanderstecken eine rasche Zerstörung gefallen lassen mußten.

Endlich war der Schlagbaum der Wegegeldabgabe erreicht. Hier hatte noch vor kurzem ein Wagenlenker des Königs, anfahrend an Säulen, die nicht mehr vorhanden sind, den Hals gebrochen. Dieser Unfall wurde vom Vater in den kleinsten Details und ganz so erzählt, wie die Mutter seine schauerliche Ausführlichkeit und allzu lebhafte Phantasie »in den Tod nicht leiden konnte«. Schon blitzten inzwischen die Sonnenstrahlen mit voller Kraft und vergoldeten Charlottenburg, wo sich bereits Leben zeigte. Rüstete sich doch der fast ganz aus einstöckigen Häusern bestehende Ort, in seinen Wirtschaften und Tanzböden die Gäste der großen Residenz zu empfangen. Eben öffneten sich die Jalousien der »Sommerwohnungen«, die Blumen vorm Fenster, die Lieblinge jener Epoche, die Hortensien, wurden erfrischt, die Wege vorm Hause wurden gegen den drohenden Sonntagsstaub im voraus benetzt. Links belebte sich der große Platz, wo der berühmte Kolter seine halsbrecherischen Seiltänzerkünste zeigte. Die Bäckerläden sind offen! Vorräte für Spandau werden vom noch heißen Brett gekauft! Wie knisterte das warme gelbe Brot! Wie wird die Ware von Charlottenburg gerühmt, verglichen mit Berlins so »elender«! Wie wird die Berliner Bäckerinnung als die selbstsüchtigste, hochmütigste und »bredalste« (brutalste) aller Berliner Gilden nächst der Schlächter- und Brauerinnung attackiert!

Das stolze Schloß zur Rechten mit seinem grünen Kupferdach und der goldenen Krone unterbricht diese mit den baldigen Strafgerichten der Polizei drohenden Vergleiche. Schlüter und Eosander von Göthe bauten es gemeinschaftlich, obschon sie sich haßten; für den Knaben aber lag die ganze Herrlichkeit dieses Schlosses nur in einer Gartenglocke, die in einem Teiche des daran gelegenen Parks alte bemooste Karpfenhäupter auf den oberen Wasserspiegel lockte. Aber diesmal gab es hier keine Rast. Immer vorwärts und immer zu Fuß! Zwei Meilen hin und zwei Meilen am Abend zurück! Die Trompete aus den linksliegenden Ställen der helmbebuschten, zu Charlottenburg in Garnison liegenden Eisenreiter gibt Mut! Morgenreveilletöne – ach! ob in Kirchenvigilien oder im zweiten Akt von Mehuls »Joseph in Ägypten« oder wie hier bei den Kriegern – wie rufen sie so beredsam zum Leben auf! Die Reveillekadenz der damaligen Berliner Signalhörner, erst aufsteigend, dann sich senkend, dann lang hingezogen und in den Sonnenaufgang hinein melancholisch verhallend, ist des Knaben erste musikalische Erinnerung. Hier bei den Reitern hatte die Trompete nicht den schönen Tonfall wie das Signalhorn von der Königswache in Berlin herüber durch den Kastanienwald hindurch.

Aber vorwärts! vorwärts! Keine Träumerei! Es geht den Sandberg hinauf, der jetzt als »Westend« für die Berliner ein Paradies geworden ist, wenigstens in den Prospekten der Aktienbaugesellschaften. Damals existierte noch nicht einmal die Chaussee, von welcher man erzählte, daß ein gewalttätiger bürgerlicher Gutsbesitzer, der vielberufene Grützmacher, der im Jähzorn einen Knecht erschlagen hatte, zur Ablösung der Strafe sie hätte erbauen müssen. Die mühselige Wanderung über diese sandige Steppe, diese dünngesäten Kornfelder, diese unabsehbaren Kartoffeln!

Das ist wahr, die Lerche sang so gut wie auf der Goldnen Aue in Thüringen. Sie hob sich, schwebte, wirbelte nieder und machte Mut, tapfer auszuharren. Hinter einer großen, einsam gelegenen Windmühle kam endlich eine Waldstrecke, die gegen den nun schon immer heißeren Sonnenstrahl Schatten bot. Nur Tannen, nur Birken sah man, aber sie standen dichtgeschart. Über ihre knorrigen, aus der Erde starrenden Wurzeln hinweg schritt sich's so wohlig. Hier, wo sich der Buchhändler Schaefer, geadelt als Herr »von Schäfer-Voit«, von den Erträgnissen seines Modejournals »Bazar« eine Villa erbaut hat, war für den Knaben die klassische Stelle, wo der Bruder, von Berlin nach Spandau wandernd, trotz seiner Uniform von »Räubern« angefallen wurde und sich erst mit dem Säbel hatte Weg bahnen müssen.

Endlich öffneten sich die Niederungen zur Spree, die sich mit gefälligster Waldumkränzung darbietet. Vom »Spandauer Bock« (oder »Bug« oder »Beuge«?) ging der Weg abwärts und bot in den sich senkenden Baumgruppen, durch welche die Sonnenlichter, die grünen Wiesen, die Wogen des Flusses und schon die Türme Spandaus mit ihren goldenen Zifferblättern blitzten, während links der Wald an Dichtigkeit zunahm und emporstieg zur »Bergkette« der Pichelsberge, einen malerischen Anblick.

Nun ging es quer um Heck und Zaun herum über die Wiesen, wenn diese trocken waren. An einem langen Erdwall wurde stillgehalten. Hier, unter Hunderttausenden weißer Sternblümchen, lagen die gefallenen jungen Freiwilligen, die 1813 Spandau von den Franzosen säubern wollten. Schon läuteten die Glocken der bald erreichten Stadt herüber zur Kirche. Rechts lag die wasserumgürtete, uralte, von Italienern, unter Leitung des florentinischen Grafen Lynar, erbaute Festung mit der schwarzweißen Fahne. Der Fluß, malerisch umkränzt vom dunklen Grün der Jungfernheide, belebte sich mit kleinen Booten. Die größeren »Schifferkähne« hielten Sonntagsraft um die schwarzweiß bemalte Zugbrücke, die endlich in die Stadt führte, deren Tor ein gewaltiger Turm schützte. Knabenphantasie dachte sich ihn über und über mit Pulver gefüllt. Der Vater öffnete sogleich den Dekkel seiner Pfeife, schüttete vorsichtig die Asche in den Zusammenfluß der Spree mit der Havel, steckte den noch heißen Pfeifenkopf ein, wünschte dem Brückenmeister einen frisch aus Berlin gekommenen guten Morgen, und wir waren in Spandau.

Diese mühselige vierstündige Wanderung mit Weib und Kind, mit Verwandten und allerlei liebendem Anhang! Und abends wieder zu Fuß zurück und mit gleicher Ausdauer! Nichts von Eisenbahn oder Tramway oder »Kremser«! Die Belohnung, den Bruder mit dem stolzen schwankenden Haarbusch auf dem »Tschako« beim Appell zu sehen, seine kommandierende Stimme bei der Kirchenparade zu hören, sein Quartier hinterm Zuchthause (Kinkelschen Andenkens) zu besuchen, nachmittags in die innere Festung zu wandern, den Juliusturm, die Baukünste der Italiener und jenes poetischen, abenteuerlichen Lynar, der, am Tassohose von Ferrara erzogen, die Mark mit Italien vermitteln wollte, zu bestaunen, sich daselbst wiegen und seine Schwere in einem uralten Waagebuch notieren zu lassen, dann auf dem Schützenhause die Philister kegeln zu sehen, alles das war die Reisebelohnung!

Zu fragen und zu träumen, zu gaffen und zu hören gab es hier die Fülle. Nicht nur die großartigen Tatsachen vom »Glacis«, von den »Laufgräben«, »Palisaden«, Schanzkörben, den Überschwemmungsschleusen, Kasematten, Mörsern, Bomben (die Festung hat mit ihrem Wasser, ihren Bauholzplätzen, pappelgeschmückten Eingangstoren einen holländischen Charakter, zumal mit Winterstassage würde sie sich wie ein Vandervelde ausnehmen), nicht nur die Chronik des Zuchthauses gehörte dazu, die von den galgenwürdigsten Verbrechern, oder die Chronik der Festung, die von Studenten mit langen Demagogenhaaren und Bärten erzählte, sondern auch die kleine Bürgerwelt, das ganze menschliche Sein in Spandau. Alles nahm den gaffenden, horchenden, lauernden Kindersinn gefangen, eine Spandauer Tischler-, eine Schmiedewerkstatt, durch deren sonntägliche Ruhe man hindurchschreiten mußte, um ins Quartier des Bruders zu gelangen.

Da erzählt ein Kamerad des Bruders von seiner schlesischen Heimat Wunderdinge. Oder die Frau des Feldwebels entwickelt Großartigkeit und tummelt sich, die fremden Gäste lukullisch zu bewirten. Wie wurde jetzt wieder das Brot von Spandau gerühmt! Letzteres war nun noch vollkommener als das Charlottenburger. Wie wurden Fleisch, Mehl, Hülsenfrüchte in ihren laufenden Preisen, ihrer unverfälschten, quellenreinen Güte mit der Teurung in der schon damals, bei nur 200000 Einwohnern als sündenverloren, lug- und trugergeben bezeichneten Hauptstadt verglichen! Die halbe Welt der Kleinen dreht sich um nichts als um die eigene Existenz, um die Chronik des Markts. Man reichte sich das Weißbrot im Kreise, pries die Krume, wie locker, wie ausgebacken sie sei. Man bewunderte einen Reichtum an kleinen, weißen, rotflossigen Fischen, den die hier zur Havel gewordene Spree abwarf. Konnte man einen so glücklichen Ort verlassen, ohne sich nicht noch einen Sack gedörrten Obstes mitzunehmen? Wie glücklich wurde der gepriesen, der sich hier im Bunde mit vier oder fünf Nachbarn ein Schwein mästen oder für sich allein im Koben drei Gänse »nudeln« konnte! Ein unerschöpfliches Thema, dieser Kampf der geringen Mittel mit dem großen Bedürfnis des Lebens. Und wie weiß es einer besser als der andre! Wie reich sind die Erfahrungen, wie mannigfach die Methoden zum Richtig-und-gut-leben! Sparen, zu etwas kommen, sich einrichten, das sind die gemeinsamen Ziele des gemeinsamen Wettlaufs, doch fängt es dabei die eine kleine runde Frau so an, die andre magere lange anders.

Die Männer müssen denken und sollen es auch, sie hätten mit ihren Hälften Hennen, die goldne Eier legen, geheiratet. Sie schweigen höchstverwundert zu all den Frauenprahlereien, blicken ganz verdutzt, hören den Zungenherrlichkeiten mit holländischer Geduld zu, lange tönerne Staatspfeifen dabei im Munde, und erfahren erst jetzt, was ihnen in ihren Ehehälften für wunderbare Bescherungen zuteil wurden. Fällt ihnen aber dann im Bewußtsein, daß ihr Schweigen zu soviel Prahlerei Anerkennung verdient haben müßte, ein, ein wenig mit der Frau des Feldwebels zu schäkern, sich mit der Frau Tischlermeisterin von nebenan zu necken, schmunzeln sie mit einer Witwe, die schon zwei Männer begraben hat, so entwickeln sich auf all die Herrlichkeit, all den idyllischen Genuß tragische Heimgangsdialoge, schmollende Ermüdungsvorwürfe, zuletzt Gardinenpredigten. »Kein Mensch mehr brächte einen dahinüber nach Spandau«, heißt es dann wohl. Und kochen sich dann gar hintennach die mitgebrachten gebackenen Dörrfrüchte ganz erbärmlich, sind sie steinhart und reichen nicht im entferntesten an die schöne ausgezeichnete Ware, die man von dem großstädtischen Vorkosthändler an der Friedrich- und Dorotheenstraßenecke geliefert bekommt, so ist die Bescherung voll, und vor Jahr und Tag wird ein Ereignis nicht wiederholt, das man nur noch mit einigen wunderlichen Lebensverwicklungen zu verbinden hat, um die Welt des norddeutschen kleinen Bürgers und seines Lebens bescheidene Romantik mit »dorfgeschichtlicher Treue« vor Augen zu haben.

Wohin horcht nicht alles das Kinderohr und schleicht sich in die Menschenzustände ein! Früh ahnen Kinder und nehmen wahr die zerreißende Dissonanz des Lebens. Dem Erzähler wenigstens kann der Glaube nicht genommen werden, daß das Kind eine ursprüngliche Anlage nur zum Aufnehmen des Schönen, Guten, Harmonischen hat. Die Verwilderung muß schon eine weitausgedehnte sein im Bereich seiner Existenz, wenn Unschönes, Böses, Unharmonisches ihm nicht mehr wehe tut.

Es schreit auf, wenn der Druck des rauhen Daseins und der Unbildung zu hart, zu gewalttätig wird. Es möchte ja so gern alles in Liebe verbinden, jeden Zwiespalt versöhnen, überall nur Glück und Freude verbreitet sehen. Nicht ängstlicher können die Vögel vor dem Sturm flattern, als ein Kinderherz bangt, wenn die Wolken ehelichen Unfriedens herausziehen, die Leidenschaften schon im voraus zu plänkeln anfangen, noch nicht einmal pelotonweise losstürmen. Kommen dann aber die vollen Salven, die Kreuzfeuer, Ladung auf Ladung, o wie fliegen da die jammernden Friedensstifter hin und her und beschwören die Parteien bei allen Himmeln, bei allen Paradiesen, abzulassen von so schnöder, wilder Menschennatur, die selbst Eltern, nächst Gott den heiligsten Begriff, entstellen kann! Mit der Zeit freilich kommt die Gewöhnung, die Gewöhnung selbst an ein solches Familienunheil. Ja, es kommt die Gewöhnung an tausend Rechnungen, die nicht mehr aufgehen.

Was ist das Leben so ernst! Da kommt ein Hause Menschen. Ein Reiter stürzte, er wird herbeigetragen, das Pferd zerschlug ihm mit dem Huf die Brust; er sieht noch etwas wie irr im Kreise um sich, das Auge bricht, er ist tot. Ein lieber Gespiele legt sich aufs Krankenbett, sie fahren ihn im Sarge hinaus auf den Kirchhof. Die Erfüllung eines Wunsches, die ein Großer den Eltern versprochen, trifft nicht ein. Eines Tages kommt der Vater händeringend, er ist eben in den Staatsdienst getreten und debütiert mit dem Verlieren eines Geldbriefes. Der letzte Heller wird geopfert, ein vermögender Verwandter mit großem Umstand um Hilfe angegangen. Bei einem andern aus der Familiensippe wird eingebrochen, gestohlen, der Armut noch ihre geringe Habe geraubt. Der Druck schlechter Zeiten, das Zurückgehen der Geschäfte sind Dämonen, die sich mit kummervoller Miene, das Haupt aufstützend, in einem Winkel der Stube wie der jüdische Dalles zeigen, keine Antwort geben, wenn man sie anredet, starr zur Erde blicken und im Kinde die ersten Zweifel an Gottes »Vatergüte« wecken. Wie verdunkelt sich immer mehr der blaue Wolkengrund, wo man sich leibhaftig thronend auf goldnen Sonnenstrahlen den Herrn der Erde, den »Vater im Himmel« gedacht hatte! So leibhaftig, wie im Bilde gemalt, schwebte im Abendsonnenlicht der ernste Patriarch mit ehrwürdigem Bart, der die Welt geschaffen hat, vor dem vertrauenden Auge des Kindes; aber die Macht Satans wächst, immer weiter rückt das Gute hinweg, und das Böse siegt. Und immer, immer klopft die Sorge an die Tür. Sie kommt auch ohne unser Herein! Sie wird Gast im Hause, ein täglicher, sie bläst alle Kartenhäuser des Kindes um, wirst alles Spielzeug in die Ecke, rauft alle Blumen aus, beirrt den Wuchs, den freianstrebenden des jungen Lebensmutes, legt Bleigewicht an jede zu weit ausholende Pendelschwingung, verkümmert, verringert, beängstigt die Atemzüge.

Und warum? Für dreißig Taler mußten dem Verwandten (»der sie selbst von andern geborgt hatte«) fünfzig gezahlt werden. Darüber kam alles in Verwirrung.

Dann verschwindet der große sichtbare Gottvater in den farbestrahlenden Wolken auch schon allmählich dem rationellen Glauben des Kindes. Die von innen kommende Offenbarung regt sich. Stimmen fangen mit uns zu reden an, die nur vom zweifelnden Geiste kommen können. Gott ist ein Geist, und das Unsichtbare und darum dennoch Vorhandene mehrt sich im Bewußtsein des jungen aufstrebenden Keims. Oder glaubt ihr nicht, daß sich ein Kind mehr als Durchgang des Weltgeheimnisses fühlt als der erstarkte kräftige Stamm? Rätselhafte, unerklärlich entstehende Wehmut überschleicht oft des Kindes Herz. Das Ziel des Lebens ist so hoch, die Welt so weit, und du bist so allein und so hilflos! Wer wird deine Hand ergreifen, wer dich durch dies dunkle, weglose Labyrinth führen?

Ist Kinderwehmut ein Heimweh zurück zum rätselhaften Lande des Nichts oder eine Vorahnung zukünftigen Lebens in Kraft und Bewährung? *Debetur puero reverentia!* Darin liegt mehr als nur die Aufforderung, sich nicht dem Kinde zu zeigen, wie sich Noah seinen Töchtern zeigte. Das Zarteste in eines Kindes geistiger Konstitution ist zu schonen. Denn wenn es sinnig ist, so nimmt es jeden Schmerz wie mit dem ganzen Nervengeflecht seiner Empfindung hin. Es geht ihm ans Leben, wenn es leiden, vollends unrecht leiden sehen soll. Unverdiente Kindeskränkung wirkt nicht etwa bloß äußerlich auf den Stolz und duckt gleichsam ein Stehaufmännchen in seine Schachtel; sie erzeugt eine so tiefe Verlassenheit des Gemütes, eine solche Wehmut der Stimmung, daß es mehr als Roheit ist, wenn man glaubt, durch Spott oder lachende Zurede den innern Brand des Schmerzes zu stillen.

Schon allein die Armut eines Strebsamen weckt Klagetöne des Gemüts, die sich in Worten nicht aussprechen lassen. Die Schwere des allgemeinen, so endlichen, so halben Menschenloses fällt bei den Kindern der Armen so gewaltig auf sie nieder, daß die Erzieher, die Lehrer nicht sanft genug die ihnen anvertrauten Pflänzchen emporrichten können.

Ein Kind wird krank. Dann der leise Ton der Stimme, die Ergebung, der zehrende, liebesuchende Blick! Sonst der wilde frohe Übermut und nun ein solches Gebändigtsein! Bei den Krankheiten entwickelt sich das Gemüt und der Geist der Kinder. Sie erstehen reifer vom Lager, innerlicher, als sie sich legten. Die Entwicklung des Körpers steht still und läßt dem Wachsen der Seele Raum. Dem Knaben machte schon das Klingen im Ohr eine wunderbare Wirkung, es war ihm wie das Rauschen eines unsichtbaren Meeres, das halb dem Leben, halb der Geisterwelt angehörte. Melodie und Farbe zugleich, Sehnsucht ins Unendliche, Anzustrebendes oder Geahntes weckte dieser Ton. Die grünen, blauen, roten Flecken vor einem Auge, das zu lange in die Sonne gesehen hatte, verzauberten ihm nicht minder die Welt. Den Träumer reizte es, sich die Augen zuzudrücken und sich an jenen kaleidoskopischen Bildungen zu weiden, an den bunten Formen und Lichtern, gestickten Teppichen, gemalten Fensterscheiben, die dann aus dem Dunkel aufstiegen in den reichsten symmetrischen Mustern, schöner als die zum Sticken bestimmten, die am Wittichschen Laden in der Jägerstraße hingen.

Bei Erkältungsfiebern begann das »Phantasieren«, das bis in die Jünglingszeit eine Plage der Eltern blieb. Dann schien dem Erkrankten das Bett umzingelt von kleinen dicken Männern mit langen, greulichen Nasen, einer drängte den andern; oder es begann ein Gefühl des Schwebens, des Aufsteigens in die Luft, das jammernde Hilferufen um Rettung vor dem jähen Niedersturz. Dies Schweben in den Lüften und Niederfallen aus den Wolken wiederholte sich bei jedem Unwohlsein. Der Knabe wußte, daß ihn Vater und Mutter in den Armen hielten, und doch jammerte er, er müßte ins Unendliche sinken und könnte sich nicht halten. Ein pommersches Gegenmittel – einen Kübel Wasser über den Kopf – vom Vater angeraten, wurde von der Mutter zurückgewiesen.

Die Vermittlung mit dem Arzte ist bei manchen Lebenslagen die einzige, die eine ganze Schicht der Gesellschaft in die Nähe der Bildung bringt. In solchem Grade arme Existenzen kann es geben, daß der Arzt der einzige ist, der aus der Welt des Fracks und der Handschuhe je mit ihnen in Berührung kommt, der einzige, der in gewählter Sprache nach ihrem Wohl und Wehe fragt.

So sehr Paria war der Knabe nicht; aber in dem Vorfahren und dem Eintreten jenes kleinen, strengen, kurzangebundenen, scharfblickenden, raschbefehlenden Hofrats Kunzmann lag etwas so Vornehmes und Erschreckendes, daß allein schon damit jeder Krankheit ein momentaner Halt geboten schien.

Hofrat Kunzmann wurde bei jedem Übel gerufen, doch hinderte das nicht, daß die Eltern, wie alle Menschen aus dem Volke, weniger der lateinischen Heilkunde als der traditionellen Hausmittellehre trauten. Auch sprachen sie gern von alten Frauen, die die Drüsen heilten und Kindern »den Zapfen hoben«, von alten Schäfern, die die Rose besprachen oder Warzen durch Sympathie vertrieben. Daß ein Stückchen rohes Fleisch, in die Dachtraufe gelegt, und eine Warze am Finger in Verbindung stehen können und eines das andre vertreibt, dafür fehlte es am festesten Glauben nicht. Die liebsten Formen des Heilmittels sind dem Volke Kräutertrank und Salbe. In Salben liegt ihm der Auszug aller Kräfte der Natur. Kräutermischungen, gewisse Fetteile des Tieres, »Bibergeil«, zerriebene Gallensteine oder ähnliche Mischungen sind ihm Panazeen.

Die medizinische Polizei war damals auf ständiger Jagd gegen die Volksärzte, aber sie entstanden immer wieder in den Winkeln und Hinterhöfen und einsamen Vorwerken vor den Toren. Jetzt scheint die Polizei alles Quacksalbern freigegeben zu haben. Wer betrogen sein will, mag es also werden?

Man mag wohl noch selten solche alleinwohnende Hufelands oder Schönleins der Vorstadt antreffen, wie sonst nicht selten einen Schuster, einen Weber. Erschrocken, weil immer der Polizei gewärtig, springt der unzünftige Asklepiade von seiner Arbeit auf. fährt uns rauh und hart an, was man wolle, und hört mit Unmut, daß man ihn um Bewährung seiner Heilkraft bittet.

Ist es die alte, schon in Delphi bekannt gewesene, sich sträubende Ablehnung jeder übernatürlichen Zumutung von seiten solcher Übernatürlichbegabten oder nur Verstellung? Jedenfalls beschwichtigt man die Polternden, und sie rücken mit ihren Kräften heraus.

So lernte der Knabe eine Art Hexe kennen, die, fast unglaublich, dicht im Schatten des eben neu gebauten Domes und des Königlichen Schlosses wohnte. Museum, Altes und Neu es, Kißsche Amazone und dergleichen existierten noch nicht. Nur ein Quadrat von Pappeln, Lustgarten genannt, und auf einer seiner Flanken der jetzt auf den Wilhelmsplatz versetzte »Alte Dessauer«. Die altersgraue, von Bäumen beschattete Hofapotheke liegt in dem mittelalterlichen Flügelreste des Schlosses. Neben dieser Werkstatt Äskulaps, wo mit scheuer Ehrerbietung die ausgestopften Vögel des Vorgemachs bewundert wurden, lag die bescheidene Hütte einer Heilkundigen. Eine alte, lange, hagere Frau, der man sich nur nach vielem Bitten und Betteln um Hilfe nähern durfte, vertrieb hier den Kindern die Drüsen, drehte ihnen die steifen Hälse um, »hob die Zapfen«, wahrsagte auch aus Karten oder Kaffeesatz, trieb Sympathie und ähnliche wunderbare Abrakadabras der Volksheilkunde. Die finstre, unfreundliche Frau nahm für einen »eingerenkten« steifen Hals vier Groschen. Der Knabe hat den Besuch im kleinen düstern Zimmer der Hexe bis ins kleinste Detail behalten. Das wachstuchumhüllte Vogelbauer, das Bett mit dem gewürfelten Überzug, hohe Schränke, ein Stuhl mit Lehne wie bei einem Zahnarzt und – seltsam, doch gehörts in die ersten Kapitel einer Mnemotechnik – mit der Erinnerung an diesen Besuch hingen jahrelang braunglänzende, ausgeschälte Kastanien zusammen, die auf dem Heimwege an der Universität gesammelt wurden. Des Jungen steifer Hals, gedreht, bestrichen, gedrückt von der griesgrämigen Wundertäterin, hatte sich schon wieder bücken können. So wurden die Kastanien mit dem Halse in der Erinnerung eines und dasselbe. Ganz ebenso behält man später die Jahreszahlen der Hohenstaufenzeit und denkt dabei an irgendeine verhängnisvoll gewesene Hausnummer in der Großen Friedrichstraße.

Dem inneren Drängen des Geistes, der endlich über die dämonische Macht des Körpers nachhaltigere Kraft gewinnt, kommt die Schule, die Kirche, die Bücherwelt mit kräftig helfenden Armen entgegen. Das sind dann Liebkosungen und sich so gewaltig ausstreckende Hilfeleistungen der bereits bestehenden Welt, daß sie bald ausschließlich das ganze Jugendleben gefangennehmen.

VI

Als der Knabe, siebenjährig, zum erstenmal in die Schule geführt werden sollte, erhob er ein solches Zetermordio, daß die Leute auf der Straße stillstanden und in Erfahrung brachten, die treue Schwester sollte ihn zu einem Lehrer namens Schubert führen, der an der Dorotheenstädtischen Kirche eine achtbare Schule, nicht »Klippschule«, sondern Parochialschule, Bürgerschule, unterhielt. Eine »Klippschule« hielt ihm gegenüber ein Lehrer namens Cajeri. Aber weiter als hundert Schritte vom Hause brachte den widerspenstigen Schulrefraktär die Schwester nicht. Ja, an den düstern Fenstern der Anatomie, da, wo einst Maupertuis (oder Voltaire) die Sternwarte besteigen wollte und mit einer Leiche karambolierte, worauf ein für allemal die Akademiker von Friedrich dem Großen einen eigenen Eingang zum Sternenhimmel und die Anatomen einen eigenen zu ihren Obduktionen angewiesen erhielten, warf sich der Unhold auf die Erde, schrie, schlug mit Händen und Füßen um sich und schien unter keinerlei Umständen etwas vom Wissen wissen zu wollen. Denn was brauchte ein »Bildhauer« in die Schule zu gehen? »Ich kann ja nicht in die Schule gehen! Denn ich weiß nichts!« Mit Zittern und Flehen versicherte der Knabe, er müsse ja das Lesen und Schreiben schon mitbringen. Das Zureden der Umstehenden half. Zuletzt folgte der Junge. Andere Kinder mit Pennal und Schiefertafel näherten sich ihm zutraulich. Meister Schubert, ein schöner, stattlicher Mann, redete ihm sanft zu. Aber kaum hatten die Abc-Schützen aus einem Buche mit großgedruckten Lettern angefangen zu buchstabieren, kaum bemerkte der Novize, daß von den Aufgerufenen einer auf den anderen folgte und daß die, die schon etwas wußten, ihm immer näher und näher saßen, so plärrte er wieder los und meldete sich schon vor der Zeit, ehe an ihn die Reihe kam, mit seinem verzweifelnden: Er wisse noch nichts. Auf sanftes Zureden wurde allmählich begriffen, daß man hier mit Ehren als unbeschriebenes Blatt sitzen konnte.

Ein guter Lehrer wird nicht fehlgreifen, wenn er den Schüler zunächst von diesem Gefühl des Verlassenseins und einer totalen geistigen Hilflosigkeit angreift. Die Vorstellung von einer schüchternen und haltlosen Kindesseele wird ihm schon im Ton die rechte Liebe geben. Das rauhe Wort, das mit Recht dem unbändigen Massengeiste gilt, muß sich dem einzelnen gegenüber mildern. Bleibt der Lehrer immer bei der

Vorstellung von einer wilden, zuchtlosen Horde, tobt und droht er im ganzen und im einzelnen, so kann über eine solche Schule kein Segen kommen.

Meister Schubert war für die Allgemeinheit streng, sogar vornehm-kalt, aber für den einzelnen stieg er zu milder Freundlichkeit herab und ließ sich's viel Mühe kosten, ein Kind zur Freude seiner Eltern zu machen. Wollte ein Zögling den Geburtstag seiner Eltern feiern, so zeichnete, malte und schrieb der gute Mann nach der Lehrzeit mit dem Gratulanten voll emsigster Geduld. Scherzte er mit den Kindern, so hatte seine Herablassung etwas Königliches. Aber mit der Masse scherzte er nie. Die Masse wurde diktatorisch behandelt. Von dem Thron, auf dem er ständig Federn schnitt und diese nummernweise ins Federbrett steckte – lauter antiquarisch gewordene Begriffe –, erfolgte zum allgemeinen nur dann eine Herablassung, wenn er rührende Geschichten vorlas, den »Robinson« und »Gumal und Lina«.

Seine »biblische Geschichte« ging ins Herz. Wenn er von Joseph und seinen Brüdern erzählte, weinte alles. Auch strich er die Geige zu den Chorälen, die gesungen wurden, betete andächtig und ohne Muckerei. Seine Stimme, möchte ich sagen, war für Muckerei zu voll und zu bestimmt. Dazu gehören Fistelstimmen, Hektik.

Aber auch ein scharfes Auge hatte Meister Schubert, einen raschen Überblick der Klasse; besonders mußten ihm die Hände der Jungen klar und offen zutage liegen.

Zuweilen gab es seltsame Untersuchungen, wo die Mehrzahl der Kinder selbst nicht wußte, worum es sich handelte, wo aber regelmäßig einige als räudige Schafe erkannt und unter spezielle Aufsicht gestellt wurden.

Am liebevollsten erschien Schubert in schwüler Sommerzeit. Dann wurde von zwei Auserwählten ein Eimer Wasser herausgetragen und bankweise die ganze Kinderherde aus einem großen blechernen Becher getränkt.

Zu Weihnachten, wo der Beginn des Weihnachtspruchlernens schon an sich eine namenlose Vorseligkeit in alle Gemüter ergoß, und kurz vor dem Feste, wenn die gedruckten, mit bunten blanken Umschlägen, auf denen ein grober Holzschnitt eine Szene der Bibel vergegenwärtigte, versehenen »Wünsche« ausgeteilt wurden, war Schubert die Liebe und Väterlichkeit selbst. Er fühlte die Wonne seiner Kinder nach, wenn ein solches »Lasset die Kindlein zu mir kommen« oder ein »Christus als Kind im Tempel lehrend«, im Bilde ausgeteilt, entgegengenommen, mit beinahe katholisch zu nennender Andacht verehrt wurde.

Katholiken waren, nebenbei bemerkt, für den Knaben ganz aparte Geschöpfe. Einige Jugendgespielen waren Chorknaben in der nahen Hedwigskirche. Bei ihnen zu Hause gab es auf der Kommode mystischen Hausrat, Kruzifixe, Madonnen von bunt angestrichenem Gips, kleine Heiligenbildchen am Spiegel, eine Pfauenfeder breitete sich über dem Ganzen. All das erschien höchst interessant, aber bemitleidenswert.

Was lernt man in solchen Elementarschulen? Damals nach alter Methode buchstabieren und lesen, in einem antisächsischen Duktus schreiben, nach dem Schwiegersohn des Meisters Schubert, dem vielberühmten »Ferbitz«, rechnen, sogar zeichnen, sogar von einem alten Franzosen, Monsieur Horré, Französisch, Lateinisch sogar von einem zynischen schmutzigen Sonderling, dessen Namen der Erzähler vergessen.

Fand bei diesen Lehrgängen ein System statt? Ein Kind weiß nichts davon. Es lernt schwimmen und sieht die Leine nicht. Was da konferenzelt und theoretisiert wird, ist ihm wie eine geheime Kramerei des Christkindes. Man lebt nur in den Wirkungen und weiß von den Ursachen nichts. Nur die Festtage, die Ferien, das Kommen von neuen, das Gehen von alten Lehrern – das sind einzelne Einschnitte des ersten Schullebens, wo man zur Not sich selbst an anderen allmählich zu vergleichen lernt. Dieses hingegebene, vertrauensselige, das ganze Herz anbietende Begrüßen eines »neuen Lehrers«! Ach, und wie oft dann der Abschied von einem alten, wo eine ganze Klasse in Weinen versetzt werden kann! Da setzen sich die ersten Ringe an das wachsende Bäumchen. Ein milder, etwas frömmelnder Lehrer, namens Gädicke, erklärte eines Tages, er wäre Missionar geworden und würde den Kindern Lebewohl sagen. Er wollte zu den blinden Heiden übers Meer. Als er ging, war das ein Abschied! Erst ein solenner in der Klasse. Da ging der Scheidende zu jedem einzeln und gab ihm die Hand und betete und heidenpredigte schon. Dabei mußte Ordnung walten. Als er aber nach Schulschluß noch einmal *ad libitum* attackiert werden konnte, gab es eine Ifflandsche Szene auf der Straße. Tränen, Küsse, Umarmungen. Gädicke zog in die Welt von Gumal und Lina! O finde, so empfand man, so edle, so gütige Mohren, wie Gumal sie fand, Gädicke, und sollte Robinsons guter Freitag eine Fabel sein? Gott behüte dich, daß dich die Wilden nicht fressen!

Ohne Mechanismus prägt sich in die erste geistige Empfänglichkeit des Kindes nichts ein. Die falsche Aufklärung hat uns zu manchem Blendwerk neuer Methoden verhelfen wollen, aber die Gefahr, die sich mit ihrer Anwendung für die Einwurzelung des Wissensstoffes ergibt, ist keine geringe. Das erste Lernen in der Schule muß ein mechanisches Exerzieren sein. Alle »Individualisierung«, sogenanntes »Eingehen« auf die Kinder und ihre spezielle »Natur« erzeugt Unzulänglichkeit und versetzt die ohnehin noch weiche Gehirnmasse in einen Brei von unbestimmter Halbheit.

Wie will man einem halben Hundert Kindern mit Demonstrationen beikommen? Wenn man Kinder von heute rechnen sieht, so wird man eine fortgeschrittene Klarheit in der Analyse nicht verkennen, aber es scheint uns fast, als wäre es nur diejenige Klarheit, die dem Lehrer selbst nötig ist zur Prüfung der Exempel, selten die, derer das Kind bedarf, um die Exempel zu machen. Man findet in diesen Rechenmethoden viel Worte. Das Kind fußt nicht auf einem mechanisch sichern Einmaleins, sondern wirst und wälzt sich umher in einer improvisierten Rechnungslogik, die nur im glücklichsten

Falle bei einem anschlägigen Kopfe zur Klarheit kommt. Der offenbarste Mangel an Seelenkunde zeigt sich darin, daß man beim Kopfrechnen nicht nur gestattet, sondern verlangt, daß das Kind wörtlich das aufgegebene Exempel wiederholt. Man muß die auf Worten ausruhende Trägheit des Auffassens der Kinder wenig kennen, wenn man eine Operation gestattet, wo sich der lebhafte, unruhige, zerstreute Lehrer leicht von einem denkfaulen Kinde täuschen läßt, das, statt schon zu rechnen, jetzt erst durch das auseinandergezerrte und altklugwichtig vorgetragene Wiederholen der Aufgabe den Schein einer Präzision annimmt, die nicht stattfindet.

Im Kopfrechnen ist weniger auf algebraisch-richtige Analyse als auf Intuition und Phantasie zu sehen. Das Kind muß nicht den abstrakt-logischen Prozeß der Rechnung durchmachen, sondern soll vor den halbgeschlossenen Augen gleichsam die schwarze Tafel sehen, wo dasjenige angeschrieben steht, was es sich in Gedanken zu vergegenwärtigen hat. Das Auge muß rechnen, nicht der Verstand, der beim Kinde noch nicht durchgebildet genug ist. Vollends verlangt der erste Elementarunterricht Mechanik. Die Kinder sollen massenweise und im einzelnen Aufruf dem Lehrer die Demonstrationen nachmachen, und zwar lange und oft. Das ungeduldige Hin- und Herspringen in der Denkmethode kommt von Lehrern, die für die Erziehung nicht geschaffen sind. Ein Kranker, der Langeweile empfindet, ist auf dem Wege der Genesung. Ein Lehrer, der die Langeweile von Lesen, Schreiben und Rechnen und immer wieder von Lesen, Schreiben, Rechnen nicht ertragen kann, paßt für seinen Beruf nicht. Ich finde Schulpläne, die so bunt wie Theaterbenesizzettel aussehen. Ich würde zufrieden sein, für ein gewisses Kindesalter nichts darauf zu sehen, als stündlich: Rechnen, Lesen, Schreiben. Und was soll man von den Kindergärten, vom Fröbelschen Gepappel des Denkspielens und Spieldenkens sagen? Erst künftige Epochen werden imstande sein, unsre Generation vorurteilsfrei zu beurteilen. Ich will wünschen, daß die »Kindergärten« vor diesem Gericht bestehen. Lautet ohnehin der Spruch desselben für manches, das manchem schon jetzt an den Deutschen der jungen Generation mißfällt, ungünstig, so wäre nicht unmöglich, daß sich herausstellte, wie wenig die Kindergärten den Erwartungen, die man auf sie setzte, entsprochen haben.

In Rücksicht des Massenlernens und des geistigen Gesamtexerzierens geht nichts über den Besuch einer vollgültigen Schule, keiner Spielschule. Der Schulbesuch ist die unschuldigste und nützlichste Form des ersten Eintritts in die Welt. Ein Schritt aus dem Hause in ein kleines begrenztes Leben und aus diesem neuen kleinen Leben sogleich wieder ins Haus zurück. Der gesteigerte Trieb zum Lernen, der Sporn des Ehrgeizes liegt auf der Hand. Und auch schon von diesem Vorteil abgesehen – wie harmlos erweitert sich der Einblick in das Leben andrer Menschen! Das Wissen ist für alle, und wie mannigfach sind diese kleinen Wettläufe nach demselben Ziele! Arm und reich, vornehm und gering, sauber und schmutzig, sanft und zornig durcheinander. Es regt sich das erste Bedürfnis der Liebe und Freundschaft. Man nimmt nicht nur die zu unsrer Familie daheim einmal gegebenen Menschen, sondern man wählt sich schon neue. Ein gewonnener Freund führt das Kind in das Haus seiner Eltern. Wie ist da alles so anders als daheim! Wieviel Brüder, wieviel Schwestern gibt's da! Wieviel Lärm oft und an anderen Orten wieviel Stille, Pedanterie!

Man hat noch gar kein Urteil über die alten unausstehlichen Tanten des Gespielen, die über ihre Stubendiele keinen fremden Schuh lassen wollen, aber es bilden sich schon Stimmungen und Ahnungen über die Mannigfaltigkeit der Charaktere. Der Horizont erweitert sich, und der Schulbesuch regelt den Sinn für Ordnung und Gesetz. Das Kind lernt sich selbst bestimmen. Es lernt, sein Schicksal in eigener Hand haben. Was man an sich selbst nicht fühlt, entdeckt man an anderen.

An Heloten, die dem jungen Spartaner die niedre Natur des Sklaven zeigen sollten, bietet die moderne Schule freiwillige Exemplare. Persönlichkeiten, die ihre Bildung außerhalb der Schule empfingen, etwa vornehme nur durch Hauslehrer, entbehren großer Vorteile für die Charakterbildung.

Der Heimgang aus der Schule! Wie belehrend, seelenerfüllend das Schlendern in die liebe Häuslichkeit zurück! An sittlichen Gefahren für den Wanderer fehlt es nicht. Ein »Umweg« straft sich. Der Knabe fand einst mit einem Troß Kameraden auf einem Umwege ein Hufeisen, das eben einem Pferde entfallen. Es war eine mit gieriger Lust festgehaltene Trophäe. Man will das Hufeisen an einen Schmied verkaufen. In Masse, aber schweigsam, lauernd, wendet man sich einer Schmiede zu. Aber je näher von dorther die arbeitenden Hämmer erklingen, desto zager wird der Vorsatz. Das Gefühl, man ist auf unrechten Wegen, spricht sich schon in der übertreibenden Keckheit einzelner Tonangeber aus. Endlich, dicht an der Schmiede, beratschlagt man, was sich für das Hufeisen erwarten ließe. Ein Ausweg, etwa einen Tauschhandel mit Nägeln einzugehen, fiel niemand ein, nur Geld wollte man haben und mit dem Gelde irgendeinen Genuß.

Mit schon kleinlautem Ton tritt man in die Schmiede, bringt sein Begehr an; der Gesell nimmt das Hufeisen, wirst es in die Ecke, schwingt den Hammer und jagt die ganze »Bande zum Teufel« hinaus.

Auf fünfzig Schritt halten die Flüchtlinge stand und schreien ein Hallo mit jenem Mut, der Ausreißern eigen ist, wenn sie über die Schußweite hinaus sind. Das Hufeisen war fort, aber auch eine Last vom Herzen. Die Seligkeit des wieder frei und erlöst aufatmenden reinen Gewissens wurde bei jedem scheuen Einblick in die Schmiede lange empfunden.

Lesen, Bücherlesen, Märchenluxus, Tatsachenschwelgerei – alles das kommt erst später. Jetzt dreht sich alles um den »Brandenburgischen Kinderfreund« und die Bibel. Auch das »Bibelaufschlagen« kommt erst später, wenn uns das »Buch der Bücher« erst bekannt geworden ist in all seinen Druckfehlern und »verbundenen« Paginas und einigen vielleicht ganz »fehlenden Seiten«. Dann wird's aber auch eine wahre Hexerei à la Rabbi Hirsch Dänemark, ein Wettrennen wie in Epsom zwischen Pferden, so zwischen Ohren, Händen, Augen, Mund und bei dem, der kurzsichtig ist, der Nase.

»Sprüche Samuelis I, 15!« Hurra! Die Blätter fliegen!

Welche Listen, Handgriffe gewinnt man sich ab, um in diesem Bäumchenverwechselspiel der erste bald bei den großen, bald bei den kleinen Propheten zu sein und die fünf Bücher Mosis am Schnürchen zu haben! Der »Brandenburgische Kinderfreund« erschien dem Kinde wie etwas Uranfängliches. Gott schuf die Welt und gleich nach ihr den »Brandenburgischen Kinderfreund«. Dreihundert zerrissene, beschmutzte Seiten mit einer Fülle von unumstößlichen Grundwahrheiten des jungen Lebens, als da sind: »Dieses Buch ist mein! Es besteht aus Blättern. Auf diesen Blättern sind Buchstaben. Diese Buchstaben verstehen, nennt man Lesen usw....« – sie sind die Enzyklopädie des ganzen Wissens, die wahren Diderot, d'Alembert, Bayle der Kinderweisheit. So wird selbst die Bibel in späterer Zeit dem Kinde nicht mehr heimisch wie der »Brandenburgische Kinderfreund« mit all seinen Klecksen, eingekritzelten Namen, Eselsohren und sich mehrenden Defekten, Resten mancher kriegerischer Abwehr oder wohl gar eines sonnabendlichen Zwölfuhr-Mittagsangriffes, wenn die morgende Sonntagsfreude schon in allen Gliedern rumorte.

»Brandenburgischer Kinderfreund«, wie liegst du so offen da der Erinnerung! Wie durchblättert sie dich in deinen ersten metaphysisch-juristischen Denkübungen (»Dies Buch ist mein!«) bis zu den Wanderungen durch die Tier- und Pflanzenwelt. »Pastinak« hieß eines deiner aufgezählten Gemüse. Der Knabe kannte Schoten und Bohnen, aber »Pastinak«?! Und gar »Artischocken«! Eine Wunderwelt der Küche! Und die Gerätschaften der Gewerbe, die großen Denkwürdigkeiten der Geschichte, des Weltalls, Deutschlands, Preußens und endlich die in lateinischen Lettern erzählten gereimten Anekdoten von Hans Taps, der sich »vor Gespenstern fürchtete«! Gespenster und Fenster reimte sich nicht nur in dem Buche, sondern gleich wie fürs Leben.

Lieder beschlossen das Buch. »Mein erst Gefühl sei Preis und Dank!« (»›Preuß'sch Kurant‹ sang einst ein getaufter Jude beim ersten Kirchenbesuch«, spottete der Bruder). Und am Schluß, hinweg über das liebliche: »Da hab ich es, das Hänflingsnest«, das majestätische, wie mit Pauken und Trompeten am Auferstehungsmorgen gesungene: »Lobe den Herren, den mächtigen König der Ehren«! Wahrlich! Die Schreibtafel unterm Arm und den »Kinderfreund« im Kopf– habt Respekt vor dem werdenden Beherrscher der Erde!

Die Kirchen wurden fast alle besucht und fast alle Berliner Geistlichen gehört. Der Junge kennt alle Winkel der Chöre, alle Kirchenschiffe des damaligen Berlin, vom großen theatralischen Dom an bis zur kleinen Spittelkirche, dieser neuen »Gerichtslaube« am Spittelmarkt, die vor lauter Demut später noch sogar ihren Turm ablegte und sich am besten jetzt ganz empfehlen würde.

Die Dorotheenstädtische Kirche, wo der Täufling mit neun Paten in das unsichtbare Gottesreich eintrat, ist jetzt übergotisiert worden. Innen war die Kirche Zopf. klein, niedrig, stellenweis dunkel. Sie war in Form eines Malteserkreuzes gebaut. Schadows Parzen, die dem jungen Grafen von der Mark, einem unehelichen Sohn des sogenannten »dicken Wilhelm«, früh den Lebensfaden abschnitten, umgibt ein Gitter, an das sich oft der Knabe lehnte und träumte, bis die Predigt des alten Superintendenten Küster zu Ende war.

Die Garnisonkirche ist lang und ausdruckslos wie eine Kaserne. Die Marienkirche ist alt und ehrwürdig, an Nürnberger Art erinnernd, kunstlos freilich und märkisch kahl, aber sagenreich. In ihrem Kreuz, das an den Propst von Bernau erinnert, den das Volk erschlug, lag allein schon eine Pforte alter erschlossener »Ritterzeit«. Die Nikolaikirche mit ihren hohen Wölbungen, dunkel vergitterten Grabmälern und dem nadelspitzen Turm, ist ein ehrwürdiger Doppelgänger von St. Marien.

Beide liegen in schrägen Dimensionen an kleinen Plätzen wie das Straßburger Münster. Sie haben nichts zur Zierde als ihr Alter und ihre majestätischen Pfeiler. Schlüter hatte den Mut, in der Marienkirche einen derselben durchzuschneiden, um vier hierher nicht gehörige antike Säulen zu einer Kanzel anzubringen. Der Berliner Dom war innen reich geschmückt mit Samtdecken, Bildern, zwölf bronzierten Aposteln, die das Altargitter zieren. Doch blieb nur fesselnd das eherne doppelte Kurfürstengrab, vom Knaben in seiner gotischen Umschrift oft mühsam entziffert, während Sack oder Ehrenberg, Reste der alten theologischen Zeit, predigten.

Die Werdersche Kirche, noch die alte, simultan mit einer französischen verbunden, in einem Stil, so schal, so ledern wie ein altes Porstsches Gesangbuch oder eine Pastor Hermessche Hauspostille von Anno 1740. Sie wurde abgerissen und neu gebaut. Der äußern Pracht der »neuen« Kirche entspricht die innere Armut nicht. Dürftiger, hölzerner, armenhausmäßiger kann man sich keinen Gottestempel denken als diese von Friedrich dem Großen an die stattlichen Gendarmenmarkttürme gebauten Schwalbennester.

Auch die Jerusalemer Kirche war arm und dürftig. Ihr einziger Glanz waren die glänzend glatt gesessenen Bänke. Etwas frischer machten sich die runden Wölbungen der Dreifaltigkeits- und Böhmischen Kirche. Jene trug am Altar, der Kanzel und der Orgel Spuren ihrer Bestimmung für Schleiermachers vornehmere Gemeinde. Der schönste Schmuck der Luisenkirche, wo Koblank, ein zynischer Lebemann, predigte, war ein stiller, mit hohen feierlichen Pappeln und Blütenbüscheln geschmückter Kirchhof, über welchen Koblank zu seiner Wohnung zu schreiten pflegte, während ihm noch vom Talar herunter das Wasser von den nassen Taufbeckengroschen troff, die er in der Sakristei eingesackt hatte.

Ein inschriftenreicher Kirchhof schmückte auch die entlegene hellfreundliche Sophienkirche. Das Glockenspiel der Parochialkirche war für den Knaben eines der mehreren Weltwunder. Von dieser kirchlichen Topographie darf selbst der versteckte Judentempel mit seinen Lichtern auf bronzenen, im eigentümlichsten Rokoko gewundenen Leuchtern, dem Tabernakel, den geschriebenen Thoratafeln, den aufbehaltenen Hüten der Männer, den nirgends gesehenen Frauen, dem beklemmenden Singsang von hundert Stimmen durcheinander und draußen dem Vorhofe, wo geschächtet wurde und Gänseblut für Liebhaber von sogenanntem »Schwarzsauer« abgegeben wurde, nicht ausgeschlossen bleiben. Am wenigsten aber die katholische St. Hedwigskirche, die am Palmsonntag oder an einem Tage der Leidenswoche nicht unbesucht blieb, immer mit dem Gefühl der Beklemmung, daß man beim Unterlassen der von der Gemeinde mitgemachten Zeremonien als Ketzer erkannt und ausgewiesen werden könnte. Die Pracht des Hochaltars, die Kleidung der Geistlichen, das Klingeln der Chorknaben, der Duft des Weihrauchs, das Opfer am Altar, wo der Priester für alle trank und die gebrochene Hostie an der Balustrade wie ein Manna austeilte, wonach sich die Sehnsucht drängte, das Ausbieten und Darreichen des Kruzifixes zum Küssen, alles das war an sich ergreifend, doch schüttelte den Schauer die Erinnerung an Luther ab und mahnte zur Prüfung. Auf der Freitreppe draußen, unter dem von Kardinal Quirini auf eigene Kosten erbauten Portal und den drei steinernen Aposteln umwehte uns wieder die Königlich Preußische Welt. Die Janitscharenmusik der Garde schmetterte von der Wachtparade, oder aus den Fenstern des Opernhauses lärmte eine Spontinische Opernprobe.

Die neueste Warenauktionsliste kann der Kaufmann, den Börsenkurszettel der Kapitalist nicht aufmerksamer durchlesen, als wöchentlich an jedem Sonnabend in großen Städten das unverdorbene, stille und noch gottergebene Volk die Liste der Geistlichen liest, die am nächsten Sonntag predigen werden. Diese Menschen suchen sich da nicht nur den Lieblingsredner, den sie hören wollen, heraus, sondern sie erläutern auch die vorkommenden Gast- und Antritts- und Kommunionreden, die Probeversuche von Kandidaten, das lange Schweigen bekannter Namen und das zu häufige Auftreten anderer.

Vetter Apokalyptiker wußte noch eine schärfere Kritik zu üben. Er sah auch unter diesen »berufenen und verordneten Dienern am Worte« seine drei Menschheitsgattungen, die Wiedergeborenen, die noch Christentum erkennen werdenden Halbwüchsigen und die Dahinfahrenden. Die letzteren waren ihm die Irrlehrer der reinen Vernunft, deren Zahl jedoch bei dem immer mehr heraustretenden kirchlichen System der Regierung nicht besonders groß sein konnte. Der Wiedergebornen gab es schon so viele, daß die Wahl schwer wurde und oft an einem Sonntage zwei Kirchen besucht werden mußten, ohne die Wochenerbauungen.

Die beliebtesten waren auch beim Vater diejenigen Redner, die offen und frei mit der Sprache herausrückten und bekannten, daß wir allzumal Sünder sind und des Ruhmes ermangeln, den wir vor Gott haben sollten. Die Selbstgerechtigkeit, hieß es, wäre der alte Adam, der ausgezogen werden müßte. Keine »Rechtfertigung« ohne Christi Dazwischenkunft und den Glauben. Die Gnade Gottes wußte der in allen Dingen so auch hier wieder feurige, bildergewaltige und aufbrausende Sinn des Vaters als einen Akt der erhabensten und großartigsten Willkür darzustellen. Wen Gott selig machen wollte, den nähme er sich heraus und über die anderen ließe er den Teufel schalten. Die hohe fürstliche Frau im Schlosse hatte dem Vater gelegentlich gesagt: Hat nicht der Heiland für uns alle sein Blut dahingegeben? Und von Stund' an waren alle Sprüche der Bibel im Vater wieder erwacht, alle Lehren seiner bettsiechen, kranken Mutter, und unter den heißesten Tränen wußte er stundenlang nichts mehr von Paris, nichts von der Sattlermeisterin und dem *Cirque Franconi*, sondern nur noch von Golgatha und dem Ölberge zu erzählen.

Die grübelnde Genugtuungslehre des Herrnhuterischen Vetters in ihrem Seelenläuterungs-Kalvarienberge blieb dem Vater verschlossen; aber die Geschichte, die Chronik des Alten und Neuen Bundes ging ihm in dem ganzen phantastischen Reize auf, dessen seine lebhafte Einbildungskraft auch hier bedurfte. Der Neuerweckte erzählte von den Juden und den Pharisäern so lebendig, daß die kritischere Mutter, die auch hier wieder das Maß überschritten sah, oft einwendete: »Aber du bist ja nicht dabeigewesen!« Jene lebhaften, feurigen Redner in der Georgen- und Spittelkirche, die mit dem »heiligen Bibelbuch« unaufhörlich auf den Kanzelrand schlugen, diese waren dem Vater und auch dem Vetter die liebsten. Zu den Nierenprüfern, zu den Zuchtmeistern im Herrn und in deren immer volle Kirchen rannten sie, wie ihr in ein Gastspiel von Sängern und Tänzerinnen rennt! Sie verlangten vom geistlichen Redner die Gabe des Geistes wie sichtbar anzuschauen am Pfingsttage, als über die Apostel die feurigen Zungen herniederfuhren. An den Wundern durfte nicht gedeutet werden. Dem Vater kam es, wenn einmal Christus Gott der Herr selbst gewesen war, auf ein paar Unglaublichkeiten mehr oder weniger nicht an. Sein Glaube war kavaliermäßig: entweder Christus ist Gottes Sohn oder nicht, und ist er das, so ist ihm ein Lazaruswunder eine Kleinigkeit.

Die Mutter seufzte zu manchem, was sie glauben sollte, und tröstete ihre immer flügge Vernunft mit Gottes einmal nicht zu ergründender Allmacht.

Der Vater dagegen bedurfte förmlich des Wunders. Steine in Brot, Wasser in Wein verwandelt, Tote auferweckt, Kranke geheilt zu wissen, das gehörte ihm zu einer reputierlichen Religion.

Ihre Moral mußte den Menschen scharf zusammenreiten, mit den Sporen kitzeln, ihm die Zügel so kurz halten, daß man auf den Kandaren der Zucht sich die Leidenschaften zerbiß.

Luther war der Held des Hauses. Luther, der Mann des Volkes, auf dem wiederum ganz sichtbar Gottes Hand geruht hatte. Luther faßte alles zusammen, was solche Volksbildung von einem Propheten verlangt. Luther kam von der Armut, hatte Mut, trotzte den Fürsten, putzte Kaiser und Reich tüchtig herunter, erlebte romantische Abenteuer, sprach kernige, kurze Schlagworte und war mit der Bibel, die er übersetzt hatte, geradezu identisch. Elias, Paulus, Luther standen auf derselben Linie. Es waren die wilden Feuer- und Hitzköpfe der Religion, wie der deutsche gemeine Mann seine Helden in allen Fragen haben will, auch im Staat, in der Schule, in der Kunst und in der Poesie.

Eigentümliche und wunderliche, aber frischweg redende Prediger erhielten ungeteilten Beifall. Es wurde in der Böhmischen Kirche keine montagliche Nachmittagspredigt versäumt, solange sie ein seltsamer Geistlicher der in Berlin früher eingewanderten »mährischen Brüder« hielt, der bekannte, von den Weltkindern vielbelachte Jänicke. Dieser greise Sonderling, Vorgänger des heut an derselben Stelle wirkenden Knaak, vertrat anfangs ziemlich allein in Berlin die pietistische Richtung. Nach den Befreiungskriegen währte es immer noch einige Zeit, bis sich der öffentliche Geist aus seinem Zusammenhang mit den großen Erlebnissen der Epoche, als dem Verbande mit unsrer klassischen Philosophie und Poesie, der Romantik, Herder, Fichte, Schleiermacher losriß und ganz in jenes ausschließlich »Evangelische« überfloß, das bald darauf alles, selbst das Unkirchlichste, verklären sollte. Jänicke, lange Zeit der einzige Pietist auf Berlins Kanzeln, wußte seine Zuhörer zu fesseln, trotzdem, daß seine Predigten Konversationen waren, bei denen vorkam, daß er diesen oder jenen in der Gemeinde anredete oder auf Stühle verwies, wo Menschen von ihm erblickt wurden, die ihm nicht aufmerksam genug oder wohl gar nur gekommen waren, »um hinter den Hüten ihr Lachen zu verbergen«. Seinem Publikum gefiel diese Natürlichkeit. Schuhmacher, Weber, »Raschmacher«, besonders aus dem oberen Teil der Wilhelmstraße, den man dieser mährischen Einwanderer wegen mit wenig Kenntnis der Geographie »die Walachei« nannte, fanden es ganz im Stile der Volksberedsamkeit, wenn Jänicke sagte: »Der Geist Gottes fuhr auf die Jünger herab nicht im Sturmgebraus wie ein Donnerwetter, sondern sanft und lieblich wie eine Taube, zirp, zirp, zirp!« Als Vorstand des Missionsvereins vermittelte Jänicke die Phantasie seiner Gemeinde mit den fernsten Völkern der Wildnis. Er wußte insofern die eigentliche und beste Wirkung alles Missionswesens zu treffen, die eben keine andere ist, als die Erhebung und Begeisterung derer, welche die Missionen absenden.

An seinen geliebten Lehrer Gädicke, den schon längst die Wilden verzehrt haben konnten – nach Robinson und Gumal und Lina war grausamere Lektüre gefolgt –, dachte immer der Knabe mit Wehmut, wenn er an des Vaters Hand in eines jener Konventikel trat, die damals sich überall eröffneten. Beim gemeinen Mann hießen sie Betstunden. Auch sie hingen zunächst mit dem Missionswesen zusammen. Unstudierte Missionäre übten sich im Sprechen. Aber auch Handwerker sprachen. Meist in dem entlegenen Klassenzimmer einer Schule oder in einem sonstigen Privatlokal versammelten sich abends fünfzig bis sechzig Gläubige beim Schein eines Talglichtes und hörten die Rede oder das Gebet eines Inspirierten an, der seinen Vortrag zuletzt mit »Nachrichten aus dem Reiche Gottes«, die über Nürnberg und Basel gekommen, und mit Sammlungen für die fernen Heidenbekehrer endete.

Diese Betstunden wurden anfangs untersagt, oder nur dann geduldet, wenn der Erleuchtete, der auftrat, einen gedruckten Vortrag ablas oder nur ein Gebet aus dem Stegreif hielt. Die Redner wollten aber nichts Fremdes ablesen; so blieb ihnen nichts übrig, als der Rede die Form des Gebetes zu geben. So beteten sich hier dann manche Schuster und Schneider rein von der Erde hinweg. Die Verzückung sah den Himmel offen. Die Dringlichkeit betete den Himmel zur Erde nieder. Man sah Christus den Herrn (Gott Vater war in diesem Kreise nicht gerade abgesetzt, hatte aber mehr die Rolle des »Alten vom Berge«, der hinten, im äußersten Libanon, in einer dunklen Höhle sich in den Ruhestand versetzt hatte) leibhaftig auf seinem Throne sitzen.

Herzzerreißende Klagetöne, die fast eine Stunde dauerten, lösten hier alle Weltlichkeiten auf. In der engen Stube, unter den ernsten, dunkelgekleideten Männern, bei dem einzigen Talglicht, das oft am Erlöschen war, im fahlen Dunkel so sich zu unterhalten mit dem Bräutigam der Seele – es mußte sich aller »Brüder« und »Schwestern« ein heiliger Schauer, aber auch jene Selbstzufriedenheit bemächtigen, die den Pietisten eigen ist, wenn sie von ihrer Gottesfreundschaftshöhe auf andre Menschen herabblicken. Wer wird aber in diesem seltsamen Gottesdienst lediglich Heuchelei sehen wollen? Ein guter Redner wußte in dies einzige Gebet, das er halten durfte, das ganze Leiden der Armut hereinzuziehen. Schlechte Zeiten, Arbeitslosigkeit, die Maschinen als Stellvertreter der Händearbeit, die neuen Moden, die z.B. die Filzhüte verdrängten und nur noch die Seidenhüte gelten ließen, die drückenden Abgaben, Krankheiten und Unglücksfälle – alles sprach sich hier in diesem Hilferuf aus.

Hätten sich nicht die Vornehmen eingemischt, hätte nicht der Staat verraten, wie gerade ihm an dieser Auffassung des Himmels schon auf Erden gelegen war und er eine Menge Belohnungen dafür in Bereitschaft hielt, diese Gottesverehrung hätte sich nicht so bald getrübt, wie später geschah. Denn wer könnte leugnen, daß auch die freien Gemeinden und der Deutschkatholizismus auf gleichen Seelenstimmungen beruhen, so verschiedenartig der Inhalt des Bekenntnisses auch ist?

Es ist der Reiz des Separatismus, der, richtig organisiert, die Quelle einer neuen Menschwerdung der Generation und einer tiefgreifenden Erlösung unseres Jahrhunderts werden könnte.

Schon war eine Ausartung über diesen Isolierungstrieb des religiösen Bedürfnisses gekommen, als auch einmal der Knabe zu einem langen, hagern Studenten geführt wurde, der auf seiner »Kneipe« in einem Hinterhofe der Kurstraße eine Gemeinde von vielleicht sechs Erwachsenen und ebensoviel Kindern zu erbauen suchte. Für dies kleine Auditorium gab es mindestens vier Lichter, lange, schlanke, neue Wachskerzen. Ein Klavier stand unter dem Spiegel. Ein Tisch war theatralisch als Altar aufgestellt und mit einer grünen Decke behangen. Der junge Gottselige mit gescheiteltem Haar empfing seine kleine Gemeinde mit feierlichem Gruß und zählte wie ein Taschenspieler auf seiner Uhr die Minuten, bis sich hinlänglich viel Auditorium versammelt hatte. Dann schlug er auf seinem Klavier eine Kirchenmelodie an, ließ in einem dichtbevölkerten Hinterhofe rücksichtslos laut einen Choral singen und trat feierlich an den Altar, um seinen Text zu lesen und diesen zu paraphrasieren. Es war der Bibelspruch vom verglimmenden Docht und vom zerstoßenen Rohr, dessen breitgetretener inhaltsloser Anwendung der Knabe sich noch wie heute erinnert.

War das Ganze eine homiletische Übung des jungen Mannes? Oder war der laute Gesang und das Aufsehen, das die Feier im Hofe machen mußte, für einen im Vorderhause wohnenden Geheimrat bestimmt? Oder lag dem Ganzen die erste Schwärmerei eines Theologen zugrunde, wie sie allerdings auch ohne irdischen Nebenzweck in einer angeregten Jünglingsseele leben kann?

Für dieses jungen Prädikanten reine Absicht möchte kaum einzustehen sein, aber erwiesen ist, daß die religiöse Stimmung des Jugendgemüts wie die erste Regung der Liebe kommt. Dem in Rede stehenden Knaben wurde seine Religionsschwärmerei wie ein physisches Erlebnis. Es war ein Wachsen, ein krankes Wachsen der Seele, ein neues Bedingtwerden und Umstimmen des reizbaren Nervensystems. Diese Himmelssehnsucht ist wie der Frühlingstrieb gewisser Bäume, wo die Rinde harzige Tropfen ausläßt, die Birke einen Saft von sich geben kann. Die Mitbedingungen unserer christlichen Offenbarung sind poetisch. Sie werden in der Jugend so nachgefühlt, daß nur das Schöne und Tiefe, nichts von ihren Mißlichkeiten im Gemüte haften bleibt. Manche Glaubensselige bleiben ewig in diesem Religionsbann und können sich nie wieder aus dem einseitigsten Verschönern und Zerflossensein zur besonnenen Prüfung erheben.

Eine Erziehung von so viel Religiosität konnte als erste Außerschullektüre nur eine religiöse darbieten. Die Bibel, das Gesangbuch und eine alte Hauspostille, eine echte Hansteinsche von 1740, waren die ersten Nahrungsquellen des Wissenstriebes.

In der Bibel stand, wie unter allen deutschen Hütten, die Chronik des Hauses geschrieben, der Vermählungstag der Eltern, die Geburt der Kinder mit allen Zeugen, allen Taufpaten. Im untern Volk hat man Regungen, wie sie nur der Adel kultiviert. Auch da stemmt man sich gegen die Woge der Allgemeinheit, will nicht so mit fortgespült werden von der Masse des Nichtsbedeutenden. Man führt Buch über den festen Grund und Boden, wo man in der Welt steht, und wäre das Fleckchen Erde auch noch so klein. In der Bibel selbst fesselte dann alles, auch der rote Druck des Titels, das Privilegium des Königs Friedrich I. von Preußen mit allen seinen Würden und Besitzungen, auch die kleinen Vignetten zwischen den einzelnen Hauptstücken und die kunstvoll verschnörkelte Arabeske am Ende mit dem geheimnisvollen vor- und rückwärtsgelesenen Anagramm des Wortes E.N.D.E., lautend: Er Nahm Das Ei – (rückwärts) Er Darf's Nicht Essen, (vorwärts) Eine Nonne Darf's Essen!

Dieser Unsinn, ein »vollkommener Widerspruch, gleichbedeutsam für Weise wie für Toren«, schien aus irgendeiner Faustischen Küche gekommen und bedeutete dem Kinde ein Abrakadabra der Art, wie wohl wirkliche Zauberei mit der Bibel getrieben wurde. Den Finger in die Bibel bohren, eine Stelle festhalten und nach deren Wortlaut handeln, das haben selbst große Geister getan, die als Atheisten vom Zufall nichts wissen wollten.

Die Bibel ist dem Volke das Menschenleben von seiner kindlichen Märchenzeit an bis zur grübelnden theosophischen Zukunftserforschung. Leider wird dann aber auch die Bibel die erste Anlehnung des Gelüstes und der Leidenschaft. Die Bibel ist das Paradies, der Baum der Erkenntnis und die Schlange der Verführung. Ehe der Knabe noch von den Leidenschaften der Sinne weiß, pflanzt schon die Bibel die Versuchung in sein Herz. Gewisse Kapitel werden beim Lesen in der Schule überschlagen, die Neugier wird gereizt, und bald zeigt man sich heimlich die grellen Verse im Ezechiel, wo mit orientalischer Rücksichtslosigkeit die Bilder der Unzucht beschrieben werden.

Diese und ähnliche Momente unsrer Erziehung gehören zu dem großen Patengeschenk, das uns Geschichte und Tradition für unsre christliche Geburt mit eingebunden hat.

Aus der »Postille« wurde Sonntagnachmittags eine endlos lange Predigt laut und deutlich vom Knaben vorgetragen. Diese Aufgabe war die gesundeste Stärkung, wenn nicht der Seele, doch der Lunge. Sie hob die physische Stimme, gab ihr Kraft und Nachdruck. Die Mutter entschlummerte sanft. Doch gegen den Schluß wachte sie auf und hörte noch die Nutzanwendung und das erlösende Amen. Worauf der Kaffee erfolgte.

Nebenbei hatte der Knabe noch eine geheime Lieblingslektüre. Es war ein einzelner Band eigentümlich gedruckter Predigten, der durch einen Zufall ins Haus gekommen war. Das Buch war schön gebunden, inwendig mit einem Wappen der Familie Steiner aus Winterthur in der Schweiz, zwei Arme hielten aus einem Helm einen Stein empor. Das Buch selbst war 1782 in der Schweiz verlegt und von Haefeli, einem Geistlichen aus Lavaters Schule, verfaßt. »Predigten und Predigtfragmente« hießen diese Betrachtungen, die in einem völlig andern Stil geschrieben waren als die alten Sermone von Propst Hanstein. Sie lauteten aber auch völlig anders, als man in sämtlichen Berliner Kirchen predigte. Haeselis Predigten waren in einem Schwung geschrieben, dem selbst der Vetter nicht folgen mochte, obschon sie nur im Interesse der strengsten Orthodoxie verfaßt waren. Die Bilder, die aphoristische, phantasievolle Diktion, die, plötzlich im Übermaße der Rhetorik abbrechend, oft Wort nur an Wort reihte, aber so bedeutungsvoll mit Schwabacher Schrift gedruckt, daß man erkennen mußte, hier sollten Zentnergewichte liegen, die Fingerzeige auf die allgemeine Weltgeschichte, die Einmischung von Polemik gegen die Voltairezeit, alles das war so eigentümlich neu, daß es auch zunächst schon einen eigenen Vortrag bedingte, worin sich der Knabe in stiller Einsamkeit zu üben versuchte. Der Prediger mußte für diese Reden Schauspieler sein. »Ob Jesus von Nazareth lebender Retter und König, Souverän der Schöpfung, Erlöser von Sünd und Tod oder ein hingerichteter Rabbi aus Galiläa war? Das ist die Frage!« Diese Gegensätze standen sich dann poetisch schroff in langer Ausführung gegenüber, ganz in dem Stil, der später erst aus der Schweiz und dem deutschen Süden über Westfalen und Bremen nach Norddeutschland gekommen ist.

Herrliches Buch! Was hast du die Seele des Kindes wie mit Engelsfittichen und in Himmel unendlicher Entzückung gehoben! Schweizermund voll Pracht und Hoheit, Lieblichkeit und Poesie! Wars das Alpenglühen der schneebedeckten Firnen, das aus vergilbten Blättern in die ahnungsvolle Einsamkeit des träumenden Kindes blitzte? Waren es die Herdenglocken von Zürich, die den Sohn der nordischen Steppe wie auf grüne Bergeshalden riefen und ihm die Schauer einer Welt voll heiligeren Schwunges und reinerer Schönheit zauberten?

VII

Das fünfte und sechste der Bücher, die dem Knaben von Bedeutung werden sollten, waren Goethes »Faust« und der »Don Quichotte«.

Daß sich der erstere in die bescheidenste Welt verlieren konnte, war wie ein Wunder. Bei einem Spielkameraden, der in demselben Turmpavillon der Akademie wohnte, dem Sohn eines Dienstangehörigen des Königs, fand sich ein nie wieder so kostbar gesehenes, rundum in hellgelbes feinstes Leder gebundenes, auf stärkstem

Velinpapier gedrucktes Exemplar des »Faust«, eine Prachtausgabe. Wie, mußte der Erzähler sich später sagen, wenn dieser »Faust« Sr. Majestät dem König selbst gehört hatte? Das kostbare Buch war vielleicht in einem der königlichen Wagen liegengeblieben und hatte keinen Herrn gefunden. Friedrich Wilhelm III. machte sich wenig aus Goethe. Magnus hieß des Königs Rosselenker, bei welchem der Knabe diesen »Faust« vorgefunden.

Natürlich zwingt die Wahrheit sogleich zu dem Geständnis, daß dem Kinde das einzig Gefällige und Verständliche darin die Hexenküche war. Und auch in ihr sah man nur die Töpfe und Kessel, den Blasebalg, den Rührlöffel und die Meerkatzen. Und diese Meerkatzen interessierten um so mehr, als eine Treppe höher, fast unterm Dache, noch ein anderer unmittelbarer Dienstmann der Hohenzollern wohnte, der seinerseits Meerkatz hieß. Was sich in einem Kindskopfe aus so zusammentreffenden Umständen für ein logisches Ungeheuer bildet, ist nicht wiederzugeben. Ein Kind verknüpft des Fremdartigste mit einem Parallelismus, der selbst in späteren Jahren immer an derselben Stelle wieder auftaucht und bei gewissen Vorstellungen immer wieder dieselben Unzusammengehörigkeiten vor dem Auge tanzen läßt, wie z.B., daß der Knabe den bekannten Preußischen Königsnamenszug Friedrich Wilhelm Rex, in drei verschlungenen Buchstaben dargestellt, nur mit einem vielgenannten Berliner Schullehrer und Kantor namens Rex in Verbindung bringen konnte, und noch ehe er etwas von dem schwäbischen Ursprung der Hohenzollern erfuhr, sich in demokratischer Vorahnung bei den Königen doch einen ursprünglichen Familiennamen als notwendig dachte und dabei nicht übel Luft verspürte, den Kantor Rex für einen irgendwie anzuerkennenden Seitenverwandten der majestätischen Herrschaften zu nehmen, die sonderbarerweise alle nur nach ihrem Vor- und nicht nach ihrem eigentlichen Familiennamen Rex gerufen wurden... Und kehren nicht noch im Alter, wo doch diese Irrtümer amputiert sind, wie in Gliedmaßen, die man nicht mehr besitzt, solche tollen Empfindungen wieder, falls der korrelate Nerv der Seele berührt wird?

Haben nicht unsere Träume noch bis zu jenem letzten, aus welchem wir nicht wieder erwachen, ihre eigne, immer und immer mit gleichen Bedingungen wiederkehrende Topographie, dieselben nicht existierenden Straßen, dieselben Plätze, Gärten, und kann man sich der regelmäßigen Wiederkehr einer und derselben Traumvorstellung erwehren, z.B. der, daß man noch einst ein großes Examen zu bestehen hätte?

Diese Traum- und Kinderlogik brauchte lange, bis sich der alte hüstelnde Meerkatz in der Dachstube mit den sprechenden Meerkatzen des »Faust« auseinanderfand. Die Tiere, die mit Kronen spielten wie mit Glasscherben, die den Brei am Feuer rührten und zuletzt von einer durch den Schornstein fahrenden Hexe für ihr Überlaufenlassen der Töpfe gezüchtigt wurden, traten mit der Zeit unabhängig von dem Leibkutscher Meerkatz und in solcher Lebendigkeit vor die Augen, daß nach Anschauung regelmäßiger Puppenspiele (in der Mittelstraße »Theater von Freudenberg« genannt) mit Goethes »Faust« eine dramatische Darstellung versucht wurde. Ein Stuhl, ein Fußschemel, ein paar Fensterkissen bildeten das Theater und anderweit eroberte Figuren, die an sich Ritter oder Neufchateller Jäger darstellten, bedeuteten Meerkatzen und Hexen.

Die Auslegung macht, und nicht bloß beim Kinde, das wahre Sein. Hier wenigstens war Glaube absolutes Wissen. Soviel Vollendung der dargestellten Hexenküche, die dem jungen Dramaturgen als vollkommen erreicht vorschwebte, hat spätere Bühnenanschauung im Opernhause nicht wiedergegeben. Die an sich vergebliche Mühewaltung der wirklichen Reproduktion verschwand gegen das Ideal einer Inszenierung, das so gut wie die Wirklichkeit selbst war. Wie sich die mit Kattunschürzen verhangenen Stühle vor dem Auge zu mächtigen Rundbogen wölbten! Wie die Küche so schwarzberußt wirklich gesehen wurde! Wie diese, den Neufchateller Jägern substituierten Meerkatzen sich balgten und mit dem Besen stäupten, weil »die Frau« nicht zu Hause war!

Und dann jener Brei, den sie rührten, diese bekannten breiten »Bettelsuppen«, die die Kinder nur auf Mehlbrei, nicht gerade ihr Leibgericht, beziehen konnten. Jetzt läuft der Kessel über, die Hexe, vom Schornstein herabfahrend, verbrennt sich und schreit: »Au, au, au! Verdammtes Tier, verfluchte...!« Jetzt kam ein zynischer Reim. Gerade dieser wurde angestaunt und bewundert in der Möglichkeit, gedruckt zu werden und ordentlich in Büchern zu stehen.

Sei es nur gestanden, diese Stelle wurde als die klassischste in allen Tonarten, Dur, Moll, in Grunz- und Fisteltönen nachmoduliert. Sie war die sprechendste Anmutung an die trunkene Freude, so schauderhaft Natürliches, so rein der eigenen unmittelbarsten Gegenwart und dem Selbsterlebnis nur zu oft Angehöriges gedruckt zu lesen!

Dann aber kam das Hexeneinmaleins, das dem Schuleinmaleins so nahe stand und dabei wie die tiefste Ahnung einer Einleitung zur Metaphysik klang und wirklich schon feierlich, ja mit einem gewissen Respekte vorgetragen wurde. Konnte man doch nicht wissen, ob nicht hinter dieser Hexenweisheit etwas steckte. Schließlich erwarb sich noch der Prolog der Dichtung, der Herr unter den himmlischen Heerscharen, ein besonderes Interesse. Das Drama selbst, wo Mephistopheles dem Kinde lange nicht bockfüßig und hörnermäßig genug auftrat, mundete nicht. Aber »der Himmel schließt, die Erzengel verteilen sich«..., das klang selig und weckte goldensonnige Bilder.

Dies Vorspiel war eine der Phantasien, in deren lichtreine Sphären aus der Hexenküche man sich ebenso flüchtete, wie der Knabe selbst sich zuweilen ins Vordergebäude des Akademiequadrates schlich, wenn ihm sein Gespiele, der Sohn des Kastellans, eine geheime Tür öffnete, und er sich zu einer Stunde, wo nur Maler, Kunsteingeweihte die Ausstellung der Gemälde besuchten, bei dieser goldrahmigen bunten Farbenpracht einstellen durfte, unter diese heilenden und lehrenden Jünger, diese Christuswunder, die Abrahamsopfer und kanaanitischen Brunnengrüße des damaligen beginnenden Düsseldorfer Geschmacks. Die allmähliche Erlösung von dem Druck einer dumpfen überreligiösen Stimmung förderte auch eine alte zerrissene Übersetzung des »Don Quichotte«, die dem Oheim gehörte, der in der nächsten Umgebung des Prinzen lebte. Die Schwänke des sinnreichen Junkers von La Mancha wurden abends von der »Cousine« und dem »Cousin« vorgelesen, noch öfter vom heitern und von christlicher Selbstquälerei weit entfernt gebliebenen Onkel unter Lachen wiedererzählt. Das Barbierbecken als Helm, die Windmühlen als berittene Feinde, eine Bauernmagd als Prinzessin und Sancho Pansa, der ebensogut ein Bauernlümmel aus Pommern oder der Uckermark hätte sein können, als Knappe, das waren Späße, die zwar nicht so greifbar auf der Hand lagen wie die Hexenküche und die Meerkatzen im »Faust«, im Gegenteil Späße, die schon Sinn für Kontrast, Ironie und Satire erforderten; aber bei allem Kopfschütteln und starrem Gassen eines im Grunde nur für sublimere Dinge empfänglichen Gemüts verfehlten die Anpreisungen des Buches ihre Wirkung nicht, und voll Emsigkeit wurde der »Don Quichotte« nicht ein-, sondern mehrmal durchgelesen.

Der Vater verlegte dabei die Szene nach Pommern. Diese Amtleute, Wirte, Fuhrmannsausspannungen, diese Windmühlen, bebrillten Pastoren, steifen und nasehochtragenden Gutsherrschaften – alle spanischen Figuren des Cervantes fanden sich ja ebensogut auch in dem Andalusien Preußens, und wieviel wirkliche Don Quichottes noch jetzt in Pommerns löblicher Ritterschaft anzutreffen sind, beweist ja die Geschichte des Tages.

Die Zahl der gelesenen Bücher mehrte sich von Tag zu Tage. Sie zogen das Gemüt nach zwei Richtungen hin, nach dem Märchenlande der Poesie und nach der Welt der geschichtlichen Taten und mutigen Unternehmungen. Das einfache Wissen von tot aufzuspeichernden Fakten schmeichelt sich dem Gedächtnis des Kindes nicht ein. Zwischen die wundertätigen Feen, die Siebenmeilenstiefel des kleinen Däumlings und die Wilmsenschen Heldensäle, Bardenhaine und die Abenteuer Robinson Crusoes drängte sich dann allmählich noch eine dritte Gattung ein, man möchte sie die pädagogische Romanwelt nennen. Es waren die ländlichen Idyllen, die Pfarrersbesuche in Friedheim, die Familienabenteuer einer Reise des Amtsmanns Gutmann und seiner Kinder, Campes durch glückliche Zufälle eroberte Jugendbibliothek.

Letztere bot noch den reizendsten Genuß durch seine dramatisierten Familiengeschichten. Der bei Campe auftretende arme Thüringer Bergmannsknabe, der mit seinem ländlichen Dialekt und seiner Kunstfertigkeit auf der Geige sich die Freundschaft und Liebe eines vornehmen Hauses erwirbt und seinen ihm dargereichten Teller mit Kuchen und Wein erst nach einem Dank an Gott in die Hand nimmt, wird jedes gutgeartete Kind rühren. Und bald wird sich dann auch zeigen, wohin sich die junge Seelenschwinge vorzugsweise getragen fühlt. Zu Aladins Wunderlampe und den verschlossenen Bergen, die auf des Zauberers Geheiß sich öffnen, zum Tischlein deck dich – oder zu den Taten Hermanns des Cheruskers, den Siegen der Deutschen über die Hunnen, der Heldenbahn Luthers, dem Tode Gustav Adolfs und dem rührenden Ende Theodor Körners? Oder in der Tat zu dem kleinen Bergmannsknaben, dessen naive Treuherzigkeit dialektisch auf einem später eroberten Anteil an einem Theater nach Kräften bis zur nie ausbleibenden Selbstrührung wiedergegeben wurde. Die pädagogische Unterhaltungsliteratur des Tages tastet hin und her und bringt uns in jeder Weihnachtszeit neue Experimente mit dem Kindergemüt. Immer mehr aber greift die Sucht um sich, mit der Kost für Kinder weit mehr die Alten zu sättigen. Die Neigung der Großen, sich zuweilen von ihren Mühen auszuspannen und zum Scherz ein wenig kindisch zu werden, verwechselt sich nur zu oft mit dem Unterhaltungsbedürfnis des Kindes, dem allerdings auch das Läppische, bunt gemalt, gefällt, wie alles, was ihm – geschenkt wird, aber die Nachwirkung auf die Seele wird die leerste, die flachste. Das Kind bedarf Tatsachen, und diese Tatsachen will es nicht tot und nur aufgespeichert, sondern in Bewegung gesetzt sehen durch irgendeine Handlung, ein Lebensschicksal. Das Märchen sei ohne Ironie, ohne zu weit ausgesponnene Zwecklosigkeit und romantische Träumerei, es lehre den Glauben an gute und böse Kräfte des Lebens, schildre große gewaltige, Elementarwirkungen und die Ausgleichung durch eine ewige Gerechtigkeit. Die Literatur für Kinder schildre Männer, die Einziges wollten und Großes zu dulden verstanden, Helden des Geistes, die sich von unten herauf durch tausend Hindernisse emporarbeiteten, Forscher, die wie Kolumbus, keine Gefahr scheuten, ihr gläubigstes Ahnen zu verwirklichen! Das Familiengenre endlich hüte sich vor Nachahmung fremder Erziehungstöne, wie sie besonders jetzt aus Frankreich herüberklingen! Diese geleckten gemalten Berliner Lithographien mit den nach dem Pariser Modejournal geputzten jungen Herrchen und Dämchen, mit Knaben in Samtgilets und Spitzenmanschetten, in englischen Lovelymützen und eng am Halse schließenden gebrannten Spitzenkrausen sind eine Vervornehmung der alten gemütlichen bürgerlichen Jugendromantik Campes, Löhrs und anderer Schriftsteller, die zur deutschen Kinderwelt vielleicht etwas philisterhaft, aber in der einmal vorausgesetzten herrschenden deutschen Art und Sitte geredet haben. Ob die »Münchener Bilderbogen« mit ihren Karikaturen gut auf die Kinder wirken, mögen Pädagogen entscheiden.

Die Freuden der Natur und die alten Kriegserinnerungen waren es, die gegen eine allzu düstere, gefährlich drohende Bigotterie auch im Hause selbst zuweilen fröhlichen Einspruch taten. Selbst der apokalyptische Vetter konnte dem Reiz einer Sonntagswanderung nach dem Dorfe Lichtenberg nicht widerstehen. Kornblumen und Lichtenberg waren dem Knaben ein und derselbe Begriff. Man möchte in der Tat an die Lehre von einer sich materiell abdrückenden Einsammlung der geistigen Erfahrungen glauben.

Denn bei jeder Kornblume wird noch dem Manne Lichtenberg, wie bei jeder Heuschrecke, die in den Herbststoppeln singt, Tempelhof bei Berlin einfallen.

Eine Wanderung nach Lichtenberg begann um die Mittagszeit und zog sich durch die entferntesten Stadtteile. Unterwegs stieß zur frohbewegten Karawane dieser oder jener Verwandte; der Vetter Christian, der inzwischen aus seinem Lederwams schon einen Buckel nach dem andern hatte auftrennen müssen und freud- und leidvoll eine höchst sonderbare Heirat geschlossen hatte, die im Zusammenhange mit dem ihm tieftragischen Weh, daß die Filzhutmacherei von den Seidenselbelhüten, das zünftige, gründlich erlernte Handwerk von Seidenhutnäherinnen und Papparbeitern verdrängt wurde, durch eigentümliche Umstände den Stoff zu einer städtischen Dorfgeschichte abgeben könnte; der Vetter Wilhelm, der heute schon zwei Kirchen und die Rechtgläubigkeit ihrer Kanzeln geprüft hatte. Vorüber ging es dann regelmäßig an einem Erdgeschoß in den (damaligen) Vorstädten, in dem eine andere unheimliche Jugenderinnerung, etwas Seltsames aus der Sphäre des schönen Geschlechts hauste. Es war die gespenstersehende sogenannte »Zichorienliese«.

Diese lange, hagere Frau hatte noch einen imposanteren Wuchs als die Heilkünstlerin am Dom. Sie war knochig, mager, spitznasig, langfingerig, von Habichtaugen, scharfredend und dabei stocktaub. Nicht unbemittelt, wollte sie durch einen Handel mit Zichorien, den sie in einem Kreise von regelmäßigen Abnehmern mit Hilfe einer sie begleitenden Dolmetscherin, die ihr den Korb tragen mußte, trieb, sich nur zerstreuen und unterhalten.

Diese Zichorienliese schritt wie eine Königin so stolz, schnupfte wie ein Minister und beschäftigte sich nur mit den wichtigsten Angelegenheiten des Lebens, mit der großen europäischen Politik und mit den Gespenstern. Die Zichorienliese konnte in der Tat die Göttin des Jahrhunderts vorstellen; denn stocktaub und lautkreischend hielt sie fast immer eine großmächtige Messingtrompete wie Frau Fama in der Hand. Diese Trompete setzte sie nicht an den Mund, sondern ans Ohr. Es war eine Schalltrompete, durch welche sie ihre Taubheit mit einer Welt vermittelte, deren sichtbare und unsichtbare Dinge ihr leidenschaftliches Interesse erregten.

Die Zichorienliese kam nicht zu oft zu den Eltern des Knaben, denn ihr Handelsartikel diente diesen nur zur »angenehmeren Färbung« des Kaffees und zur Herstellung jenes pikanten Geruchs, der der gebrannten *radix cichorea* selbst von halben Türken im Mokkagenuß nicht abgesprochen werden kann.

So oft sie aber kam, war es ein wirkungsvolles Ereignis. Ihre dienende Famula bewachte den verdeckten Korb, sie selbst schritt stolz voran, setzte sich feierlich und begann, wenn sie eine Prise zur Nase und dann die Trompete zum Ohr genommen hatte, regelmäßig eine Konversation über die höchsten Interessen der Menschheit. Entweder war es »Boneparte«, über dessen Pläne auf »St. Helena« sie die genauesten Mitteilungen besaß, oder sie hatte, als geborenes Sonntagskind, wieder Geister gesehen.

Die Politik und die Geister waren ihr Steckenpferd. Sie näselte im Sprechen, sprach aber so stark, daß es fast dasselbe Schreien war, womit in die Trompete die Fragen oder Antworten gerufen werden mußten. Die Erhebung der Griechen erfüllte die Zichorienliese mit einem Interesse, das im Widerspruch mit ihrem eigenen stand; denn ihr Handel mit Kaffeesurrogaten hätte sich eigentlich wenig aus den Vorgängen in der Levante machen sollen. Aber ihre Phantasie sah nur türkische Kriegsschiffe unter Brandern in die Luft springen und griechische Kinderköpfe, von den Türken zu Tausenden abgesäbelt. Es schien ihr unwiderleglich, daß »Boneparte« jetzt ebenso die Griechen gegen die Türken kommandierte, wie derselbe späterhin bei Varna und Schumla die Türken gegen die Russen kommandierte.

Die Zichorienliese lachte laut auf, wenn einer behauptete, die Engländer würden den »Boneparte« schon auf St. Helena« festhalten. »Na den?« hieß es. »Sie haben ja eenen janz falschen!«

Sie sprach von den Kongressen in Karlsbad und Verona, vom Fürsten Hardenberg und, auf innere Angelegenheiten übergehend, von der Erhöhung der Mietsabgaben mit derselben Gewißheit, wie sie regelmäßig unter einem seufzend abwehrenden »Ach lieber Gott!« der Mutter auf ein Hereintragen der Geisterwelt in die unsrige so ruhig und glaubensfest überging, daß Justinus Kerner seine Freude daran gehabt hätte.

Die Zichorienliese bewohnte in der »Kurzen Straße« eine anständig eingerichtete Kellerwohnung, von welcher sie behauptete, es »spükte« in ihr. Es war seltsam, daß sie bei ihrer Stocktaubheit deutlich die Geister hören konnte, auch ohne ihre Trompete. Mit überzeugungstreuer Sicherheit erzählte sie, daß es erst vorgestern wieder in der Nacht, wo sie nicht hätte schlafen können, ganz vernehmlich hinter ihr, in oder an der Wand gerufen hätte: »Wilhelm! Wilhelm! Ach Wilhelm!« Sie erzählte, daß sie zwar gegen das »Spüken« ein Bannungskraut, die »Spieke«, in ihre Betten versteckte, da sie aber ein Sonntagskind wäre, hülfe es nichts. Es kämen ihr die Gesichter wie über den Weg. Wenn sie allein säße und sich nur umdrehte, so könnte sie Köpfe mit langen Bärten sehen, die sie um Erlösung anbettelten.

Ohne alle Eschenmayersche Metaphysik, rein durch Erfahrung, ging sie von der Idee des Zwischenreiches aus, in welchem eine Menge von Seelen haltlos umherirrten und ihre Erlösungsstunde und bis dahin auf Erden irgendeine passende Unterkunft suchen sollten. Längst verstorbene Verwandte nicht nur, sondern auch lebende, nur nicht gerade anwesende, sah die Zichorienliese hinter ihrem Kachelofen sitzen, andere beim Aufblicken vom Studium der Vossischen Zeitung »justement in die Kammer« hineingegangen.

Die Geisterseherin schritt nach ihrer Erzählung gewöhnlich auf die Erscheinungen herzhaft zu und verjagte sie so. Es stand ihr fest, daß die Seelen der Toten die unglaublichste Unruhe hätten und sich um jeden Preis in dieser Welt wieder zu schaffen machen möchten. Auch könnte man überzeugt sein, daß so viele geheime Schätze in der Erde vergraben lägen, so viele Verbrechen unentdeckt geblieben, daß es schon um deswillen keinen Menschen wundernehmen könnte, wenn es des Nachts an den Wänden raschelte und mit herzzerreißendem Jammer riefe: »Wilhelm, Wilhelm, ach Wilhelm!« Man müßte nur das Ohr dafür haben.

Unser Apokalyptiker, der ja auch Wilhelm hieß, traf, wenn er »arbeitslos« war, oft mit der geistersehenden Zichorienliese zusammen. Dann entspannen sich die schauerlichsten Gespräche über das dunkle Diesseits und das allerklarste Jenseits. Beide hatten die gleiche Neigung für Politik, »Boneparte«, die Griechen, die Türken, den Papst und die Mietsabgaben, aber in ihren Prinzipien wichen sie voneinander ab. Die Zichorienliese war durchaus weltlich und beinahe heidnisch. Der Apokalyptiker ließ die Geister nur unter gewissen Umständen gelten – kannte er doch Swedenborg und sprach mit Ehrfurcht von dem alten Schweden. Er verlangte eine religiöse Färbung des Geisterglaubens, unterschied Selbsttäuschung und Offenbarung. Vetter Wilhelm erklärte, es gehörte zum Geistersehen mehr als nur Taubheit oder ein Geburtstag am Sonntag oder der narkotisch betäubende Duft der gebrannten Zichorie; es gehörte ein reines Herz dazu und gottseliger Wandel und Gottes besondere Geneigtheit und spezielle Vorliebe für irgendeinen zum Geistersehen auserwählten Menschen. Ihm war das Geistersehen Gottesgnade.

Die Zichorienliese pflegte solche Einwendungen im schnarrendsten Schreiton abzuweisen und blieb bei ihren Visionen, die ihr auch ohne Kirchenbesuch und Bibel kämen, je mehr sie »Spieke« legte. Die Spieke und das »Spüken« blieben dem Knaben seitdem wieder und das in solchem Grade eines, daß ihm noch in allen Stunden, wo ihm ein Gartenbeet mit Lavendel eingefaßt begegnet, die Dämonologie der Zichorienliese einfällt, ebenso wie beim Namenszuge der Preußischen Könige auf Kanonen und Patronentaschen der Kantor Rex.

Bei den Wanderungen nach Lichtenberg wurde in den Geisterkeller der Zichorienliese ein rascher Blick geworfen, aber nur flüchtig; denn ihre Lebhaftigkeit, ihre Abgeschlossenheit von der Welt durch die Taubheit hätte zu langen Aufenthalt gekostet. Man wanderte zum Landsberger Tore hinaus. Flach, flach, kahl, kahl ist der Weg nach Lichtenberg! Und doch lebt er im Jugendgedächtnis nur als eitel wogendes, sonnenbeglänztes Kornfeld, als Schmetterlingstummelplatz, als blauer Zyanen- und roter Mohnblumengarten. Dies Hinwegschreiten durch hohe Ähren, die sich in der Sonne wiegen, bald auf diese, bald auf jene Seite vorm Winde sinken, wie wonnevoll dem Knaben, der noch so klein, daß er in ihrem Schatten wandelnd nur blauen Himmel über sich sieht, neben sich die Kornblumen mit ihrem blauen Johanniterkreuz auf der grünen Basthülle der Knospe, die roten Flatterrosen und die Mohnblüten, die er pflückt und dabei über die Löcher der Maulwürfe stolpert! Dann das damals noch gebotene freundliche Grüßen der Vorübergehenden, die schallende höfliche Erwiderung der ganzen Karawane. Die Männer ziehen die Röcke aus und tragen sie auf Stöcken. Die Frauen drängen zur Eile, um bei einem Bauern noch einen guten Gartentisch oder einen Sitz dicht unter seinem strohgedeckten Giebeldach zu gewinnen.

Endlich sieht man das Dorf mit seinem Kirchturm und dem seit Jahren bekannten großen Storchennest, das so unvordenkliche Rechte und Erbpachtansprüche der dort hausenden Storchenfamilie zu haben scheint, wie sie nur einst der alte General Möllendorf hier in seinem Schloßparke am Ende des Dorfes hatte, oder jener Liebhaber von Pfauen und türkischen Enten, die linker Hand einen großen hellen Wirtschaftsraum und ein stattliches Anwesen zieren.

Eine spröde Opposition des märkischen Bauern gegen Berlin und Berlinertum machte sich damals auch darin geltend, daß fast bis dicht unter die Tore der Stadt der Landbewohner seine allgemeine bäuerliche Art beibehalten hatte. Bis auf eine halbe Meile von Berlin glaubte man sich schon wie mitten in die Altmark, die Prignitz versetzt. Kleine niedrige Lehmhäuser mit dichten Strohdächern, eine düster schattende Linde vor dem Tor, Räder, Deichseln, Latten, den Eingang hemmend. Die Tracht nur ländlich, kurze Jacken, lederne Hosen, bunte Nachtmützen, die Sprache plattdeutsch, frei noch von dem scheußlichsten aller deutschen Dialekte, dem der Hauptstadt, auf dessen nicht unmögliche Ausrottung eine Regierung, die wahre Volksgröße liebt, einen Fonds für Prämien aussetzen sollte.

Was gab es bei einer solchen Wanderung nicht zu behorchen, zu belauschen! Der Knabe steckte die Nase in alle düngerdustenden Ställe, in alle so eigentümlich trockenlustigen Scheunen, kletterte auf die würzigatmenden Heuböden, sammelte im Garten an den Kirschbäumen vergessene, gedörrte, von den Vögeln angepickte süße Reste, sammelte Harz, das man mit den Fingern zu kunstvollen Geweben abspann, ging auf die Raupenjagd im Kohl- und Rübenfeld und dämmerte hin in jener traumseligen Gedankenlosigkeit der Kinder, die das Große und Wichtige übersieht und sich an einer kleinen, aus Steingeröll hervorgesuchten Blume oder einem Brombeerheckengewirr, durch das sich blaßrote oder blaue Winden schlängeln, oder an einem Marienkäfer, den man sich über die Hand laufen läßt, die größten und beneidenswertesten Welten ausspinnt.

Die Kraft der geistigen Sinne wächst. Sechs Jahre war der Knabe alt, als ihn ein Weltereignis aus dem ersten dumpfen Chaos des kindischen Ichs wachrief. Es war die Jubelfeier der Reformation. Die Bedeutung dieses Festes wurde vollkommen verstanden. Der lebhafte Sinn des Vaters wußte das Verbrennen des Tetzelschen Ablasses, das

Anschlagen der freien Glaubenssätze an die Wittenberger Kirchentür und alle Fingerzeige Gottes in dem Leben des großen Volksmannes so anschaulich zu machen, daß die Glockentöne, die drei Tage lang wie ein bewegtes Meer der Lüfte zu wogen und zu brausen nicht aufhören wollten, auch die ganze Seele ergriffen und zum protestantischen Hochgefühl erhoben. Voll eitel Sonnenschein und wie ein einziger dreitägiger Glockenton ist denn auch diese erste historische Erinnerung. Ihr folgte die Kunde von Napoleons Tod, der auf den Straßen mit nicht viel Siegergroßmut angekündigt und ausgerufen wurde. Dann kam der Kampf der Griechen und Türken. Er wurde nachgeahmt in allen Kinderspielen, wo jeder Grieche, niemand Türke sein wollte und zuletzt das Abzählen entscheiden mußte.

Sands Ermordung Kotzebues fand schon im Knaben die ganze parteiische Würdigung, welcher selbst berühmte und ernste Männer wie de Wette nicht haben widerstehen können. An allen Bilderläden, hinter Fenstern und auf offener Straße hingen die Darstellungen der Ermordung Kotzebues, wiedergegeben in allen Einzelheiten, bald im Moment der Anmeldung Sands vor Kotzebues Wohnung in Mannheim, bald im Überfall und Niederwerfen des Schlachtopfers oder in der Gefangennehmung des Mörders, wo sich dieser vergebens zu töten versucht hatte. Später gesellten sich noch alle Momente der Urteilsverkündung, die Fahrt zum Hochgericht und das »Richten« selbst hinzu. Überall hing Sands Bildnis. Von hundert Rauchern hatte der vierte Teil gewiß einen Pfeifenkopf mit dem Abbilde des Mörders, der vom Vater mit unbedingtem Abscheu verurteilt, von der Mutter mit den Worten bemitleidet wurde: »Der arme junge Mensch!«

Die Nähe der Universität brachte mit der damaligen Studentenschaft unmittelbare Berührung. Der Vater nahm den entschiedensten Anstoß an der altdeutschen Tracht, verspottete den Turnlehrer Jahn mit der bittersten Abneigung und erstickte die heiße Sehnsucht des Knaben, sich im Zwillichkittel für die Hasenheide anwerben zu lassen, durch eine Flut von Verwünschungen so gottlosen, hochmütigen »Narrentreibens«. Es stellte sich immer mehr ein Bruch zwischen Stillstand und Bewegung im Hause heraus, ein Bruch, der einem in die Nähe von hohen Staboffizieren gerückten Manne früh zum klaren Bewußtsein kam. Auch die bis zum neuesten Datum so angewachsene Verachtung der Volkswehr durch eine disziplinierte Armee gab sich in den Worten kund, daß diese jungen Boxer und Balger aus der Hasenheide mit ihrem »Hansnarren«, dem Professor Jahn, an der Spitze, beim ersten Kanonenschuß, den sie von den Franzosen hören würden, davonlaufen würden.

Das Turnen wurde für eine überflüssige Spielerei erklärt, die Soldaten hätten springen und laufen können auch ohne Turnerei. Ja, was sehe man denn, hieß es – Verwilderung! Straßenjungen werben's! Darin hatte das strengste Urteil recht, daß der Kriegstaumel noch in allen Köpfen spukte und von der Schuljugend die wildesten

Scharmützel in den Straßen geliefert wurden. Vor dem eigenen Haustor erlebte man eine dieser Schlachten, die von einem Turner mit einem grünen italienischen Fischernetz auf dem langbehaarten Haupte befehligt wurde und zur Folge hatte, daß einige Kämpen bluteten. Dem militärischen Sinne des Vaters waren schon allein diese langen Haare ein Greuel. Er nannte sie, da sie sich bei den meist blonden Köpfen nicht lockten, Lichtstecken, Talglichter, Besenreiter, Flachswocken – Junker Tobias von Rülp konnte von Junker Christoph von Bleichenwangs Haarwuchs nicht anzüglicher reden. Die grauen Kittel und die Hosen der Turner wurden mit den Zwillichkitteln der Festungssträflinge verglichen. Von Jahn hieß es, dieser Mensch »sollte sich der Sünden schämen, mit den Kindern solche Narrenstreiche auszuführen«. Ein einziger »Bauernjunge aus Klempenow oder Löcknitz bräche diesen Taugenichtsen in der Hasenheide alle Rippen entzwei«. Stangenklettern, Reckspringen, Boxen und Ringen waren »brotlose« Künste. Und als dann gar Kotzebue von einem solchen Turner, einem solchen Studenten im altdeutschen Rock und mit langen »Lichtstecken« von Haaren ermordet wurde, da »hatte man die Bescherung«. Auch wurde die Hasenheide geschlossen, Jahn gefänglich eingezogen, die Turnerei als staatsgefährlich für lange Jahre verbannt.

Jahn, hundertmal in frühester Kindheit gesehen, steht dem Erzähler so lebhaft mit seinem gleichsam viereckig gezogenen Gesicht vor Augen, daß er erstaunen muß, in seinem Standbild in der Hasenheide wenig Ähnlichkeit anzutreffen.

Ein »Weltereignis« war auch der Brand des Schauspielhauses. Wie sich das Reformationsfest eingeprägt hat als ein ewiges von den Linden abwärts herübersummendes Glockenläuten und das bei glücklichstem Sonnenschein, so zwei Jahre später der schwarze, wieder von den Linden abwärts wallende, den ganzen Himmel schwärzende Rauch, der tagelang nicht weichen wollte. »Ihr bleibt zu Hause!« Dies mächtige, entscheidende Mutterwort steht wie in Erz geschrieben aus dem Getümmel noch jetzt im Gedächtnis. Das war ein Trommeln, ein Blasen, ein Fahren, ein Lärmen, ein Sturmläuten und diese Flammen, diese knisternden tausend Funken, diese verwehten angebrannten Papierstreifen, Ifflands alte Rollen, Kotzebues beliebteste Stücke, alle herumfahrend in der Luft, Zindelschnitzelchen, die noch der Knabe weit vom Schauplatz des Brandes entfernt glitzernd auf dem Fußboden fand, Atome der dem Knaben noch unbekannten »wirklichen« Bühne, Wunder des Geheimnisses so ausgestreut und verzettelt über alle Straßen im Tageslicht!

Es war eine Begebenheit, die sich noch in ihren Folgen lange durch die Knabenzeit hinzog, denn auf den Brand folgte das Besichtigen der Brandstätte und der Schinkelsche Neubau, der mehrere Jahre lang alle benachbarten Straßen versperrte.

Die Eltern, uneinig über die Turner und Kotzebues Ermordung, waren einig in der Abneigung gegen die »Komödie«. In den Kirchen predigte der immer mehr um sich greifende Pietismus gegen die Bühne. Den Brand der Stätte, wo Iffland gehaust hatte,

Iffland, der dem Volk mit Sünden bis über die Ohren behaftet gewesen zu sein schien, nahm man für ein Zeichen der endlich erschöpften göttlichen Geduld und Langmut.

Der in der größeren Welt noch völlig blinden Umsicht ging für die kleinere immer mehr das Auge auf. Es wird eine entsetzliche Erfahrung des Kindes, daß die Welt so voll böser Elemente steckt! Diese Erfahrung wird nicht auf einmal gemacht, sie kommt langsam. Erst allmählich schleicht sie sich in sein Gemüt, das von Natur voll Glauben ist und überall gute Menschen voraussetzt. Böses wird wohl gefürchtet, aber das kommt aus den Zuchthäusern, aus keinem Zusammenhang mit der Welt des Kindes. Aber die Zuchthauswelt rückt näher und näher. Neid, Mißgunst, Verleumdung, Hinterlist, Verstellung, Schmeichelei, Geiz und Habgier werden an täglichen Begegnungen erkannt. Welche Szenen, wenn böse, lügnerische Ankläger zur Rede gestellt wurden! Die väterlichen Dienstverhältnisse zeigten die Menschen im Wettlauf nach demselben Ziel der Anerkennung und Auszeichnung. Einer suchte den andern zu überflügeln, und nicht selten wurde dabei nach schlechten Mitteln gegriffen. Schmeichelei gegen Vorgesetzte verfehlte selten ihren Zweck. Liebedienerische Unterwürfigkeit wurde willkommener geheißen als biedere Gradheit und eine dem Vater eigene humoristische Vertraulichkeit selbst mit den vornehmsten Personen, Exzellenzen und Hoheiten. Den meisten der Untergebenen geht auch der Blick für das Menschliche an den Vornehmen ab, und die Vornehmen wieder sehen es lieber, wenn sie als Begriffe, nicht als Menschen genommen werden. Wie liebte und rühmte man die wenigen gemütlichen Ausnahmen bei einzelnen hohen Offizieren und Kriegsräten! Und wieviel Wunderkraft, glücklich zu machen, besitzen nicht die Großen! Sie brauchen eben nichts zu tun, als sich rein menschlich zu geben.

Das Beklemmendste war, daß so viele Menschen aus dem Bann der überlieferten Ordnung herauszutreten schienen und sogleich auf klippenreicher Schwindelbahn erblickt wurden. Die grübelnden, brummischen, geizigen, gehässigen Berufsmenschen zogen den Knaben nicht an. Aber von denen, die immer Lachen, immer Freude verbreiteten, stellte sich nur zu bald heraus, daß ihre Luft eine schlimme Kehrseite hatte. Der warf blanke Taler auf den Tisch und rief nach Geigen und Flöten; der kam mit blitzenden Geschenken und gewann sich jedes Herz allein schon durch seine frohgemuten Augen. Aber wehe, bald ergab sich, daß der liebenswürdige Schelm ein Spieler, ein Schlemmer war. Bald wurde auch seine Heiterkeit frostiger, sein Auge matter, seine Hand magerer, seine Rede zerstreuter, sein Kleid ärmlicher. Der, der sonst gab, nahm nun. Der, der sonst lustig tanzte, saß nun grübelnd hinter dem Ofen, glücklich, wenn man ihn duldete und ihn niemand um sein Befinden anredete. Das Volksleben ist so reich an diesen traurigen Gegensätzen. Zumal in jener Hauptstadt, wo die Mehrzahl der Bewohner aus Armen und Unbemittelten besteht.

Berlin ist recht eigentlich die Stadt der verkommenen Menschen. Als der Strudel des Elends, der rasch verschlingende, erschien damals vorzugsweise die allgemeine Gewerbefreiheit, das viel zu leicht und viel zu früh erworbene Meister- und Bürgerrecht. Der Trieb der Isolierung, der ebenfalls auf dem Lande den alten Halt und Zusammenhang schon genug in Elend aufgelöst hat, reizt auch hier zum selbständigen Lebensversuch die allerschwächsten Kräfte. Der Gesell, nach Freiheit, Besitzstand trachtend, »etabliert« sich und wirst den Köder seiner vor dem Hause ausgestellten Stiefel oder Kämme oder Nägel wie in ein großes Meer aus. Ost hält der Zufall vorm Laden an, noch öfter aber strömt die große Woge vorüber. Die erste Meisterschaft wird nicht ohne Selbstgefühl empfunden. Man hat ein Mädchen, eine Witwe geheiratet, die einige hundert Taler einbrachte. Nun arbeiten statt des jungen Meisters Gesellen. Jener genießt seine Freiheit, lebt unter dem Vorwande des Kundenbesuchs außerhalb des Hauses und gerät in die Unsumme der kleinen Verführungen, die aus Kellern und Spelunken aller Art heraus ihre verderbenbringenden Arme strecken.

Und was sind diese Verführungen! Wie unschuldig scheinen sie! Wie erlaubt dünkt ihr Genuß! Eine in einer Pfanne schmorende brenzliche, übersalzene Bratwurst – wahrlich, in einer Stadt, wo man um zwölf Uhr zu Mittag ißt, kann diese um elf Uhr genossene Bratwurst der Ruin eines Lebens werden.

Ihr lacht und spottet des Erzählers? Der Stufengang ist einfach. Der »kundenbesuchende« junge Meister tritt in eine jener »Frühstücksstuben«, wo die Bratwurst in der Pfanne so verlockend schmort. Er wird sich ein »zweites Frühstück« geben lassen. Mit diesem »zweiten Frühstück« beginnt sein Verderben. Das scharfe Salz und der Pfeffer wecken den Durst. Der Trunk und der schon halb gesättigte Appetit heben die Kraft und Unternehmungslust des sonst so genügsam dahinschlendernden Gesellen. Auf einen Exzeß folgt der andre. Die Mittagszeit, wird sie nicht versäumt, kommt zu früh, der häusliche Tisch mundet nicht. Nichts verletzt die Gattin mehr als das Verschmähen ihrer Kost. Auch überbietet sie vielleicht ihre Kraft. Im günstigsten Fall löst der Nachmittagsschlaf die Verstimmung. Der Meister erwacht gegen Abend, wo die angezündeten Straßenlichter zu neuem Leben außer dem Hause reizen. Wer in dieser Stufenfolge den allmählichen Ruin eines Handwerkers schildern und diese Schilderung mit den einfachen Worten: »Das zweite Frühstück« überschreiben wollte, würde das Elend von Tausenden treffen und ein Volksbuch liefern. Vom Spiel und der Bauernfängerei, die hier im natürlichen Gefolge sind, haben wir dabei noch nicht gesprochen.

Es ist erschreckend, wenn auch wohltuend zu gleicher Zeit, daß unter diesen wildwachsenden aufschießenden Meistern der wahre Stachel des Fleißes und der guten Sitten meistenteils die Umsicht der Frau ist. Der Erwerbstrieb geht von ihr aus. Die Religion kommt zuweilen zu den häuslichen Springfedern hinzu, aber sie verliert in unseren Tagen immer mehr an Elastizität. Dies ist nur die Folge des Pietismus, der dem Menschen des Strebens und Schaffens, wie ihn die Zeit braucht, widerstrebt. Und Religionsbedürfnis ist da. Nur sollte man an die Stelle des schwankenden Haltes der positiven Religion entweder das Gemeinschaftsgefühl des Deutschkatholizismus und der freien Gemeinden oder die politische Emanzipation, das Bewußtsein der bürgerlichen Rechte, das veredelnde, den ganzen Menschen hebende Gefühl einer unmittelbaren Beziehung zum großen Ganzen setzen.

Das freie, unverkümmerte Stimmrecht, das Stimmrecht, das uns die Reaktion verkürzte, das Stimmrecht in einem wahrhaft neugebornen Staatsleben wird eine rückwirkende Kraft auf die religiöse und sittliche Weihe des Volkes werden. Denn unwiderleglich ist es, daß die unverkümmerte, gesetzlich organisierte Teilnahme am Staat die unteren Stände hebt, läutert, zur innern Sammlung führt, den Wetteifer in allem Guten fördert. Die Proletarier des Handwerks, zu denen man die kleinen Meister zählen muß, hat man sich zu unversöhnlichen Feinden gemacht, als man ihnen das eine Zeitlang genossene Stimmrecht wieder nahm. Es ist nicht das beleidigte Ehrgefühl allein, das in ihnen auf Rache sinnt, sondern das Gefühl der weggezogenen Stütze ihrer sittlichen Erhebung. Sie ahnten, daß sie leichter entbehren, leichter arm sein konnten, wenn irgend etwas an ihnen geachtet wurde, ihr Name, ihr Gewerbe, ihr Mietzins, ihre Miet-, ihre Gewerbesteuer. Sie ahnten, daß durch das erst so glückliche, dann unterbrochene Experiment an ihrem sittlichen Menschen gerüttelt wurde, und werden noch lange unversöhnte Feinde der jetzt in unserem Lande waltenden Ordnung bleiben, während sich die Intelligenz in ihre Verstimmung leicht gefunden und in anderen Dingen Trostgründe gesucht hat für das, was auch bei ihr verletzt wurde.

So ist denn nur der einzige wahre Halt des kleinen Handwerkers seine häusliche Ordnung, sein Herd, seine Familie, sein Weib. Allerdings hat sich die königliche und priesterliche Kraft des Weibes, einst so heilig gehalten von den Kelten und Germanen, verloren bei Hysterie, Nervenschwäche, Salonbildung, aber doch noch nicht ganz am Strickstrumpf und Nähzeug. Zum Glück findet der Handwerker, wenn er ein Weib nimmt und dazu entweder eine dienende Magd oder eine Näherin wählt, in den meisten Fällen ein Wesen, das ihm den gewagten Schritt, ihr zu Liebe sein Gesellen- mit dem Meistertum zu vertauschen, nicht bis zum Untergang gefahrvoll macht. Diese Frau nimmt sich der Küche, der Ordnung und Reinlichkeit des Hauses, der Wäsche ebenso an wie des Geschäftes. Sie drängt zum Fleiß, spekuliert auf Kundschaft, kauft Vorräte und hat ihr Auge überall. Der Mann, oft ein Simpel, steht verlegen, wenn bereits sein Weib im Zuge ist, Kunden zu gewinnen, zu vertrösten, ihnen zu »flattieren«. Ihr Mundwerk hilft ebenso nach wie ihre rührige Hand. Diese Frauen sind die Musterbilder ihres Geschlechts. Sie tragen alle Tugenden, freilich auch alle Fehler der Gattung an sich. Ohne Flunkerei, geringes Wertschätzen einer gegebenen Versicherung geht es dabei nicht ab. Sie erzürnen sich schneller, als sie zu gewinnen sind. Sie sind der Verstand und die Leidenschaft des Mannes, der nur in einzelnen Fällen wild, dann freilich bis zum Tier werden kann, sonst aber mehr als das Weib das Herz des Hauses ist. Mildtätig sind diese Frauen mit vorsichtiger Prüfung. Geben sie, so rührt sie das allgemeine Los menschlichen Elends, das sie überhaupt mehr zu fürchten haben als der Mann. Dem allgemeinen Fluch des Menschengeschicks steht das Weib näher als der Mann. Beim Arbeiter ist die Frau noch die »Gehilfin« des Gatten, wie es die Bibel will, und hält am Baum der Erkenntnis die Wacht. Sie kann des Mannes Glück und Verderben werden.

Sonst waren im Volke Frauen, die sich in die Lage ihres arbeitenden Mannes nicht finden können, einzelne seltene Ausnahmen. Putz-, Vergnügungssucht und die Näscherei waren die Klippen. Jetzt sind diese Untugenden der Weiber, verbunden mit der Trunk- und Unabhängigkeitssucht der Männer, maßgebender geworden für die ganze Lage des Arbeitsstandes, seine moralische Bildung, seine überspannten Forderungen. Dem Knaben fiel zu seiner Zeit die Schwatzsucht der Frauen aus dem Volk auf. Die Schwätzerinnen redeten »ein Loch in die Wand«. Ost mußte ihnen der Mann drohen, ihnen »das Maul zunähen« zu lassen. Sie verschwätzten die Zeit auf dem Markt, am Brunnen, mit der Nachbarschaft. Sie überrühmten sich selbst, ihr Hauswesen, ihre Ordnung, und doch ging alles »hinter sich«. Die allzu lebhafte Phantasie, die es oft allein ist, welche eine solche ungebundene Zunge entfesselt, bricht »Rand und Band«.

Nicht selten hilft schon der Trunk den erschlaffenden Geistern nach, die das Bedürfnis haben, so immer außer sich zu sein. Dann ergibt sich das jammervollste Bild des Volkslebens. Ein ehrsamer, friedlich-still arbeitender Mann und ein Weib, das ihm Schande bringt, das er züchtigen muß, das ihm das »Bett unterm Leibe« verkauft, versetzt und überall Unsegen stiftet. Im glücklichsten Falle wird die Unwürdige zuletzt geistesschwach, kindisch und erlischt wie ein Licht unter ihren Kindern, die mit dem Vater gegen die eigene Mutter wie in steter Verschwörung aufwachsen müssen. Scheidung von einer unglücklichen Wahl durch die Gerichte? Wie kostspielig das, der spätere Aushalt einer Geschiedenen ist gar nicht zu erschwingen! Nicht selten erbittern sich zwei ungleiche Ehegatten zu solchem Haß, daß sich entweder der Vorsatz zu einem Verbrechen langsam in die Seele schleicht oder einmal plötzlich die Verzweiflung und Leidenschaft zum Ausbruch kommen. Wir entschuldigen jetzt so viele Motive zum Verbrechen und wahrlich auch hier! Aber das Volk denkt nicht so. Das Bewußtsein des Unrechtes und der nie zu vergebenden Schuld liegt ihm doch tiefer. Der Mörder eines Weibes, das ihm zur Lebensplage geworden, wird seine Schuld zugestehen, wird sein Leben zur Sühne bieten, sich an sonstige Fehler seines Innern halten, die auf sein Armsünderbild passen. Ist auch die Vorstellung von einem angebornen, »von Gott eingesetzten« Richteramt der Familie unter sich, des Vaters über den Sohn, des Gatten über die Frau tief eingewurzelt, zur Entlastung wird sie vom Schuldigen selbst nicht benutzt. Die eleganten Mörder aus der Pariser Jockeiklubwelt, die ihre untreuen Gattinnen niederstechen, verlassen sich jetzt auf Freisprechung und finden sie auch.

Ost führt der Dämon der Eitelkeit und des Vergnügens, wenn er auch den Mann ergreift, an den Bettelstab. Die Zwischenstationen dieser Wanderschaft sind mannigfach. Nicht alle sind sogleich von zerrissenen Lumpen bezeichnet. Da schmettert die Trompete zu einem Ball, da klimpert ein geschniegeltes Töchterlein am Klavier, da bricht bei einem Gastgebot fast der Tisch von Speisen und von rauchenden Punschbowlen. Die kleinen Meister, die es leidlich »zu etwas gebracht« haben, wurden meist durch ihre Weiber zur Teilnahme an einem damaligen Grundverderben des Volkslebens geführt, den »geschlossenen Gesellschaften«.

Diese »Kränzchen« sind Ketten, die ins Armenhaus ziehen. Irgendein verdorbener Gelegenheitspoet, ein Privatschreiber, ein Winkeladvokat, ein leichtsinniger Schulmeister, der seine Stelle verlor und für wenige Groschen Unterricht im Französischen und auf dem Klavier erteilt, gibt die erste Anregung, wo sich dann zehn, zwölf. zwanzig armselige Familien von eingebildet wohlhabenden Handwerkern (eingebildet, weil ihre Gesellen momentan zu tun haben) zu Sommer- und Wintervergnügungen vereinigen. Lebte hier die unschuldige Freude und die harmlose Erholung, wer würde diese »Uranias«, »Thalias«, »Odeons«, »Museums«, »Erheiterungen«, »Erholungen«, »Eintrachten« usw., wie sie damals hießen, verpönt haben! Aber sie wurden die Tummelplätze sittlichen und gesellschaftlichen Verderbens. Da werden die Läden eines einsamen Tanzbodens geschlossen, um acht Uhr finden sich aufgeputzt die Familien ein, Mann und Weib und Kind, die Geige lockt, der Brummbaß schnurrt, die Trompete schmettert, der Tanz beginnt.

Noch jetzt wären die Wirbel und Strudel zu passieren, noch hat das Fahrzeug kein zu großes Leck. Aber der tolle verdorbene Sprachmeister oder Winkeladvokat, der den herrlichen Namen dieser Freuden erfunden hat, ruht nicht. Sein Genius will freie Zeche haben. Er macht den Petitmaltre, den Tanzmeister, den Kuppler. Er bringt die Gesundheiten aus, läßt die Subskriptionsbogen wandern zu einem Extraball. Die Ansprüche der Rivalität steigern sich. Die Frauen, ihre Töchter, überbieten sich in Ausschmückung ihrer knospenden oder welkenden Reize, die Männer zechen nicht mit jenem Maß, das ihnen die Börse oder der Durst mißt, sondern im erwachenden Trinkmaß des Übermutes, der Wettlust, der Prahlerei. Diese Ressource, dies Kränzchen, Kasino, das als eine »Erholung« von zwölf ehrbaren Schlosser-, Tischler- und Schneidermeisterfamilien anfing, hat nach drei Jahren kein einziges Mitglied der ersten Stiftung mehr, sondern wuchs über die entweder zur Erkenntnis Gekommenen oder die bürgerlich Gescheiterten hinweg zu einem immer üppigeren Gebaren, das in die Hände der Gesellen, Schwindler, Lustigmacher, Friseure, Barbiere geriet und zuletzt mit der Errichtung eines Liebhabertheaters endet.

Nach mancher Richtung hin hat da die Zeit würdig aufgeräumt. Die Handwerkervereine haben auch das Familienleben des Arbeiterstandes zu veredeln gesucht. Die Männer vereinigen Weib und Kind nicht nur zu Vergnügungen, sondern auch zu geistiger Anregung, die mit der geselligen Erholung verbunden ist. Schon in den 48er Zeiten brachten die »Bezirksversammlungen« den gemeinen und gebildeten Mann zusammen; der Handwerker sah in seinen Reihen den Gelehrten, den Beamten, den Kaufmann, und nur eine Stimme herrscht darüber, wie veredelnd für die Niedrigen, wie anregend für den Höhergestellten diese harmlosen, oft wissenschaftlich eingeleiteten »Bezirkskränzchen« der Handwerker und kleinen Leute gewirkt haben.

Die Gewehrkolben der Reaktion machten auch mit diesem Fortschritt der Volksbildung den bekannten staatsrettenden Kehraus, und die alte Wirtschaft der gedankenlosen Genußsucht war wieder in solcher Blüte aufgeschossen, daß wir schon damals aus innerster Überzeugung erklären mußten, das Leben der Religion und des Christentums im Volk sei nur zu retten durch die Kultur der freien Gemeinden, durch die bewußte Bürgertugend, die staatsrechtlich begründete Demokratie. Dann kehrte man den Spieß um, entfesselte alles, nur nicht die Demokratie der anständigen Leute, und hat nun mitten in Genußsucht und Schwindel unser gegenwärtiges »soziales« Chaos, aus welchem uns weder die österreichisch-deutschen Ministerialkonferenzen noch die »Kathedersozialisten« retten werden.

Der Ruin der um ihren innern sittlichen Halt gekommenen Handwerkerfamilien ist kein plötzlicher Bankrott wie beim Kaufmann. Der Handwerker schleppt sich eine Reihe von Jahren hin, in bald ab-, bald aufsteigender Linie. Die aufsteigende ist zuweilen ein plötzlicher Kredit, ein Lotteriegewinn, eine Lieferungsarbeit mit Vorschüssen, ein vermieteter Halbteil der Wohnung, eine zweideutige Hausfreundschaft, eine Bekanntschaft des inzwischen aufgeschossenen »Fräuleins Tochter«. Die absteigende ist das Mißverhältnis zwischen der Einnahme von den Kunden und der Abzahlung an die Lieferanten des Materials und des Handwerkszeuges, ein Zusammenstürmen der Forderungen von allen Seiten, ein sittlicher Eklat, den entweder die Eifersucht des Ehegatten oder ein anderes Urrecht der Natur bei der Tochter herbeiführt. Dann sieht man plötzlich Handwerker ihren bisherigen Erwerb aufgeben. Im Falle des Glücks springen sie in die zweideutige Gesellschaftsklasse der kleinen Spekulanten und Krämer und werden »Restaurateur« oder »Cafetier«, Gastwirte oder Händler mit täglichen Lebensbedürfnissen. In Berlin hat die Anlegung von Vergnügungs- und Trink- und Speiselokalen einen Umfang erreicht, der weder für die Statistik des Nationalreichtums noch für die der Moral erfreuliche Tatsachen abwerfen kann.

Das großstädtische feinere Gewerbs- und Handelsproletariat ist besonders deshalb so schwer zu bekämpfen, weil seine vorzüglichste Eigenschaft in dem Heldentum besteht, das im Volk »das große Maul« genannt wird. Dies Proletariat klagt nicht. Es geht nicht in Lumpen, blickt nicht hohläugig, schleicht sich nicht furchtsam an den Häusern entlang. Das Proletariat des Schwindels und des »großen Mauls« trägt Siegelringe an den Fingern, goldne Ketten über roten Samtwesten, schnurbesetzte Paletots über dem wohlgenährten Embonpoint. Es ist überall zugegen, gibt den Ton im Theater an, in den Weinstuben, auf den Promenaden, schreit und peroriert und war auch das eigentliche Verderben der Märzbewegung. Die Gesinnungslosigkeit dieser Menschenklasse ließ sie das, was gerade die Ordnung des Tages war, »großmäulig« proklamieren, ob es sich nun um Demokratie oder Reaktion handelte. Lasterhaftes, freches Menschengeschmeiß von existenzlosen Schwindlern, halben Bankrottierern, Goldarbeitergesellen, die sich Juweliere nennen und Läden mit erborgtem Kram eröffnen, verdorbenen Bäckern, die sich zu Kornmaklern aufwerfen, Schreibern, die Häuser administrieren, Pflastertretern aller Art, vom »bummelnden« Geheimsekretär an, der seine eigene Frau zu den vortragenden Räten schickt, die entscheiden müssen, ob ihm eine Gratifikation bewilligt werden kann, bis zum wirklich begüterten, wirklich verdienenden Maurer-, Steinmetzen-, Bäcker-, Fleischermeister, der aber aus Eitelkeit seine Kräfte überspannt, wenn er sich Pferde, Wagen, Bediente hält; dies ganze noble großmäulige Publikum der Großstädte griff 1848 ebenso rasch nach den Büchsen der Bürgerwehr, wie sie diese wieder wegwarf, gab Adhäsionsadressen den Advokaten oder den Soldaten, den März- oder den Novemberministern und fügte sich in alles, was ihm erlaubte, sich mit seinem hohlen, übergoldeten Elend in den Vordergrund zu drängen und durch sein im Volk bekanntes »Maul« den tiefinnern Schaden der echten Bürgertugend und des häuslichen stillen Wirkens zu verdecken. In unsrer Zeit ist allen diesen Elementen, wenn nicht der Zutritt, doch die engste Verbindung mit der Börse ermöglicht worden. Die »Bauwut« und der »Häuserschwindel« haben neue Felder der Bewährung für das seidne Lumpentum eröffnet.

Das Wühlen und Ringen um Existenz erschien bereits dem Kindesauge wie etwa Ungeheuerliches, das dem Leben Farbe und Duft abstreift. Der Druck, der auf dem Dasein liegt, wurde leidvoll nachgefühlt. Ein naturwüchsiges Walten des Fleißes verbirgt sich so still in einer friedlichen Werkstatt. Die Rouerie aber lärmt auf dem Schauplatz und schneidet den Blick ins echte Leben ab. Am Staate nun vollends will sich eines jeden Scheiternden Hand zur Rettung anklammern. Dem Staate und seiner Ämterfülle trägt sich die Not mit Käuflichkeit und mit einer um jeden Preis zu habenden Gesinnung an. Da wird nicht untersucht, wer gibt, in welchem Sinne gegeben wird, in welcher Voraussetzung; man nimmt, langt zu und beschwört alles, was der »Brotgeber« fordert. Was sollen die Sprossen jenes goldenen Proletariats tun, wenn sie nicht untersinken wollen? Der Vater heuchelt für den Sohn. Der Sohn quält sich, die Verheißungen des Vaters wahr zu machen. Ein ungeheurer Jammer stöhnt sich von der Brust von Tausenden los, wenn sie ihn noch fühlen. Die meisten haben den Fluch eines solchen Lebens schon für Segen hingenommen, spielen mit den Ketten, klirren sich mit ihnen eine angenehme Musik, denken nur nach dem allgemeinen herrschenden Kanon der öffentlichen Moral und bringen Urteile zutage, die unsre Menschenwürde in Frage stellen.

Und trotzdem ist dies von 1815 bis 1855 servile Berlin eine demokratische Stadt geworden! Schon früh entdeckte der Knabe mehr Gesinnungslosigkeiten bei den Gebildeten, die er bald kennenlernen sollte, als bei den Armen, die ihm charakterfester erschienen. Die dienenden Volksmassen sind auf ein frühes Herausstellenmüssen wirklichen inneren Wertes angewiesen. In des Erzählers Jugend waren die Dienstboten noch »treu, fleißig, ehrlich«, was ihnen jetzt nur formell bescheinigt wird, wenn sie auch alle vier Wochen wechseln. Fleiß, Güte, Treue, gehorsame Charaktererforschung der Obern, Fügen in fremde Art, hebt die sittliche Kraft. Ein Handwerker, der eine Dienende heiratet, sorgt besser für sich, als wenn er die Tochter eines Meisters gewinnt. Ein guter Diener ist besser als ein schlechter Freiherr, sagt das Sprichwort. Daß aber Kleider Leute machen, sieht man am ersten am Dienenden. Je schmucker die Uniform, desto leerer der Inhalt. Je mehr der Herr verrät, daß sein geputzter Diener eine Erfindung seiner Eitelkeit ist, desto mehr wird sich der Diener als bloßer Statist fühlen. Wer Diener wie Herren kleidet, wird des Dieners Diener, wenigstens muß er ihm noch geringere Kräfte mieten, die das verrichten, was der geputzte Hanswurst selbst sollte. Jede blanke Tresse am Rock ist ein gereinigtes Tischmesser weniger. Köchinnen sind komische Figuren der dienenden Welt. Sie ersparen in kleinem Betrug und werden meist im großen selbst betrogen. Schwarz am Herde, glänzen sie gern Sonntagabends bei Licht. Sie haben die kostbarsten Kleider, tanzen am eifrigsten, müssen aber, je älter sie werden, für ihre »Liebenswürdigkeit« desto stärkere Ausgaben machen. Der Soldat, der junge Handwerker betrügt sie um ihre Ersparnisse.

Eine dem Knaben halb noch unverständliche Klasse von Dienstboten waren die Ammen. Es gab ihrer von allen Sorten. Ammen, die wie scheue Tauben ängstlich auf einem Hofe einherschlichen, andre, die wie aufgeblähte Kalekuten stolzierten. Wie es möglich war, daß diese geputzten, in den besten Zimmern verweilenden Wesen außer dem vornehmen Kinde noch ein eignes daheim haben konnten, wurde vom Kinde schwer begriffen, aber manches Weinen wurde beobachtet, wenn ein junges Wesen, das »als Amme diente«, irgend in einem dunklen Dachstübchen erschien und rasch ein gleichsam im vornehmen Hause Erspartes an Muttermilch ihrem eignen schmachtenden, bei ärmsten Leuten oder Verwandten »auf die Ziehe« gegebenen Kinde darreichte.

Vom Volke kann man nicht sprechen, ohne die Juden zu erwähnen. In jenen Tagen schienen sie dem gemeinen Mann noch mit dem Seelenfänger, dem Teufel, in Verabredung zu stehen. »Der Jude kommt!« war noch ein Schreckwort für den Knaben. Bald aber hielt man selbst einem mit einem Barte stand, wie dieser noch ab und zu in der Spandauer-, Bischofs-, Jüden-, Kloster- und Münzstraße heimisch war.

Die blitzenden Augen, die scharfen bestimmten Mienen des Antlitzes, die wohlklingenden Akkorde der Betonung nahmen sogar bald für einen Freund des Hauses ein, der zwar auch in unmittelbarer Deszendenz von jenen »Jüden« der Bibel stand, die den Heiland gekreuzigt hatten, aber Herr Levi brachte Schalkhaftigkeit mit, Neuigkeiten, Wunder aus der Welt, fragte so beflissen nach den Fortschritten in der Schule und sprach so liebevoll von seinem eigenen Jungen zu Hause, der geradeso groß wäre wie unsereins, und das nächstemal wollte er den kleinen Moses mitbringen. Bringt ihn dann Herr Levi mit, so greint er allerdings, ist ganz das Gegenteil dessen, was der Vater erwartete, fragt verdrießlich, faßt alles an, kennt keinen Respekt und macht dem Vater zu schaffen, der an seinem Moses etwas zu tadeln oder zu strafen nie in Versuchung gekommen ist, aber denn doch will, daß er bei den Leuten, mit denen der Vater handelt, einen guten Eindruck hinterläßt.

In den städtischen untern Volksschichten war vom Freihandel keine gute Meinung verbreitet. Das Seufzen über »die englischen Waren« verband sich beim apokalyptischen Vetter mit seinen Weherufen über seine Sünden. Er war ergeben in Gottes Fügungen, las aber doch zu eifrig in den Büchern der Geschichte, um zuzugeben, daß Gottesverfügungen und Ministerialverfügungen gleiche Verehrung verdienten. Die Lieblosigkeit des Staates gegen seine Kinder entsprang ihm aus dem allgemein herrschenden Unglauben, der nach ihm nirgends finstrer waltete als in den Köpfen der Staatsmänner. Und nicht nur die kleine Zahl der Musselinweber, die aus der Mode gekommen waren, klagte über die Politik der Hardenberg, Schuckmann, Klewitz, sondern durch alle Stände der Arbeitenden ging Seufzen und Jammern über die »hereinkommenden« Waren.

Wenn diese Menschen sich auf der andern Seite selbst gern ein wohlfeiles Pfund Fleisch vom Lande hereinschmuggelten und die Zollstätten und Metzger umgingen, so drückten sie den Naturzustand aus: Schütze die Arbeit, erleichtre die Ernährung! Freilich sagen unsere Nationalökonomen, daß hierin ein sich selbst aufhebender Gegensatz läge. Der Volksverstand könnte jedoch erwidern: Diese Selbstaufhebung verschuldet das Budget des Staates. Eine Schlußfolgerung, die auch im Volke nicht ausbleibt. Dies sagt einfach: Die Soldaten und die Beamten kosten zuviel! Und um dieser auf der Hand liegenden Wahrheit zu entgehen, erfindet man soviel nationalökonomische Systeme, die der Lüge *a posteriori* den Schein der Wahrheit *a priori* geben sollen!

Dem Staatsbudget, diesem allein sollten die Konsumenten, die Bauern, Rittergutsbesitzer, jetzt die Sozialisten die Polemik widmen, die sie dem Produzenten widmen. Man lehrt uns das Evangelium von der Ausgleichung. Freilich, der apokalyptische Vetter starb nicht Hungers, er hatte keine Familie und hätte von Wasser und Brot leben können, da ihn weit mehr nach himmlischer Speise hungerte und dürstete. Aber ganze Vorstädte verschmachteten im Elend.

Man sagt: Setzt die Zölle herab im Interesse des Konsumenten! Allein man vergißt, daß es im Staatsleben nicht darauf ankommen sollte, wer zuletzt lacht, sondern auf den, der zuerst weint, nicht auf die Begünstigten, sondern auf die Beschädigten. Oder beruht der moderne Staat nicht auf soviel Gesittung, daß man den Satz aufstellen könnte: Im Leben leidet immer der am meisten der den ersten Stoß bekommt?

Die Avantgarde ist am übelsten dran. Die spätere Ausgleichung kommt; ja, sie kommt auf dem Kirchhof.

Dem gesitteten Staat muß erst an der Arbeit und dann erst am Genuß gelegen sein. Wo Werte geschaffen werden, Menschenhände tätig sind, da ist es Pflicht des Staatsmannes, so behutsam und zart aufzutreten, wie in der Nähe von Kranken, die geschont sein wollen.

Ferner: Nicht nur grausam ist es, auf die Ausgleichung der sozialen Kirchhöfe, Hunger und Elend, zu verweisen; es sieht auch prekär mit dieser Lehre für dasjenige selbst aus, was sie anstrebt. Die Konsumtion und die Produktion gehen nicht mit gleichem Schritt. Sie marschieren ohnehin, da es über Leichen geht, nicht in gleichem Takt. Die Produktion hat ein rasches Tempo, sie schafft, um zu leben. Die Konsumtion geht langsamer, träger. Man kann tausend Produzenten getötet haben, ehe sich ein Konsument entschließt, den Vorteil, den ihm der Tod jener eintrug, wirklich anzutreten und zu verwerten. Denn wie sich der Mensch gewisse Dinge, und wenn sie noch so teuer sind, doch kauft, so versagt er sich andere, und wenn sie noch so wohlfeil werden. Ihr bietet dem sterbenden Arbeiter wohlfeile Kleiderstoffe. Gütiger Himmel, ist das eure Ausgleichung? Er kann von wohlfeilerem Kattun nicht leben, wenn seine Hand überhaupt nichts verdient. Freihändlerische Grundbesitzer tun, als wenn sich ein Fabrikarbeiter mit Baumwollenzeug ernähren könnte. Aber das Handwerkszeug wird wohlfeiler, sagt man dem Arbeiter, der eiserner Gerätschaften bedarf. Ihr Lieben, das Handwerkszeug ist für einen Arbeiter meistenteils eine Ausgabe, wie wenn ihr euch alle fünf Jahre einmal eine Badereise gestattet! Alle Tage schafft sich der Tischler Stemmeisen und Sägen nicht an. Die Lehre von der Ausgleichung macht sich wie ein mathematisches Exempel, das richtig auf dem Papier aufgeht, aber in Praxis geht sie nicht auf; denn der, der den ersten Stoß einer Neuerung empfängt, soll und muß im gesitteten Gesellschaftsleben soviel voraushaben, als hätte er statt eines Stoßes deren so viele erhalten, als genug sind, um ihm den Tod zu geben.

Es ist betrübend, daß ein Protest gegen den Freihändler wie eine Verteidigung jenes Schutzsystems herauskommt, das nur für die Aufstellung unserer Heere von Soldaten und Beamten erfunden ist.

In alle diese Eindrücke einer nun schon immer bewußter werdenden Jugend, in diese oft wie ein physischer Druck schmerzende Sehnsucht nach einem Leben voll reinerer und höherer Anschauungen, in diese gebundne ohnmächtige Knechtschaft eines schon früh mit seinen gegebenen Lebensbedingungen zerfallenen Jugendmutes fiel endlich ein Sonnenstrahl, der dem Knaben Licht, Erlösung, Freiheit brachte. Siehe da! Die Geschichten von Feen und mildtätigen Zauberern, deren der Knabe so manche aus den entliehenen Märchenbüchern seiner Mitschüler gelesen hatte, schienen sich plötzlich zu verwirklichen. Die Pforten einer Zauberwelt, goldene Pforten eines Lebens, wo man die Armut, die Leidenschaft, den Fluch der ewigen Mühe nicht kannte, rauschten auf. Es erfüllte sich die Ahnung einer andern Welt, die der Knabe geträumt, seit er eines Sommerabends am Opernhause in ein Fenster lugte und wunderschöne Männer in Harnischen, andere mit schwankend bunten Federkronen auf dem Haupte gesehen. An dem Eingang des Opernhauses las er, über diesen Götteranblick aufgeregt: »Heute: Ferdinand Cortez.« Aber nicht die Welt des Scheines allein tat sich mit so mächtigen Wirkungen auf. es war die wirkliche, die Welt des Reichtums und der Bildung.

VIII

Dem mit Blumen die morsche Zerbröckelung der Mauer verbergenden Fenster der Wohnung des Knaben, einem hohen, rundgewölbten, noch jetzt vorhandenen, gegenüber lagen stattliche Häuser. Da wohnten Bode, der Astronom, Osann, der Mediziner, Hufelands Schwiegersohn, Hufeland selbst, der Leibarzt des Königs, neben ihm der Generalstabsarzt der Armee, ein wohlwollender Herr, Dr. Göhrke (der den Knaben in seinen Zimmern duldete, falls sich dieser die über einer großen befestigten Schuhbürste geschriebene Weisung am Eingang des Hauses: »Merls« gründlichst gemerkt hatte), und des Königs Zahnarzt, Lautenschläger. Alle diese gelehrten Asklepiaden besaßen Gärten. Göhrke, in dem Hause, das jetzt eine Königliche Hebammenschule und Entbindungsanstalt geworden ist, besaß nur einen bescheidenen, der lediglich seinem Bedienten genügen konnte, von welchem sich der in dem Hause eingebürgerte und fragsame Knabe die Lazarettzettel der Garnison deuten ließ, die regelmäßig hier abgeliefert werden mußten. Der Knabe fand da alle Krankheiten wieder, die zu gewissen Zeiten auch die Mutter, der Vater, die Tante haben wollten. Nur eine »lateinisch« genannte Krankheit, von welcher er nie gehört hatte, kam ihm merkwürdig vor, weil an dieser die meisten »Gemeine und Spielleute« erkrankt waren.

Der Bediente war diskret. Nie hat er den Knaben aufgeklärt, welches das Leiden gewesen, das regelmäßig auf dem Zettel den halben Krankenbestand bildete. »Das wirst du schon noch erfahren, wenn du älter bist!«

Hufelands Garten war düster, von einer hohen Mauer umgrenzt. Die Beete waren zierlich abgesteckt und mit Buchsbaum eingefaßt. Die ganze Wohnung des berühmten Mannes hatte etwas Schweigsamfeierliches und entsprach der Antwort, die er einst seinem Bedienten gegeben hatte, als ihn dieser zu seinem Befremden nicht mehr mit »Guten Morgen, Herr Geheimerat!« begrüßte. »Sie antworten ja nicht, Herr Geheimerat!« hatte der alte Diener erwidert. »Was«, antwortete Hufeland, »ich antwortete nicht? Sag' Er nur immer guten Morgen! Die Antwort denk' ich mir!«

Die Gärten der anderen Gelehrten lagen nach dem Katzenstieg (Georgenstraße) hinaus hinter Höfen, deren gepflegte, fast holländische Sauberkeit bei gewissen geschlossenen Häusern in Berlin demjenigen besonders erinnerlich sein muß, der sich damit eine pedantische Eigenheit und fast einsiedlerische Menschenfeindlichkeit der vermöglichen Bewohner verbinden kann.

Es gab in Berlin kleine geschlossene, von außen gepflegte Häuser, die den Eindruck machten, als hätte nie ein menschliches Auge in sie eingeblickt, außer dem Bewohner, der dann sicher zur französischen Kolonie gehörte oder »Rentier« hieß oder ein dilettierender Gelehrter war.

Von jenen Katzenstieggärten war der eine besonders geheimnisvoll. Über seine hohe Mauer hinweg rankten Weinreben, ja man sah manche braune Traube an der Sonne reisen. Die Obstbäume neigten sich unter so schwerer Last, daß der Besitzer, es war der Zahnarzt des Königs, die Gaumen und Zähne der benachbart einkasernierten Ulanen fürchten mußte und die Mauer noch höher zog, als sie schon war, ja sie am obersten Rande mit zerschlagenen Flaschen verkitten ließ. Nun glitzerte die Mauer in der Sonne. Aber selbst die grüngläserne Mauerplombierung des Zahnarztes mußte sich gefallen lassen, daß nächtlich die Ulanen mit ihren Lanzen daran stocherten und stellenweise die Bahn zum Übersteigen frei machten. Wie hätte der Knabe ahnen können, daß er in diese hermetisch verschlossene Herrlichkeit je würde eintreten, an diesen Rosen, Lilien, Maiblumenbeeten, später an dieser wunderbaren Obsternte wenigstens in unmittelbarer Nähe würde den Blick erlaben können!

Dies Heil widerfuhr ihm nicht durch den Zahnarzt des Königs, sondern durch einen bei ihm wohnenden Mieter, einen reichen, »vornehmen« Mann, der ursprünglich ein Maler war, doch die Malerei nur als Dilettant betrieb. Der Sohn des Malers wurde des Knaben Gespiele, wie des Knaben Schwester die Gespielin der Tochter. Ein neuer seltsamer Lebenskreis öffnete sich für zwei Kinder, die diese auffallende Bevorzugung keinem andern Verdienst als der über ihre Lebensverhältnisse hinaus auffallenden Ordnung und »Propreté« ihres Erscheinens verdankten.

Das Haus des Malers wurde allmählich eine förmliche neue Heimat. Alle Lebensfäden verspannen sich in ein Doppeldasein. Eine Alltags-, eine Sonntagsexistenz begann. Beide kämpften miteinander. Die reine, schöne, blaue Luft der letzteren stieg siegreich über die erste wie über trübe Nebel empor. Statt Blei sah das Auge Silber, die Hand faßte nicht mehr das Rauhe allein, sondern auch das Weiche, Seide und Samt an, das Ohr hörte nicht mehr das Wiehern der Rosse und die rauhen Töne der zankenden Leidenschaften, sondern Musik, Hausmusik, auch die Musik der feineren Sitte und der anstandsvollen Selbstbeherrschung. Es war ein wunderbar neues Dasein. Konnte auch die Hülle der gewöhnlichen Existenz nicht ganz abgestreift werden, so versuchte doch selbst in ihrer Gebundenheit die Psyche das Wachsen ihrer Schwinge zu erproben.

Der Maler und seine Gattin waren seltsamerweise ebenfalls aus Pommern. Das allein schon wurde ein Band des wohlwollendsten Zufalls für die Eltern. Der Sohn führte denselben Vornamen wie der Gespiele, die Tochter denselben wie die Gespielin. Auch das war ein so überraschender Zufall, daß nun die vier Kinder fast dem Maler zu eigen gehörten.

Dieser Mann selbst war einer der eigentümlichsten Menschen und einer von denen, die bis noch in spätere Zeit die Signatur des alten Regimes trugen. Es war wieder der Vater des Knaben, noch einmal wiedergegeben, nur höher potenziert. Diese Lebhaftigkeit, diese ehrgeizige Unruhe, derselbe rastlose Eifer. Auch dieselben Auffassungen vom Leben, der Zeit, den Pflichten des Menschen und Staatsbürgers. Vermögend durch seine wohlwollende Gattin, die im Talent der behaglichen Lebenseinrichtung eine Meisterin war, hatte sich Herr Cleanth, wie wir ihn nennen wollen, ohne Selbstbetrug gestehen dürfen, daß die Malerkunst in ihrer höheren Bedeutung sein Beruf nicht war. Er porträtierte mit Geschick, gab jedoch nichts »auf die Ausstellung« und ergriff vielmehr vorzugsweise die untergeordneten Branchen der Malerei, besonders die eben neuentdeckte, von München gekommene Lithographie. Hier sah er unangebrochene Schätze. Die Lithographie konnte den Buchdruck ersetzen. Was hatten die Verwaltungsbehörden nicht alles an Formularen zu drucken! Cleanths schaffender Trieb ging immer auf das Nützliche beim Schönen. Reine Idealität ohne Zweck konnte ihn nicht erwärmen. Ein Nutzen aber, der durch die Kunst oder Wissenschaft für das praktische Leben gewonnen wurde, erfüllte sein Auge mit blitzendem Feuer.

Cleanth war durch und durch ein Mann der Methode und des Systems. Bestünde die Malerei allein in der Anwendung der Albrecht Dürerschen Meßkunst, so wäre der Vater des Gespielen ein Meister geworden. Der Zirkel, das Richtmaß, der Zollstock waren ihm geläufiger als die Palette und der Pinsel, welchen letztern er denn auch in späteren Jahren ganz niederlegte. Immer näher kam ihm die große, um sich greifende polytechnische Strömung des Zeitalters, der Fortschritt in all seinen realistischen Offenbarungen, Dampf, Elektrizität; jeder Tag schien ihm Neues zu bringen. Die Zeitbewegung auf dem technologischen und physikalischen Gebiete riß ihn mit all seinen Bildern und Bossierversuchen so fort, daß sich aus ihm der gewandteste technische Fabrikant entwickelte. Dabei spekulierte er damals, wie man jetzt spekuliert. Er kaufte Häuser, verbesserte sie etwas und verkaufte sie wieder. Sein letztes Haus war das jetzt ein Palais gewordene Nr. 12 und 12 a auf dem Leipziger Platz.

Herrn Cleanths Bildung wurzelte in der neologischen freigeistigen Richtung des endenden vorigen Jahrhunderts. Freimaurerei trieb er mit Leidenschaft. Durch seine große Vorliebe für die Logensitzungen und die vertrauliche geheimnisvolle Freundschaft mit einem Kreise engverbundener Brüder reizte er die Neugier seiner beiden Knaben nicht wenig, die schon vor »Royal York« immer mit dem Schauer vorübergingen, sich denken zu sollen, daß sich hier in dem seltsamen Gebäude, auf der grünen, mit Kastanien und Ulmen bepflanzten schönen Wiese, Menschen versammelten, deren erstes Lernprobstück darin bestünde, in einen großen, ausgehöhlten, mit Spinnen und Würmern angefüllten Apfel zu beißen. So war die Neugier der Knaben befriedigt worden.

Herr Cleanth unterhielt nicht die geringste Verbindung mit der Kirche und ängstigte dadurch nicht wenig die Glaubenstreue der Eltern seines halben Adoptivsohnes. Religion war bei ihm Wohlanständigkeit und das allgemeine moralische Verhalten. Diesen Mangel an Christlichkeit mußte man bei ihm hinnehmen, sich auch sonst Eigenheiten des strengen Herrn gefallen lassen. Er duldete keinen Widerspruch, war Erzieher nach Grundsätzen und gab dem neuen Gespielen seines Sohnes durch eine unvergessene Ohrfeige sogleich beim Beginn ihrer Freundschaft einen Vorgeschmack, wie sich nach seinem System Charaktere zu entwickeln hätten.

Diese Ohrfeige erzeugte eine Art Revolution. Erst eine wilde, stürmische nach außen hin. Der passive Held derselben, der sich handgreiflich nur von den angebornen Eltern strafen lassen wollte, schrie, rannte davon und wollte von dem glänzenden Parkett, von der Welt der Teppiche, Konsolen, Bronzeleuchter, Spieluhren, Gemälde nichts wissen, wenn man dort Ohrfeigen bekäme. Solche Früchte des erschlossenen neuen Paradieses hatte der bei aller Zerflossenheit oft »böse« und trotzige und widerhaarige Junge von außen auf den Bäumen des Gartens am »Katzenstieg« nicht blühen sehen. Der Entflohene wollte nicht wiederkommen. Erst lange Verhandlungen, Kongresse, still angestellte Vergleiche mit den doch so reichlichen Kopfnüssen, die auch zu Hause hingenommen werden mußten, zutraulichste Anreden führten den Gedenkzettelten endlich in sein Paradies zurück. Er folgte »nicht mehr wie gern«, aber die Lehre war für beide Teile gut, für den armen »Geduldeten« und für den reichen »Duldenden«.

Herr Cleanth behauptete, in seiner Wohnung kein gutes Malerlicht zu haben – er malte eine geraume Zeit auf dem Königlichen Schlosse an einer Kopie eines Krügerschen Königsbildes in Lebensgröße – und kaufte sich in der Behrenstraße (Nr. 54) ein eigenes

Haus. Diese Trennung von der »Stallstraße« störte keineswegs den Verkehr der Kinder. In der Behrenstraße wurde mit dem beginnenden Frühjahr ein Versuch gemacht, dem Hofraum einen Garten abzugewinnen; Spaten, Rechen, Egge waren dafür bereits zu Weihnachten erobert worden. Kaum ließen sich aber auf der frisch umzäunten Erdfläche die ersten grünen Halme der ausgestreuten Sämereien blicken, so wurde bereits das Haus mit Gewinn verkauft.

An das verlassene knüpfte sich dem Knaben eine romantische Erinnerung. Im unteren Stockwerk starb einem Offizier – dem späteren Kommandeur der »Reichsarmee« von 1848, General von Peucker – seine junge Frau. Der Witwer war so erschüttert, daß er sich zum Andenken an seine teure Geschiedene ein Zimmer mit schwarzem Flor ausschlagen ließ. Auf einer Art von Katafalk und vor dem Bilde seiner schönen jungen Gattin, das von Wachskerzen erhellt wurde, sprach er, so sagte man, täglich kniend seinen Schmerz aus. Diese Situation eines betenden jungen Offiziers, die Draperie des Zimmers mit schwarzem Flor, die Erleuchtung des Bildes mit Kerzen, alles das lebte noch lange in der aufgeregten Einbildungskraft des Knaben und lebte selbst da noch, als der poetisch gestimmte Witwer längst wieder eine neue Gattin genommen hatte.

Herrn Cleanths neues Haus war ein Palast, es konnte die Wohnung eines Fürsten sein. Eine große Freitreppe mit eisernem Geländer führte von zwei Seiten zu einem damals zwar nur zweistöckigen, aber in der Länge imposanten und einen ganzen Schenkel des »Achtecks« am Potsdam-Leipziger Tore einnehmenden Gebäude. Ein geräumiger Hof mit Stallungen trennte es von einem Garten, der sich bis an die Parkgärten der Wilhelmstraße zog. Hier ließ sich in Glückseligkeit schwelgen. Trotz der weiten Entfernung von der Universität über die Linden, den Wilhelmplatz, die Leipziger Straße hinweg wurde doch in der doppelten Existenz fortgelebt und die trübselige Hülle der Armut für Stunden, ja Tage abgestreift.

Der reiche Gespiele erhielt seinen Unterricht daheim. Herr Cleanth übte sich selbst im Lehren, im Anwenden pädagogischer Systeme. Vieles, was der Sohn lernte, kam auch dem Genossen zugute. Kinder tauschen gern ihr erstes Wissen aus. Erst der vom Ehrgeiz gestachelte ältere Jüngling behält sein Wissen egoistisch für sich, ja ist zum Verheimlichen seiner Fortschritte geneigt. Sonntags wurden nun die Frühstunden seltener in den Kirchen und fast immer im sonnigen Zimmer des Gönners zugebracht, wo von diesem die beiden Freunde unter Blumen und Gemälden im Zeichnen unterrichtet wurden. Die Methode, die Herr Cleanth befolgte, war streng. Jedes Aufblicken von der Arbeit wurde gerügt, jedes Versehen bestraft. Während die Knaben Augen, Nasen, Lippen, Ohren, Köpfe, später auch Tiere zeichneten, schritt Herr Cleanth mit knarrenden Hausschuhen durchs Zimmer, las polytechnische Journale und beaufsichtigte die Zöglinge zwei Stunden lang mit einer Strenge, die der endlichen Erlösung und dem Sichtummelndürfen im Garten einen doppelten Reiz verlieh.

Kinder der Armen wachsen natürlicher und freier auf als die der Reichen. Diese sollen um jeden Preis eine vorzügliche Bildung erhalten und sind darum das stündliche Augenmerk ihrer Eltern und Erzieher. Jene, den Eltern oft eine Last, müssen für sich selbst sorgen und lernen dabei leichter, sich ihr Leben frei zu bestimmen. Fürstensöhne vollends werden auf ihre künftige Würde wie Sklaven vorbereitet.

Immer unsicherer wurde die Brücke der Rückkehr zur Existenz der Eltern. Die häusliche Lage wurde dem Knaben gegenständlich. Er urteilte darüber, seitdem er vergleichen konnte. Von dem Naturgeheimnis der Liebe und kindlichen Anhänglichkeit an das Vaterhaus ging nichts verloren, aber der grelle Reiz der Eindrücke dämpfte sich ab. Nicht mehr wurde so aufmerksam gelauscht, wenn Vetter Wilhelm von der Selbstgerechtigkeit und der Gnadenwahl, Vetter Christian von Ungarn, seinem Ehewirrsal und den neuen Seidenhüten sprach. Man lachte nicht mehr über einen lustigen Verwandten, der zu Hause ein kranker Hypochonder, in Gesellschaft ein ausgelassener Schnurrenreißer war und nichts lieber tat, als sich einen Besen kommen zu lassen, diesen verkehrt zwischen die Beine zu klemmen, ihn als Spinnrocken gleichsam abzuspinnen und dazu ausgelassene Lieder zu singen.

Die neue Lebenssphäre stand unter anderen Bedingungen. Hier im Cleanthschen Hause kamen nur die Besuche von Hofräten, Hofrätinnen, Geheimratstöchtern, Professoren, Künstlern, Offizieren, jungen Studierenden, die aus Stettin ihre Empfehlungsbriefe brachten und wöchentlich an einem bestimmten Tage zu Tisch erscheinen durften. Herr Cleanth übersah schnell seine Leute. Romantik und Altdeutschentum waren ihm in demselben Grade verhaßt wie dem Vater. Schimärische Träumerei erschien dem Mann der praktischen Nützlichkeit als verderblicher Meltau für jede Jugendentwicklung. Die Lektüre von Märchen duldete er nicht. Raffs Naturgeschichte und die Kupfer zum Buffon standen ihm höher als Tausendundeine Nacht. Die einzige Beschäftigung der Phantasie, die Herr Cleanth zuließ, war die mit der Geschichte, zu welcher seine Knaben durch Beckers Weltgeschichte in zehn Bänden und dessen Erzählungen aus der Alten Welt angeleitet wurden.

Herr Cleanth verwarf die gewöhnliche Methode der Schulen und bildete seinen Sohn nur durch Privatunterricht, dem er meist selbst beiwohnte. Wehe dem Lehrer, der seinen Erwartungen nicht entsprach. In der Musik mußte ihm die damals neue Logiersche, von Stöpel angewandte Methode ganz besonders erwünscht kommen. Doch war Herr Cleanth wie Äolus. Rauhe und sanfte Winde hatte er zugleich. In so furchtbare, dunkle Gewitterwolken er sich hüllen konnte, ebensooft konnte er sanft und milde wie eitel Sonnenschein sein.

In der traulichen Geselligkeit eines gebildeten Hauses liegt ein unendlicher Reiz. Kein Patschuli ist dafür nötig, kein strahlender Lüster. Duft und Glanz liegt schon allein in der ganzen Weise eines solchen Hauses selbst. Die Ordnung und die Pflege verbreiten eine Behaglichkeit, die ebenso das Gemüt wie die äußeren Sinne ergreift. Die kleinen Arbeitstische der Frauen am Fenster, die Nähkörbchen mit den Zwirnrollen, mit den blauen englischen Nadelpapieren, mit den buntlackierten Sternchen zum Aufwickeln der Seide, die Fingerhüte, die Scheren, das aufgeschlagene Nähkissen des Tischchens, nebenan das Piano mit den Noten, Hyazinthen in Treibgläsern am Fenster, der gelbe Vogel in schönem Messingbauer, ein Teppich im Zimmer, der jedes Auftreten mildert, an den Wänden Kupferstiche, das Verweisen alles nur vorübergehend Notwendigen auf entfernte Räume, die Begegnungen der Familie unter sich voll Maß und Ehrerbietung, kein Schreien, kein Rennen und Laufen, die Besuche mit Sammlung empfangen, abends der runde, von der Lampe erhellte Tisch, das siedende Teewasser, die Ordnung des Gebens und Nehmens, das Bedürfnis der geistigen Mitteilung – in dem Zusammenklang aller dieser einzelnen Akkorde liegt eine Harmonie, ein Etwas, das jeden Menschen sittlich ergreift, bildet und veredelt.

Die Gartenlust wurde wie von Bienen genossen. Aber bei der Freude am Laufen und Rennen in den symmetrisch angelegten Wegen, unter hohen Rosenbüschen, Stachelbeer- und Himbeerhecken durfte durch die Knabenhand auch die wirkliche Pflege der Blumen nicht vernachlässigt werden. Da pflanzte und säte man, man führte die Gießkanne, wenn sich die Sonne senkte, man half ohne Naschhaftigkeit den Erntesegen einbringen und arbeitete immer nach bestimmten, vom mathematischen Herrn Cleanth gestellten Aufgaben. Da war an einem Salatbeet Unkraut auszujäten, Stöcke waren für die Nelken zu schneiden, die zerstreuten Blätter der aufgeblühten Zentifolien zu sammeln, eine Arbeit, die sich den Knaben dadurch belohnen durfte, daß sie die Rosenblätter dem Apotheker am Zietenplatz korbweis verkauften. Lange Weinspaliere wurden nach der neuen Knechtschen Grundregel der häufigen Entfernung der Blätter gezogen. Ein Gärtner führte die Oberaufsicht, die jungen Freunde mußten helfen. Herr Cleanth duldete keine Spiele, höchstens solche, bei denen etwas gelernt, irgendeine geistige Tätigkeit oder mechanische Fertigkeit zugleich gebildet wurde.

Wie frucht- und blumenreich war dieser Garten! Sträuße von weißen und roten Lilien, Rosen und Nelken wurden im Sommer, von Holunder und Maiblumen in erster Frühlingszeit zusammengestellt. Der Tau haftete noch an ihnen um Mittag. Was gibt es in einem Garten für Tatsachen, die Kindern merkwürdig sind! Frösche verbargen sich in einem Tümpel, Maikäfer wurden je nach der Farbe der Halsschienen und der Fühlfäden in mehr Gattungen eingeteilt, als vielleicht Buffon nennt, Goldkäfer, die träge und duftberauscht in der Mittagssonnenhitze auf Blumenkelchen in allen Regenbogenfarben schillerten, wurden aufgescheucht. Kinder horchen auf alles, was da wispert und knuspert und raschelt. Sie sind auf einer ewigen Schleichjagd nach allem, was sich im Grase und auf und unter der Erde regt. Ausgerüstet mit einem scharfstechenden Spaten ist ein Knabe König der Natur. Den Spaten über die Schulter gelegt, verläßt er den Garten, ißt nach der Arbeit sein Obst, sein Butterbrot, trinkt sein Glas Wasser mit einer Zufriedenheit, als hätte er seinen Lohn um die Ordnung der Welt verdient.

Nach einem Gewitter in einen Garten zu treten, wenn die sandigen Wege rasch die herabgestürzten Güsse aufgesaugt haben und die Rosen und Nelken und Levkojen alle wie gebadet stehen, das ist ein besonders fesselnder Genuß. Die Blumen sind dann wie neugeboren und durchwürzen die gereinigte Luft. Jetzt erst haben sie Kraft, gleichsam durch alle Räume in Farbe und Duft ihren Unterschied zu zeigen. Tritt dann die Sonne hervor, so kommt nichts den nassen Blumen gleich. Am Jasmin hängen die Tropfen wie gebannt. Sie müssen lange ihre Kraft sammeln, bis sie schwer genug sind, auf die grünen Blätter zu rollen. Je ölhaltiger die Blume, desto länger glitzert das Naß in solchen Einzeltropfen auf ihrem Kelch. Eine hundertblättrige Rose, sich eben entfaltend aus der stachlichten grünen Hülle, besät von kleinen Regentropfen, die nicht weichen wollen und in der wolkenfrei wieder heraustretenden Sonne blitzen, ist wohl das lieblichste Bild der Blumenwelt, das kein Mignon, kein Redoute vollkommen treffend wiedergeben würde.

Die herrliche schnee- und frostpoetische Winterzeit bewegt sich zumeist um die Weihnachtsfreude. Das Hoffen geht vorher, und das Genießen folgt. Die Weisheit des Herrn Cleanth duldete um Weihnacht kein gieriges Tilgen des Genusses. Reichlich wurde gegeben, aber seine Gaben waren nicht für flüchtige Zerstreuung, wovon die Kinder so bald ermüdet sind. Die Spielmaterialien, die angeschafft wurden, waren solche, die entweder das Nachdenken oder den Fleiß anregten. Kirchen zum Auseinandernehmen, Tonsteine zum Bauen wurden geschenkt. Soldatenspiele erschienen leer und nichtssagend. Alles Schreien, Toben, Lärmen um nichts war ihm verhaßt.

Theaterspiel gestattete er allerdings, das war eine Konzession der Liebe, da seine Gattin die Bühne liebte. Aber die Figuren hatten sich die Knaben selbst zu kolorieren, aufzukleben, mit Drähten zu versehen.

Zeitweilig wurde ein chinesisches Schattenspiel hinter einem ölgetränkten Rahmen aufgeführt. Der »König von Kinderland« hieß das barocke Drama, wozu die Knaben Text und sogar die Figuren geliefert erhielten und im Komödienspielen das mögliche leisteten. Bei diesen ästhetischen Spielen ließ der Freund die Initiative seinem Genossen, dem Erzähler, während dieser, wenn Häuser oder Kirchen gebaut werden sollten oder sogenannte Geduldspiele zusammengesetzt, dem andern die Vorhand gab.

Kartenspiel und Damenbrett gestattete Herr Cleanth als Übung des Verstandes und Anreizung zur Behauptung – seiner persönlichen Vorteile. Er ging in allen seinen Theorien von dem Gedanken aus, daß das Leben zum Fortkommen die Notwehr bedingt. Sein Lieblingsspruch war von den Tauben, die keinem gebraten in den Mund flögen.

Gerade damals war ein Ringen und Regen für die materiellen Interessen erwacht; Erfindungen, die gewerblichen Künste, die vielen Bauten der Regierung, die neuen Anlehen, die Hoffnungen eines dauernd befestigten Friedens, alles zeigte ihm Gewinne und Vorteile, die man durch Fleiß, Eifer und vorzugsweise rasches Zugreifen erobern könnte. Beispiele von großen Erfolgen, die eine kluge Berechnung der Umstände, scharfes Aufpassen auf Konstellationen erzielt hätten, wurden mit fast schlauer, eulenspiegelhafter Behaglichkeit erzählt und als Triumphe der Klugheit dargestellt. Dem Gespielen des Sohnes ging meistens die Erzählung davon ins eine Ohr hinein und zum andern hinaus. War ihm doch selbst die Existenz in diesem Hause ein Märchen, wie sollte er nicht an noch höher liegende Märchen denken! Ihm waren diese großen Tischtafeln mit den blendenden Servietten, den silbernen Löffeln, den gestickten Serviettenbändern, den mehrfachen Gängen der Speisen und Desserttorten, die hellen Lampen mit Gazeschirmen, die Klingelzüge, die Kristallkaraffen, die Teppiche, die Gemälde, das Pianoforte, die Besuche, die Konversationen vollkommen genug, wie sollte ihm dies verzauberte Haus ein weiteres »Tummle dich!« und noch dazu auf dem Gebiet des Realismus predigen? Alle Lehren des Herrn Cleanth gingen ihm nur in die Phantasie. Ein Beweis, wie in der Erziehung jede Theorie von den Grundlagen abhängt, auf die man baut. Es gibt keine absoluten Methoden, sondern nur solche, die auf die Umstände anzupassen sind. Die frühe Neigung für die Bühne fand in diesem Hause Nahrung. Sonst hatte sich der Knabe mit den Puppenspielen begnügt, die in einer »Tabagie« der Mittelstraße auf einem mannshohen Theater aufgeführt wurden. Diesen »gottlosen« Spielen, die noch dazu zwei Groschen Eintrittsgeld kosteten, beiwohnen zu dürfen war erst die Folge langen Bittens und Bettelns bei den Eltern. Sicher war der Knabe immer der erste, der im noch dunkeln Saale erschien und sich dicht an die Brüstung des noch stillen, geheimnisvollen Gerüstes setzte. Allmählich gesellten sich dann andere Freunde des Puppenspiels hinzu, darunter viele, die nicht der Jugend angehörten. Man hatte die ersten Symptome eines mit Bier und Tabak verbundenen Kunstgenusses, wie diesen jetzt die Berliner Nebentheater ausbeuten.

Ehrbare Alte, Männer und Frauen, erwarteten mit ernsthafter Spannung Kaspers heutige gute Laune. Der Saal wurde allmählich durch einige Blendlampen erhellt, man hörte ein Klopfen und Hämmern auf der Bühne, zuweilen plumpste irgendein schwerer Gegenstand auf. Das war dann gewöhnlich einer der Akteurs, der seine Garderobe vervollständigt bekam. Ein lautes Sprechen hinter dem Vorhange störte keineswegs, sondern reizte nur die Spannung. Ringsum wurde es immer regsamer und heitrer, in der Ferne begann eine Musik, der ganze Saal füllte sich mit Publikum, und durch die Ritzen des Vorhangs schimmerten schon die Lichter. Der Vorhang rauschte auf, zuweilen nicht ohne Verwicklung der Gardine, der dann von innen eine Hand nachhelfen mußte. Und die Szene begann. Meist mit dem Exordium Kaspers, der mit einem Jodler und He! Hallo, Wirtshaus! hereinbrach und ins Publikum Stimmung, vielleicht auch in die Darsteller selbst bringen mußte.

Dann kamen die herrlichen Trau-, Schau- und durch den überall eingeschmuggelten Kasper halben Lustspiele vom Bayrischen Hiesel, von den Kreuzfahrern, Abällino, besonders aber das Zug- und Modestück des Tages, der »Freischütz«, dieser sogar mit Gesang und niemals ohne Feuerwerk, was sich der Wolfsschlucht wegen ja von selbst verstand.

Besonders war dem Knaben der Bayrische Hiesel sympathisch. Ein sanfter, lieber, mit Not zum Räuber gepreßter Knabe, das Anderle, nahm darin nur mit Tränen im Auge an Mord, Raub, Brand und Überfall teil, sang Schnaderhüpferln von seiner Feder auf dem Hut, seiner Büchse zum Schießen, seinem Straußring zum Schlagen, seiner jugendfrohen Waidmannslust. Dies Lied wurde die Lieblingsarie des Knaben und oft dem Anderle nachgejodelt. Der Brand der Mühle, wo endlich die Soldaten den Hiesel einfangen, wurde auf dem Theater im Cleanthschen Hause nicht ohne Blicke auf die Feuerversicherungspolice nachgeahmt.

Auch Faust kehrte im Puppenspiel wieder, ohne Meerkatzen zwar, aber mit den handgreiflichen Geistern Vitzliputzli und Auerhahn, die auf ein Halippe! ebenso rasch aus der Luft geflogen kamen, wie sie auf Haluppe! wieder verschwanden. Kasper, Faustens ins Bayrische übersetzter Wagner, hatte diese Zauberformel seinem Herrn abgelauscht und wendet sie einigemal, wo ihn hungert und dürstet, mit glücklichem Erfolge an. Das Erscheinen und Verschwinden der ihn sofort mit Speise, Trank und allen Bequemlichkeiten erfreuenden Geister macht ihm dann soviel Spaß, daß er die Teufel auf Halippe und Haluppe in atemlose Bewegung setzt, sie bald kommen, bald verschwinden läßt, sie aber dadurch auch dermaßen erzürnt, daß sie sich zuletzt grimmig auf ihn selbst werfen und ihn unter Hilfeschreien massakrieren, währenddessen der Vorhang fällt. Ein gewiß wirksamer Aktschluß. Melancholisch war das Ende des Faust. Faust hatte alle Wunder verrichtet, wobei ihn der Teufel unterstützte. Endlich aber rückt seine Stunde heran. Gespenstisch hört man die Uhr schlagen. Kasper hat einen Ruheposten als Nachtwächter gefunden und singt im Mondenschein auf nächtlichstiller Straße sein »Hört, ihr Herren«! Da begegnet er dem seufzenden und wehklagenden Faust. Es entspinnt sich ein Dialog, der etwas mit dem des Valentin und Flottwell im letzten Akt des »Verschwenders« Ähnlichkeit hat. Aber hier helfen alle guten Grundsätze, alle reuigen Entschließungen nichts mehr. Die Uhr wiederholt ihre Schläge, halb, dreiviertel. Es liegt eine dem Knaben unvergeßliche, herzzerreißende Öde auf den Straßen. So einsam ist es zwischen dieser gemalten Leinwand, die einen Marktplatz, etwa den Spittelmarkt um Mitternacht, bedeutet. Ach, so still, so unglücklich, so schauerlich alles! Man glaubt, die Brunnen nächtlich rieseln zu hören; nur die Sterne leben, Kasper, Faust und die Strafe des Himmels. Endlich schlägt es zwölf, und die Hölle öffnet sich. Ein Feuerregen verschlingt den weltstürmenden, wundertätigen Doktor. Kasper kann von Glück sagen, daß er mit ein paar versengten Haaren davonkommt und für den nächsten Dienstag noch das Repertoire ankündigen kann, ohne welche Rückkehr in die Welt der Alltäglichkeit keine Vorstellung abläuft. Gerade wie sonst im Theater Schröders und der ersten Zeit Ifflands auch am Schluß die Regie das am folgenden Tage zu gebende Stück ankündigte.

Der Sohn des Gärtners im Cleantschen Hause war ein leidenschaftlicher, kunstgerechter Puppenspieler. Er hatte sich eine kleine Bühne gebaut, Figuren geschnitzelt, sie artig kostümiert. Eine hohe Vergünstigung für die Knaben und auch für ihn, wenn man seinen Vorstellungen in einem Häuschen an der jetzt abgerissenen Potsdamer Mauer, dicht in der Nähe der Bolzanischen Konditorei auf der Königgrätzer Straße, beiwohnen durfte. Das Häuschen steht ja wohl noch und gehört zu den bekannten Verschönerungen der *Via triumphalis*.

Auch hier wurde der unvermeidliche »Faust« gegeben. Die Abweichungen vom »Faust« Goethes und dem der Herren Linde und Freudenberg waren nicht unerheblich. Des Gärtners Sohn hatte mehr Geschmack als die gewöhnlichen Puppenspieler der Tabagien. Bei ihm kam auch die Beschwörung der Helena und anderer außerordentlicher Staatsgeister vor. Die Ausstattung mußte aus einer Menge geschenkt bekommener kleiner seidener Lappen bei den zierlichen Figuren reicher ausfallen als bei den Puppenspielern von Profession, die wie die großen Theaterintendanten in der Garderobe knauserten und lange nicht so brillante Erleuchtung boten wie der Gärtnersohn, dessen Lichter und Feuerwerke uns opernhaft erschienen sein würden, wenn wir Opern gekannt hätten. Aber ach! Nur für einige Male litt Herr Cleanth die Teilnahme an den sinnigen und mit Takt arrangierten Leistungen des Gärtnerburschen »hinterm Potsdamer Tor«. Er verfuhr wieder systematisch. Er war im Begriff, der Theatersehnsucht seiner vier Kinder bald einen bedeutenderen Ausdruck zu geben. Er nahm die Knaben und Mädchen in die richtige Komödie mit, die königliche, die seit dem Abbrennen des Schauspielhauses im Opernhause gegeben wurde. Die beiden Vorgeschmäcke wirklicher »lebendiger« Bühnenkunst – die »Jungfrau von Orleans« und die »Iphigenie« von Gluck! – wirkten so großartig und so mächtig auf den Erzähler, daß er von Stund an Gleichgültigkeit, ja einen förmlichen Haß auf alles Puppenspielwesen bekam.

Wer erinnert sich nicht noch seines ersten Theaterabends! Des Einblicks in eine neue Welt! Und nicht die Welt des Scheines! Nein, nicht Schein, nicht Erfindung und Nachahmung sind diese Wälder und Kirchen und Städte und Festungswälle; nicht Schein, nicht Nachahmungen sind diese Harnische und Fahnen und Schwerter und

Krummstäbe; es ist die wirkliche Welt, die das Kind als solche im Theater anschaut. Der Vorhang wickelt sich auf. Das alles da war, ist, wird sein und bleibt!

Wer ist dieser Dunois in dem glänzenden rasselnden Harnisch? Etwa ein Schauspieler, der, wie Shakespeare sagt, »sich spreizt und ächzt, bis sein Stündlein abgelaufen«? Ein Schauspieler, der sich Rebenstein nennt? Nein, Dunois ist Dunois, die Jungfrau ist nicht Frau Stich, spätere Crelinger, sondern Jeanne d'Arc, die Jungfrau selbst! Der Krönungszug ist kein Statisten-Mummenschanz, sondern das wirkliche, von Glockenklang begleitete Fest von Reims.

Des Knaben am längsten gepflegte Erinnerung außer dem jedesmaligen Blechgerassel beim Auftreten und Gehen des Bastards war der Kampf der Jungfrau mit Lionel, der schwarze Ritter, vor allem die irrende Jungfrau im Walde, wo ihm der Köhlerbube noch jetzt mit seiner frischen Kinderstimme im Ohre lebt. Daß die Schlacht, die der Soldat auf dem Walle des Gefängnisses der Jungfrau beschreibt, dem Auge ganz sichtbar war wie eine wirklich geschlagene, verstand sich von selbst. Der »Wütende auf einem Berberroß« war Dunois, man sah ihn. »Am Graben ist ein fürchterlich Gedräng.« Es wimmelte wie beim Manöver vorm Halleschen Tor. »Ein schwer Verwundeter wird dort geführt!« Man sah das Zusammenbrechen, wie manchmal bei den prinzlichen Reitknechten. Und jetzt zerreißt die Jungfrau ihre Ketten! Es sind nicht Zwirnsfäden, die diese Theaterketten zusammenhalten. Selbst das Lächeln des alten Freigeistes, des Herrn Cleanth, der neben uns sitzt, stört diesen Glauben nicht. Johanna stemmt die Arme an, zerreißt die eisernen Bande und stürzt hinaus, das Vaterland zu retten. Das alles hat ein bloßes Gebet zu Gott möglich gemacht.

Um die Wirkung der vorgeführten bunten Bilder zu erhöhen, war das alte, in späteren Jahren ebenfalls abgebrannte Opernhaus mehr als die neuen Theater geeignet. Die Ölbeleuchtung ließ allerdings erkennen, daß man sich nicht im »dustern Keller«, sondern in einem großen Saale mit Stukkaturen, Karyatiden, Plafondmalereien, Goldverzierungen befand; aber verräuchert war alles, »angeblakt« von Lampenruß, die Holzsessel waren mit den Jahren glatt zersessen, die Eingänge in die Logen führten in eine ägyptische Finsternis; man mußte tasten, hilfreiche Hände mußten zugreifen, um uns zu zeigen: Hier ist noch ein Platz, da oder dort!

Hatte man dann endlich seinen Sitz erobert, so währte es lange, bis sich das Auge an diese Dämmerung gewöhnte und die Logen und Sperrsitze unterschied. Eigentlich war es in diesen Nebeln, wie es sein sollte. Die Bühne allein soll der lichte Punkt sein. Der Knabe, schwachen Auges, fand sich nur mühsam zurecht. Auf dem Vorhang der Bühne wurde schon die Malerei wie ein halbes Schauspiel, eine Einleitung zum erwarteten Genuß betrachtet. Ein Altar des Apollo, mit opfernden Verehrern des Gottes, eine sinnige Szene der Mythologie, in einfachen architektonischen Umrissen gehalten, weckte die Stimmung, wie sie sein sollte. Geht bei solcher Dämmerung die Gardine in die Höhe, so tritt das Bild der Bühne mit seiner nun schon helleren Beleuchtung siegreich über die Umgebung hervor. Sinkt sie nieder, so fällt das in Dunkel eingehüllte Publikum wieder in sein Nichts zurück.

Wie anders damals als jetzt, wo die Szene nicht mehr weiß, wie sie gegen den Glanz, das Licht und die Pracht der Auditorien und demzufolge gegen die gesteigerte Souveränität des Publikums aufkommen soll. An manchen Abenden möchte man glauben, die Bühne sei nur noch der Toiletten des weiblichen Publikums wegen da.

Später hat Schinkel durch sein kleines, nach innen aus nichts als abscheulichem Winkelwerk bestehendes Schauspielhaus den Sinn für die große Wirkung der Tragödie in Berlin untergraben. Sein neues Schauspielhaus war für Blum, Töpfer, Raupach, nicht mehr für Schiller, Goethe und Shakespeare gebaut. Die Jungfrau von Orleans, Macbeth, Egmont, Tell, Wallenstein irrten in Berlin vor der endlich erlangten Theaterfreiheit ohne ein entsprechendes Obdach umher. Wenn einst ein neues Königliches Schauspielhaus erstehen, die Unzulänglichkeit des Schinkelschen nicht durch gänzliches Einreißen seiner inneren Wände und eine Verbindung der Räume des »Konzertsaales« mit denen des Schauspiels aufgehoben werden sollte, so möchte der Verfasser auf einen Platz aufmerksam machen, den schon Schlüter für eine Verschönerung Berlins im Auge hatte.

Schlüter riet, die Häuser von der Kurfürstenbrücke bis zur Breiten Straße abzubrechen, den königlichen Marstall mit einer antiken Fassade, die linke, zur Spree gehende Seite mit einem Kai verschönern zu lassen. Statt den königlichen Pferden zu huldigen, huldige man dem Pegasus und errichte da einen würdigen Musentempel.

Glucks »Iphigenie in Aulis«, zu welcher dem Knaben wohl nur durch Zufall ein Parterrebillet geschenkt wurde, war ihm leider unverständlicher als die »Jungfrau«. Ja, diese Wahl war ein Abschreckungsmittel, das dazu dienen konnte, der zu lebhaft empfundenen Neigung für die Bühne nachzugeben. Denn die »Jungfrau« ließ anfangs kaum schlafen. Sie wurde zunächst in ihrem Personal beim Buchbinder als »Bilderbogen« erstanden, ausgetuscht, aufgeklebt, ausgeschnitten und im Papptheater bei Herrn Cleanth nach Kräften nachgespielt.

Auf diesen Enthusiasmus goß eine Oper, und obendrein eine Glucksche, mythologische, ein abkühlendes Sturzbad. Das Haus war leer. Diese Zelte der Griechen am Aulisstrand, diese nur halbe Rüstung des Achill, die Priestertoga des Kalchas weckte lange nicht die romantischen Schauer des bunten Schiller. Da sangen Helden, gurgelten, trillerten Heldinnen – was waren dem Knaben Bader, die Milder und die Seidler! – Iphigenie sollte den Göttern geopfert werden, Agamemnon, ihr Vater, war dazu bereit, Achill nur leistete Widerstand, Kalchas drohte mit Bann und Interdikt; zuletzt legte sich aus den Wolken über dem schon entzündeten Holzstoß Diana ins Mittel.

Hier fehlte es doch dem glaubensstarken Knaben an Glauben. Das waren die Ketten der Johanna nicht. Doch war der Enttäuschte froh, daß ihm die Violinen keine Unterleibsschmerzen mehr verursachten wie früher. Eine Oper, eine klassische noch dazu, eine in reiferen Jahren mit Andacht gehörte, erstickte so sehr alle Bühnenlust, daß Komödie auf Jahre wieder ganz aus des Knaben Gesichtskreis verschwand, bis die neue Königstädter Bühne eröffnet wurde und sich da Theaterkulisse, Lampenlicht, Chronik der Ankleidezimmer und die Notwendigkeit, Partei zu nehmen, fast auf die Straßen und Plätze Berlins drängte.

Herr Cleanth lenkte seine beiden Knaben an Fäden, die diese selbst nicht sahen. Wer weiß, ob Gluck nicht eine tückische Berechnung von ihm war!

So strenge Grundsätze er auch fürs Lernen und für die Vorbereitung zu einem künftigen Beruf einhielt, so viel Freiheit gestattete er für das Leben selbst, für die Formen der Geselligkeit, besonders den Umgang mit dem schönen Geschlecht. Es ist Zeit, auf ein delikates Kapitel zu kommen.

IX

Daß es »zweierlei Leute in der Welt gibt«, bemerkt ein Kind erst allmählich. Vater und Mutter – sind ihm eins, jede Hälfte gilt ihm für das volle Ganze.

Allmählich ahmen dann Kinder die Familie nach. Sie spielen Vater und Mutter und geben sich sogar selbst wieder, ihre eigenen Personen mit allen Unarten. Der Trieb zur Strafe zeigt sich da als ein angeborener. Jedes Kind züchtigt. Man muß ihm oft zurufen, aus dem ewigen Kriminalton herauszukommen.

In solchen Spielen erwachen rätselhafte und dunkle Gefühle. Sinn für Zärtlichkeit senkt sich ins Gemüt über Nacht. Er kommt wie auf Blumen der Tau. Die Unschuld berührt spielend und scherzend selbst das Verfänglichste. Worte, Empfindungen, Begriffe, die dem Erwachsenen voll gefährlicher Widerhaken erscheinen, fassen die Kinder mit sorgloser Sicherheit an und nehmen das geschlechtliche Doppelleben der Menschheit wie ein Urewiges, selbstredend auf die Welt Gekommenes, das keiner Erklärung bedarf. Da werden aus raschelndem Herbstlaub, zerlassenen Strohbündeln Hütten und Nester gebaut, und halbstundenlang kann ein völlig unschuldiger Knabe neben seiner Gespielin stumm und wie von Liebesahnung magnetisiert liegen.

Zum Küssen kommt es nicht einmal. Freilich steht da die Gefahr einem solchen Bilde kindlicher Naivität ganz nahe, und das übrige tut die Strafe, die Unarten voraussetzt, über die man erst zu grübeln anfängt, wie nach dem ersten Besuch eines katholischen Beichtstuhls. Die Strafen des Meisters Schubert, die gewisse Sünder traf, wurden damals nicht verstanden. Erst eine unvergeßliche Mahnrede, die der Knabe ohne alle Veranlassung von seinem Bruder in der Artilleriekaserne erhielt, deckte ihm im zehnten, elften Jahre schreckliche Dinge auf, die ihm vollkommen unbekannt geblieben waren.

Aber daß »zwei einander sich liebhaben können«, das wurde entdeckt. Denn man sieht, daß man Frauen und Mädchen jagt und verfolgt um einen Kuß. Allmählich kommt auch heraus, daß die Schwester eine besondere Freude oder ein besonderes Leid hat. Der Bruder vollends, gehoben von Lebensübermut, Jugendlust, Abenteuerdrang, nimmt kein Blatt vor den Mund. All seine Liebesaffären, ehe er heiratete, wodurch er gezähmt wurde, waren Don-Juanerien. Auf »Schürzenstipendien« ging jeder Gemeine und Spielmann aus. Aber auch die Liebesabenteuer der Chargierten, Fähnriche und Leutnants wurden erzählt. So gestaltete sich zum Beispiel eine Geschichte, die der Knabe anfangs nur fragmentarisch zu hören bekam und begriff, später zu folgendem fast novellistischem Zusammenhang.

Das Ross des Königs

Na, gestern war mal wieder ein Duell, erzählte z.B. der Bruder. Auf einem Kasernenzimmer, in Nr. 39. Blanke Säbel, scharf geschliffen, und im Hemd, nur die Pulsadern verbunden, unten die Redouten maskiert, Donner! Es war 'ne tolle Geschichte. Und dem Chargierten Hartmann wurden zwei Finger lädiert, die auch wohl steif bleiben werden.

An sich war's zum Totlachen. Hartmann wollte zu Jung-Christianis, er erwartete da seine Luise, wir nennen sie nur das Murmeltier. Na! Schon neun Uhr abends wurde rasch Zivilfrack angezogen und auf und davon, natürlich ohne Urlaub und durchs Fenster.

Bei Jung-Christianis in der Zimmerstraße ist Ball. Luise Waldmann, von ihrem langen Schlafen bis in den Mittag Murmeltier genannt, schön und, wenn sie wacht, lustig für zwei, wollte kommen. Es wird elf. Murmeltier schläft oder ist untreu. Na, kommt zum Apollosaal! heißt es. Auf und vorwärts ans Oranienburger Tor! Da wohnt Murmeltier. Wollen sehen, ob's in den Federn liegt. Wir stromern fort. Aber siehe da! An den Linden! Murmeltier am Arm des Chargierten Langheinrich, unsres Don Juans unter den Freiwilligen der Mörser- und Bombenwelt! Lustwandeln beide im Mondschein Unter den Linden, Luise Waldmann und Langheinrich! Na, wartet! hieß es. Steine her!

Fünfzig Schritt Distanz mit Kartätschen! Auf Korn und Visier, ich treffe! ruft Hartmann außer sich. Die andern halten ihn zurück. Halunken! bricht Hartmann aus dem Dunkel hervor.

Die Szene wird ernst. Langheinrich zündet sich eine Zgarre an, verlangt ruhig Satisfaktion. Morgen um vier Uhr nachmittags! In der Kaserne! Ihr sorgt, daß die Gemeinen auswärts sind. Und richtig! Hartmann und Langheinrich schlagen sich. Hartmann wird rasend. Langheinrich mit majestätischer Ruhe. Hartmann nur nach dem Gesicht, auf das er neidisch ist. Langheinrich war hübscher. Der pariert nur. Blut! rufen endlich die Sekundanten.

Hartmanns Arm ist rot. Er wirst die Waffe von rechts nach links, will wieder ausfallen, attackiert mit Wut, es konnte Mord geben. Langheinrich, kalt und gefaßt, hat bei dem Rufe Blut! den Säbel weggeworfen und hält ihn mit dem Fuß fest. Stand nun ganz ungedeckt. Hartmann konnte ihn umrennen, wenn die Sekundanten ihn nicht mit Gewalt entwaffneten.

Pistolen! schrie Hartmann, Pistolen! Aber schon gestand er ein, daß ihn etwas kühl an den Rippen kitzelte. Es war das herabrieselnde Blut des verwundeten rechten Unterarms. Es quoll hinterm Rücken auf die linke Hüfte herab. Der Schläger war vier Zoll tief bis an die Knochen eingedrungen.

Ein Klafterhieb! meinte der Chirurgus, den man schnell herbeigerufen. Was? Hieb? Hieb? rufen alle Anwesenden. Hier ist von keinem Hieb die Rede! Was reden Sie, »Gregorio«? Der Chirurgus, dem somit bedeutet wurde, nicht zu plaudern, lachte. Nun denn! Ein Glas, in das man fällt, kann auch vier Zoll tief schneiden – so wurde die Sache abgemacht, um sechs Wochen Lindenstraße (Militärarrest) zu vermeiden.

Zähneknirschend geht Hartmann ins Lazarett und kommt in die summarische Übersicht der Kommandantur als »unvorsichtige Verwundung«. Das Murmeltier will ihn im Lazarett trösten. Hartmann sieht die Weinende nicht wieder an. Sie wird abgewiesen.

Diese jungen lebens- und liebetollen »Stückknechte« stehen dann auch zuweilen in Spandauer Garnison. Die Zeit ist lang, und nirgends ist sie länger als in Spandau. Man muß sich dort – schon wieder drang das ins Ohr des Knaben – verlieben, um auszuhalten, wenn man's nicht schon ist.

Leider führt der Zufall oft aufs erste beste. Eine wohlhabende Witwe, Besitzerin eines eigenen Hauses, war verschwenderisch an Liebesgaben, weniger an Reizen. Sie begünstigte die Armee, bis es sich ereignete, daß nach Spandau Schauspieler kamen. Man denke sich Spandauer Schauspieler, einen »Devrient« von Spandau! Aber die Witwe wird dennoch der Armee untreu und geht zur Fahne Thaliens über.

Ohne Zweifel fand sich unter diesen Musenjüngern ein heißblutiger, werdender Romeo, ein Anfänger, dem nur die Rollen und die Gage fehlten, um aus ihm einen

Künstler ersten Ranges zu machen. Die Witwe wenigstens schenkte ihm ihr soldatenmüdes Herz. Aber, Unglückliche, diese Fahnenflucht wird dir teuer zu stehen kommen! Wenigstens die Gardeartillerie hat dir geschworen, sich zu rächen.

Es ist tiefe, stille Mitternacht. Alles schweigt in Spandau, nur im Zuchthause, unter den schlafenden Spinnern und Spinnerinnen, hört man zuweilen den Anruf der Wachen. Die Witwe scheint noch nicht zu schlummern. Die Chargierten, Langheinrich an der Spitze, schleichen sich an den Häusern entlang, sie sehen Gardinen schimmern, hinter ihnen zwei *ombres chinoises*.

Romeo ist bei der Witwe.

Nun werden die Laufgräben eröffnet. Man schleicht an die Haustür. Sie ist verschlossen; sie soll auch verschlossen bleiben. Man hat die Absicht, die Witwe einzunageln, Romeo zu einem Fenstersprung zu veranlassen, man will ihm mit taktischem Manöver den gewöhnlichen bürgerlichen Rückzug abschneiden.

Die Artillerie hat sich mit einem Bohrer und einem langen Draht versehen. Oberhalb des Haustürdrückers setzt Langheinrich den Bohrer an, der Bohrer dringt ohne das mindeste Geräusch in die Tür, bleibt fest, felsenfest, und nun wird der Draht so um den Bohrer und die Türklinke geschlungen, daß letztere von innen jeden Dienst versagen muß. Man kann drücken, kann zerren, kann rütteln, der Drücker geht nicht nieder, und das Haus ist nicht zu öffnen.

Kaum hat Langheinrich seine Belagerungsfinte ausgeführt, als durch die Nacht Schritte erdröhnen. Die Patrouille! Festungspatrouille! Husch! Ins Dunkel der Häuser!...

»Guten Abend, ihr Schwarzkrägen!« ruft der Gefreite der Patrouille. »Warum denn noch so spät auf der Straße?«

»Bester Rotkragen!« lautete die Antwort. »Wir haben noch auf dem Pulvermagazin zu schanzen und sammeln uns hier! Nehmt übrigens künftig die Laterne mit, daß ihr unsre Litzen seht!«

Der Gefreite sieht die goldenen Litzen der Bombardiere und Unteroffiziere und entschuldigt sich.

Endlich, es war zwei Uhr, wandelt ein Licht im Hause der Witwe auf und nieder. Romeo ist nicht in Verona, sondern in Spandau. Er springt nicht vom Balkon, sondern er eilt über die Treppe nach Hause. Schon hört man seine Schritte, schon schließt er das Haustor auf. Jetzt klinkt es. Baff! Die Tür geht nicht auf. Was ist das? ruft es drinnen. Man hört zwei Stimmen, Romeos und Juliens. Beide wetteifern in Vermutungen, Ahnungen, Verwünschungen. Es ist noch nicht die Balkonszene, die sie aufführen, sondern erst eine Hausflurvorszene.

Endlich zwingt die Situation den Spandauer Romeo zu einer Parodie der Garten- und Mauersprünge des liebenswürdigen Montague. Das Fenster öffnet sich. Ein niedriger erster Stock. Oben noch ein Abschied in allen philomelischen Akkorden.

»Willst du schon gehen? Der Tag ist ja noch fern. Es war die Nachtigall und nicht die Lerche!«

Er aber, Romeo: »Es war die Lerche, nicht die Nachtigall.« Und plumps! Unten lag er! Wohlbehalten an sich, ohne eine Spur von Verletzung, aber über ihm waltete die rauhe Hand des Schicksals in Gestalt eines Nachtwächters.

Man muß wissen, was ehedem ein Nachtwächter war, und gar ein Nachtwächter in Spandau! Jetzt ist die Nacht den Menschen so befreundet geworden, daß man solche wandelnde Festungen, wie vormals ein bewaffneter Nachtwächter war, vollends im Winter, nicht mehr antrifft. Ein Dieb! Ein Einbrecher! Romeo sträubt sich, protestiert, bietet seine »Gage«, seine eben erhaltenen Liebespfänder an, er beruft sich auf seine Künstlerehre.

Langheinrich bekommt Mitleid. Denn alle Liebenden haben einen Drang, sich gegen die schnöde Welt solidarisch beizustehen. Aber was tun? Aus der Seitengasse herausspringen, den unglücklichen Montague mit Mercutioaufopferung retten? Es würde ihnen allen einen »Mittelarrest« von wenigstens drei Tagen verschafft haben. Da hilft sich der kluge Musensohn selbst. Angekommen an dem Marktplatz und dessen nächtlich schlummerndem Gerümpel, reißt er sich aus Nachtwächtershänden los, stürzt in die dort aufgeschlagene bretterne Budenwelt und ist spurlos verschwunden.

Der schwerfällige Häscher ruht freilich nicht. Hilfe! Hilfe! Diebe! Heraus! ruft die Wache am Rathause. Der Wächter pfeift. Am liebsten hätte er Feuer geblasen. Die Wache schickt ihm drei Mann Sukkurs. An das Haus der Witwe! Der Nachtwächter will den Einbruch, das geöffnete Fenster konstatieren. Die Rotkragen folgen, Menschen sehen in Schlafmützen aus den Fenstern. Acht! Es wird lebendig in Spandau. Die Schwarzkragen können sich jetzt unter die allgemein erwachende Neugier mischen. Man untersucht das Haus der Witwe. Alles ist dort still, alle Läden sind geschlossen. Aber halt! Die Tür! Ein Bohrer, ein Draht an der Tür! Diebe! Die fünfzigjährige Julia Capulet erscheint oben am Fenster im Nachtgewande.

»Schließen Sie von innen auf! Diebe!« ruft man der Witwe zu.

Halb Spandau umzingelt das Haus. Laternen lösen das Rätsel der unfähig gemachten Tür. Dunkle Taten können nicht geleugnet werden. Man entbohrt das Haus und biegt den Draht ab. Am andern Morgen steht ein Steckbrief auf den Entsprungenen am Tor angeschlagen. Doch nahm Romeo schnell ein Engagement einige Meilen weiter in Nauen oder Friesack an, die Witwe reiste bald »ins Bad« nach Berlin, und die Chargierten der Artillerie waren großmütig genug, Langheinrichs Schwank, der sich allmählich von selbst lichtete, nicht noch mit schadenfrohen Zündern und artilleristischen Leuchtkugeln weiter zu erhellen.

Aber wir haben ja zum »Roß des Königs« kommen wollen! Eines Tages war beim Chef des gesamten preußischen Artilleriewesens, dem persönlichen Eroberer jener

Kanone vor dem Schlosse Bellevue, dem ehemaligen Anbeter der berühmten Récamier, dem Prinzen August in der Wilhelmstraße, eine große »Abfütterung« der Offiziere. Die Offiziere nannten die ihnen angetane Ehre im Nichtkurialstil selbst so.

»Wohlan«, sagte von den Chargierten einer, als die Batteriepferde zu Mittag endlich alle säuberlich geputzt waren, »heute, dächten wir, sind wir doch wohl vollkommen sicher. Der Oberst, der Kapitän, die Leutnants essen in der Wilhelmstraße geschmorte Kubik- und Quadratwurzeln, und höchstens unser kleiner Fähnrich von Haase studiert im Zimmermann, wie wirm hätten anstellen sollen, mit $a^2 \times b^2$ neulich das Geschütz aus dem Graben zu holen, das uns beim Manöver umschlug.«

Diese Rede kam von Langheinrich, der endlich den Murmeltieren und Spandauer Witwen entsagt hatte und von den Banden einer reinen, edlen, tugendhaften Liebe gefesselt war. Die schöne Pauline, die Tochter eines Wirts in der Heide am Plötzensee, war eine allgemein bewunderte Liebenswürdigkeit auf der ganzen Nordwestseite der Hauptstadt. Man glaubte, daß Langheinrich ihr Herz nicht ungeteilt besaß. Wenigstens widmete Fähnrich von Haase dem Plötzensee eine solche Naturliebe, daß man annehmen mußte, er wäre trotz seiner jugendlichen Unreife Langheinrichs Nebenbuhler in der Gunst der schönen Wirtstochter. Langheinrich stimmte in den allgemeinen Wunsch ein, die Freiheit und das herrlichste Wetter zu einem massenhaften Spazierritte zu benutzen. Man nahm dazu – »die Pferde des Königs«!

Ein gewagtes, gefährliches Unterfangen! Ein Spazierritt mit »Staatsgut«, mit den »Rossen des Königs«! »Pah!« rief der versöhnte Hartmann. »In der Wilhelmstraße wird getafelt! Fähnrich von Haase hat die Stallwache, aber er kommt erst gegen Abend! Gesattelt! In den Bügel! Müssen wir aber doch ›Prison besehen‹, so ruhen wir uns einmal gemütlich auf der Pritsche aus.«

Gesagt, getan! Zwei Feuerwerker, fünf Unteroffiziere, drei Bombardiere satteln die »Rosse des Königs« zu ihrem – Privatvergnügen.

Wohin? hieß es, als man den Fuß schon in den Steigbügeln hielt. Auf den Gesundbrunnen! riefen die einen. Zur schönen Pauline! die anderen. Und: In die Jungfernheide! fielen alle ein, noch ehe Langheinrich nachdrücklicher hatte widerraten können. Man gibt die Sporen, sprengt zur Pforte des Stallgebäudes hinaus und schwenkt links ab zum Oranienburger Tor, an den Kirchhöfen, Gärten, Landhäuschen, dem Apollosaal vorüber, zum Jägerhaus an der Panke und durch die sandige Kiefern- und Eichenwaldung zum Plötzensee.

Unterwegs gab es um so lustigere Gespräche, je mehr es im Gewissen rumorte. Die Menschennatur betrügt sich gern selbst. Die Erinnerung an ein Abenteuer mit dem englischen Gesandten lebte noch frisch in diesen wilden Köpfen. Ihrer vierzig Mann stark, waren kürzlich die Avancierten nach Küstrin marschiert, um Rekruten einzuüben. Auf der Frankfurter Chaussee, dicht bei der »Neuen Welt«, begegnet der Truppe der englische Gesandte zu Pferde. Die Marschierenden wollen ebensowenig ausweichen wie Mylord. Mylord hält sein Vollblut an, hebt die Peitsche, gibt die Sporen und reitet mitten in den Kriegerschwarm hinein. Dieser, statt auseinanderzustieben, verengert sich. Mylord schlägt mit der Gerte links und rechts unter die Drängenden. Es war die Zeit, wo Codrington bei Navarin gesiegt hatte und Wellingtons Name die Alte Welt regierte. Dennoch gab es hier an der »Neuen Welt« ein Scharmützel. Mylord wurde an seinen langen großbritannischen Beinen gefaßt, bügellos gemacht, heruntergezogen und so übel von einer Truppe der Heiligen Allianz zugerichtet, daß die Erfahrenen und Ältesten des Korps, als der mutige Kämpfer gerufen hatte: »*Goddam! Very well!* Ich bin der englische Gesandte!«, von dem verletzten Völkerrecht und dem Bruch des politischen Gleichgewichts in Europa eine Ahnung bekamen.

Der Gesandte sah den Schrecken, den plötzlich die Nennung seiner Würde hervorbrachte, verleugnete aber seinen britischen Humor nicht. Er zog die Börse, reichte mit den Worten: »Ihr habt mich gut durchgehauen, Soldaten!« seine Guineen rundherum jedem, der etwa zugreifen wollte. Niemand griff zu.

Mylord bestieg sein Pferd, klemmte die Lorgnette ins linke Auge und ritt lachend von dannen. Die bestürzte Mannschaft schließt einen Kreis, leistet einander einen feierlichen Schwur, um alle »Europäischen Verwicklungen« zu vermeiden, den Vorfall an der »Neuen Welt« ersterben zu lassen und keinen Rapport darüber zu erstatten. Mylord tat desgleichen. Und so erstarb diese Affäre, die einen Notenkrieg zwischen Berlin und London hätte veranlassen können. Er erstarb in einem Schwur dieser vierzig Mann, unter denen sich auch der Bruder befand. Er erzählte, man hatte den Vorfall so heilig genommen, daß jedem, der beim feierlichen Ehrenwortgeben rauchte und im Rauchen fortfuhr, der »Cigaro« vom Munde weggeschlagen wurde.

Mit diesen Erinnerungen trabte die Gesellschaft auf den Rossen des Königs in die Tegeler Heide. Jetzt erzählten sich die Staatsfrevler von Kraft- und Kernausdrücken der Kameraden. Wieder mußte florieren der alte Feuerwerker Trimm, den alle damals in Küstrin kennengelernt hatten. Trimm! Du Stichblatt jeder lustigen Laune! Unerschöpflicher Vorrat für die Unterhaltung! Um einen plötzlichen Schreck zu bezeichnen, sagte der alte Feuerwerker in Küstrin gewöhnlich: »Mich krepierte aber auch gleich 'ne siebenpfündige Granate im Leibe.«

Als ihn ein ehemals »Napoleonischer Deutscher«, ein Major in Küstrin, zu oft »Korporal« genannt, krepierte ihm wieder eine Granate im Leib, diesmal vor Ärger. »Herr Oberstwachtmeister, ich diene der preußischen Fahne nun schon zwanzig Jahre, aber noch keine Minute als so ein Ding wie ein Korporal.« Die Bezeichnung war in der preußischen Armee nicht gang und gäbe. Eine Lieblingswendung Trimms war ein Kernspruch der äußersten Entrüstung: »Da möchte einem die pure Seele vom Leibe faulen!« Drohte Trimm mit dem Messer oder der Säbelklinge, so sagte er: »Hund, ich mache dir was zwischen Lunge und Leber!« Um einen Menschen zu bezeichnen, der kaum etwas mehr als ein Kalb war, pflegte er zu sagen: »Wenn ein Ochse gebären könnte, so wüßte ich, wer dem Menschen seine Mutter wäre.« Auf einen ausrangierten alten, ihm zu eigen gewordenen Säbel ließ er sich die Worte ätzen: »Recht zu tun ist jedermanns Pflicht. Anders wenigstens will es mein König nicht!«

Endlich bis zur Jungfernheide gekommen, lenkte man zum Plötzensee ein, immer in dem tiefen, urweltlich vom Meere angeschwemmten märkischen Sand. Pauline empfing die Gäste mit nicht minderer Aufmerksamkeit als »die Rosse des Königs«.

Die starken, kräftigen Tiere wurden in den Stall gebracht. Es war drückend heiß. Der harzige Duft des Tannenwaldes verlockte, im Freien zu bleiben, aber das niedrige, still im Grünen gelegene Häuschen bot noch kühleren Schatten. Man bewirtete die Gäste nach Verlangen, nur Langheinrich schien der Bevorzugte zu sein und mußte sich die Neckereien der Kameraden gefallen lassen.

Langheinrich forschte nach dem Fähnrich. Lachend gestand Pauline, daß das Bürschlein sie oft heimsuchte und schon vorgegeben hatte, er wolle nächstens einmal im Plötzensee angeln. Pauline hatte nicht einmal verstanden, daß der Junker figürlich gesprochen und unter den Fischen des Plötzensees sie selbst verstanden hatte. Freilich, wenn silberne Portepees der Köder sind! hieß es. Der Stich war für Langheinrich bestimmt; zu lernen und sich aufs Examen vorzubereiten war seine Sache nicht. Es wurde Zeit, daß Paulinens Erkorner einen Beweis der Liebe und Treue gab, deren die schöne Tochter des Waldes für ihn fähig sein konnte.

Es kam die Rede auf das letzte dreitägige Manöver. Langheinrich erzählte, er wäre in der letzten Nacht auf seinem Tier eingeschlafen. Die Kameraden wußten die Position, wo man in der Nähe einer Reservebatterie unter fernem Kanonendonner als ganz alleinstehender Wachtposten einschlafen konnte. Hinter dem Wedding hatte sich der Kampf zwischen den beiden von General von Tauentzien und dem Herzog Karl von Mecklenburg gegeneinander operierenden Korps eröffnet und war durch einen forcierten Marsch nach Südost plötzlich in die sogenannten Rollberge hinübergeworfen. Die Reserve des Tauentzienschen Korps folgte langsam und kam nicht ins Feuer. Nichts ist nun abmattender als eine solche Wacht in der Sonnenhitze des Tages und unter der Furcht der Alarmierung in der Nacht. Die Biwaks konnten nicht aufgeschlagen werden; von Spandau aus durch die Tegeler Heide hatte die Reserve immer langsam vorwärts zu rücken und dabei eine Umgehung über den Kreuzberg von Süden her zu gewärtigen.

Langheinrich schlief also ein. Er hatte sich den Zügel zur Vorsicht um seinen Fuß geschlungen, aber die Windung mußte sich gelöst haben, er war vom Pferde geglitten und schlafend im Walde liegengeblieben. Sein Pferd ist plötzlich ohne Reiter. In der Ferne beginnt schon wieder die Kanonade. Früh, Morgendämmerung, und Langheinrich fehlt an der Batterie. Sein Pferd, Rinaldo wurde sein Gaul selbst in einem Militärstall genannt, irrt hin und her im Walde und im Sande. Der treue Fuchswallach scheint zu ahnen, wie groß die Verantwortlichkeit war, der sich sein leichtsinniger Herr aussetzte; denn nicht wenig Wochen Arrest standen auf eine solche Vernachlässigung des Dienstes.

Rinaldo irrt mit fliegenden Steigbügeln, sucht und sucht und entschließt sich endlich – denn fast möchte man von »Intellekt« reden –, des schlummernden Reiters Unfall zu melden, wo derselbe seit Monaten täglich zu finden war.

Rinaldo, der nicht sagen kann: Langheinrich, steh auf. die Kanonade geht an!, trabt durch Busch und Baum zur schönen Pauline. Diese hört in noch so früher Morgenstunde das Wiehern und Stampfen eines Rosses draußen, öffnet ihr Fenster und erblickt Rinaldo gesattelt, herrenlos, wie auf der Flucht. Sie schreit vor Entsetzen auf. Man öffnet das Tor, läßt den Renner ein, bringt ihn in den Stall und möchte ihn ausfragen, wo sein Herr geblieben.

Schon kommt das Schießen näher. Tauentziens Reserve soll vorrücken. Pauline, kriegskundig wie jede Soldatenbraut, ahnt die dienstliche Gefahr des Freundes, selbst wenn ihn kein weiteres persönliches Unglück getroffen hätte und ihm der Gaul nur durch Zufall entkommen. Sie macht sich mit Knechten, Mägden, mit Vater und Mutter auf, läuft in den Wald und sucht Rinaldos Herrn. Endlich finden sie ihn; im tiefsten Sande, unter den abgefallenen Eicheln und den welken Blättern von Zwergeichen, die ihr ja alle kennt aus den märkischen Wäldern!

Man weckt den Schläfer. Er sieht um sich, hört das Schießen. Mein Pferd! Mein Pferd! Es ist geborgen, heißt es, im Stall von Plötzensee. Gott im Himmel – das kann mich...!

In einer Viertelstunde hatte er seinen Gaul wieder. In einer halben rief das Signal zur Sammlung aller Mannschaften und zum Rückzug. Hätte Langheinrich gefehlt oder er wäre unberitten am Posten erschienen, es würde ihm mehrere Wochen Gelegenheit zu einsamen Monologen in der Lindenstraße gegeben haben.

Bravo! riefen die Kameraden nach dieser Erzählung. Paulinen wurde ein Hoch gebracht, das letzte Glas ausgetrunken und allmählich der Heimritt angetreten. Wie streichelte Pauline den braven Rinaldo, der damals die Fürsorge und Obhut der Geliebten wachgerufen hatte! Noch brach sie Haselnußzweige und steckte sie da und dort unter das Riemenzeug und die Sattelgurte des guten Braunen, um ihm die stechenden Fliegen abzuhalten. Als wollte er danken, schlägt Rinaldo den Schweif und scharrt mit dem Vorderfuß.

Man steigt auf, gibt die Sporen und scheidet. Ein halbgelungenes Wagnis gibt für die zweite Hälfte des Frevels doppelten Mut. Den Herren Geschützführern war ihr dienstwidriger Spazierritt mit den »Rossen des Königs« zur Hälfte gelungen, der Heimritt stimmte sie übermütig. Batterietrab! hieß es. So fliegen sie durch die engeren

Wege dahin! Sie biegen in die chaussierte Straße in zwei Zügen und nun gar auf Kommando: Batteriegalopp! Der linke Fuß kitzelte die Weichen, und die Tiere springen rechts an zu einem Ritt, der den Staub der Straße aufwirbelt und das ganze damals kirchhofstille Viertel des Woltersdorfer Theaters alarmiert. Aber hilf, Himmel! Bei einem Ausbiegenmüssen an schwerfälligen Lastwagen stürzen drei Reiter, unter ihnen Langheinrich.

Der junge Don Juan im Doppeltuch ist für sich glücklich und bleibt unversehrt, aber sein treues Roß! Rinaldo, das Pferd des Königs, prallt mit dem Kopf an einen Chausseestein und bleibt für tot liegen. Alles hält erschrocken an, springt ab, ein Roß, das sich von einem Sturz nicht sogleich erhebt, muß tot oder zum Tod verwundet sein. Da tröpfelt Blut! Rinaldo ist tot!

Leichenblaß und ratlos stehen die übermütigen jungen Männer, an den Zügeln die dampfenden Pferde haltend. Langheinrich will noch einen Scherz über Geographie, Längenmaße, numerierte Chausseesteine mit soundso viel Quadratfüßen wagen, aber das Wort stockt ihm im Munde. Sein Rinaldo regt sich nicht.

Er faßt des Rosses Puls, ruft: »Es ist nicht tot!« Aber auch ebenso rasch antworten die anderen: »Seht nur das Auge!« Langheinrich starrt. Der Anblick, der sich ihm bot, war entsetzlich. Dem guten, treuen, lieben Rinaldo war sein schönes, schwarzes, glänzendes Augenoval aus der Höhle gedrängt; furchtbar anzuschauen.

Langheinrich fühlte ein Zucken, als sollt' er zusammensinken oder als »krepierte ihm in der innersten Leber«, wie »Korporal« Trimm gesagt haben würde, »eine siebenpfündige Granate«.

Doch greift er nach der Kandare, nimmt sie sanft vom Kopf des Pferdes, lüftet den Sattelgurt. Alle zittern um die allgemeine Schuld. Das Tier springt auf, aber das Auge bleibt an der Höhle hängen, blutend. Jede Hilfe scheint unmöglich.

Man muß das unendlich rührende Schweigen eines duldenden Pferdes kennen, um zu begreifen, wie dem so bitter Bestraften dieser Anblick die Seele zerriß.

Langheinrich ist der erste, der sich sammelt. Er streichelt sein Tier, spricht kosende, liebevolle Worte: »Rinaldo! Mein alter Hans, was machst du mit mir?« Menschen umstanden schon die Szene. Alles Aufsehen war zu vermeiden. Zurück, zurück zu Paulinen! Die andern wandten die Rosse, Langheinrich führte Rinaldo am Zügel. Langsam und die Rosse wie halb lahm, ging es in den Wald zurück. Die Freunde dort sehen von fern den Trauerzug, stürzen den Rückkehrenden entgegen. Pauline findet ihr mit Reisern geschmücktes, geliebtes Roß so mit gesenktem Haupte im Sande schleichend wieder. Was ist geschehen? Rinaldo! Ruhe! Ruhe! Langheinrich weist jede Berührung seines Pferdes zurück, verlangt Leinen, Essig, Wasser, schüssel- und eimerweise. Man bringt das Verlangte. Langheinrich ersucht die Kameraden, des Tieres Kopf zu halten. Andere heben den Vorderfuß. Nun nimmt er das befeuchtete Leinen, reinigt das Tier rings um das entquollene Auge vom Blut und beginnt dann, sanft, milde und gelassen das Auge wieder in die Höhle zurückzudrängen. Rinaldo hält aus mit der himmlischen Geduld, die Tieren eigen ist, wenn sie leiden. Alles steht starr und schweigsam. »Laßt los!« ruft Langheinrich mit Entschlossenheit. Die Kameraden springen zurück, Rinaldo schüttelt sich. Die Operation war gelungen. Das Bluten hörte auf. »Aber was half's!« fügte Langheinrich, dessen Veterinärkenntnisse bewundert wurden, hinzu: »Armer Rinaldo, wirst für immer blind bleiben an dem Auge und bist es schon!« Pauline weinte. Die Zeit zur Klage war gemessen. Das Diner in der Wilhelmstraße konnte zu Ende sein. Man ritt zurück; und nichtim Batterietrab, noch weniger im Batteriegalopp. Man ritt, wie Entdeckung fürchtende Sünder am Hochgericht vorbeireiten könnten.

Im Stall angelangt, trifft man schon Fähnrich von Haase, den Angler vom Plötzensee. Das war ein Zetermordio. Die kleine Kadettenautorität mit der Fistelstimme tobt und rast und schreit »Hochverrat am Königsgut« und droht mit allen Schrecken der Lindenstraße.

Vorerst mußte man ruhig seinen Grimm hinnehmen und auf zwei Dinge sinnen, einmal, ihm den Zustand Rinaldos zu verbergen, und zweitens, ihn auf irgendeine Art zum Mitschuldigen zu machen. Daß er schon beim Ausritt trotz der Stallwache, die ihm oblag, gefehlt hatte, war ein Umstand, der auch ihn belastete und sein sicheres Auftreten allmählich milderte.

Dem Rinaldo war der Gurt aufgeschnallt, der Sattel abgenommen, der Halfter aufgelegt. Der Fähnrich merkte nichts. Im Gegenteil, der eine Teil der Sünder gibt sich ein leichtes, gewissensruhiges Ansehen, trällert, spricht vom Diner in der Wilhelmstraße, von gekochten Kubikwurzeln mit Fischkoteletts, von Ikleien, Steckerlingen und Stinten im Plötzensee, und Fähnrich von Haase läßt sich immer mehr fesseln. In die reizende, schlanke Pauline mußte er verliebt sein mit dem ganzen Feuer, das sich bisher in den Mauern des Kadettenhauses in der Klosterstraße nur in Phantasien hatte auslodern können. Er sah nicht, daß Rinaldo still und traurig vor der Krippe stand, nicht fraß, den Kopf senkte oder ihn zuweilen nur leise, wie ermüdet oder wie von Hitze gequält, an die Wand legte, als suchte er Kühlung für die tief unterm Auge geheim brennende Wunde, es mußte durchaus ein Tierarzt herbei. Langheinrich war entschlossen.

»Herr von Haase, wenn Sie wollen, will ich die Stallwache für Sie übernehmen und die Nacht statt Ihrer hierbleiben.«

Der Fähnrich fixierte seinen Rivalen, schlug den Roman aus Fernbachs Leihbibliothek, den er eben lesen wollte, zu, besann sich, ob hier eine Falle, sah über die kleinen hohen Fenster hinaus die schöne goldne Abendsonne draußen so lockend blitzen, dachte an die schlanke Pauline, an einen Besuch bei der Angebeteten – genug, Fähnrich von Haase verwünschte den Odeur der Ställe, dankte für die Bereitwilligkeit

Langheinrichs und schlüpfte mit seinem seidenen Taschentuche, dem Roman und seinem liebelüsternen jungen Herzen davon, zur Chaussee hinaus und zu Paulinen.

Der Tierarzt kam, besah den Schaden, schüttelte den Kopf. sprach von pflichtschuldiger Anmeldung, verdorbenem Gut des Königs, Unheilbarkeit. Alle bitten, flehen, schmeicheln. So schreibt denn der endlich erweichte Mann: Der Fuchs des Geschützführers Langheinrich muß auf einige Zeit vom Dienst dispensiert werden; er leidet an »verschlagener Druse«.

Nach einigen Wochen war Rinaldo total blind und mußte ausrangiert werden. Aber auch Langheinrich verlor den Leichtsinn seiner ersten Jugend. Pauline wurde sein Weib. Er gab die Militärkarriere auf. nahm den Abschied, legte sich auf dem Lande eine Ökonomie zu und kaufte den Rinaldo, um das treue Tier bis in sein Alter zu pflegen.

Ähnliche zahlreich vorgekommene und umständlich berichtete Geschichten wurden ihrer Abenteuerlichkeit wegen mit gierigem Ohr belauscht. Der sich durch sie hinziehende rote Faden von Liebe und vom Reiz der Frauen entschlüpfte der Kindeshand keineswegs; eine gewisse geheimnisvolle Wirkung blieb von alledem bedenklich zurück.

Herr Cleanth ging von der Ansicht aus, daß ein Knabe früh lernen müßte, den Reiz der Weiblichkeit sozusagen – auszuhalten.

Der Weise hatte recht. Worin liegen die Gefahren der späteren Jugend mehr als in diesem noch nicht gekannten Zauber der schönen und dem Ideal entsprechenden Weiblichkeit? Dagegen stumpft ein früh an anmutige Geselligkeit, schöne Lebensformen, man möchte sogar behaupten, an rauschende seidene Kleider und malerische Trachten gewöhnter Knabe den Reiz ab, den uns das Anstreifen am Frauenwesen verursacht.

Ein wilder, blindlings den Frauen nachrasender Freund gestand einst dem Erzähler mit Trauer: »O Freund, ich bejammere, was ich von Phantasie, Glauben, Lebensmut, Lebenskraft an die Frauen verschwendet habe! Nie hatte ich als Knabe in der Nähe zarter, schöner, froher Mädchen gestanden, hatte nie diese zauberische Berührung von Atlas, Samt, Seide empfunden, nie mich an einem schönen Arm oder an einem Handschuh gestreift, der zierliche Finger umschloß. Da erwachte im Jüngling diese glühende, zurückgehaltene Sehnsucht zum Schönen, und wo war es zunächst zu finden als beim Weibe! Ich hatte das Wissen in seinem schweren und nur halbbelohnenden Erwerbe hinter mir, nun wollte ich ein höheres Licht, wollte das wahre Leben, die Schönheit und das beseligte Herz – wohin führte mich der Taumel einer solchen Sehnsucht? Es mag unglaublich klingen, aber es ist wahr, ich suchte in jeder weiblichen Begegnung, die dem Auge gefallsam erschien, mein Bedürfen nach Hingebung, mein Hangen und Bangen nach dem Geheimnis glücklicher Liebe zu befriedigen. Ich liebte edle Mädchen, aber der lange Roman des Hoffens und Werbens rieb mich auf. Ich wollte besitzen, wollte nicht besitzen des flüchtigen Genusses wegen, nein, ich wollte den Edelstein des Frauenzaubers finden und suchte ihn selbst im Schutte auf, vor dem mich hätte schaudern sollen. Putz, selbst da, wo keine Schönheit war, reizte ein Auge, das in schönen Formen nie Kunde und Übung hatte. Ich fühlte das Bedürfen, irgendwie dem Weibe nahe zu sein, irgendwie in diese Existenz einer andern Welt einzublicken, an diesem so glücklichen neutralen Prinzip in allen Alternativen des Denkens und des Lebens mich anzusiedeln. Denn wie ruht es sich so schön an einem Haupte aus, das allein nur an dich denkt, in diesem Augenblicke wenigstens auch ihr Vergessen in dir nur findet! Im Doppelleben der Menschheit als Mann und als Weib liegt eines der Zauberworte, das uns die Tür des Jenseits entriegelt. Dieses einzig und allein wollte ich selbst aus wilden und rohen Klängen abhorchen. Selbst aus der Asche bemitleidenswerter Frauen schlug noch manchmal eine reine Flamme auf, rührte mich und konnte mich und sie auf Augenblicke verklären.«

Ein an Liebe reiches Herz bedarf der Liebe. Herr Cleanth schien ähnlich zu denken wie unser Freund. Sein Malertalent mochte zweifelhaft sein; aber ein Lebenskünstler war er gewiß. Er verlangte gefällige Tracht, gewandtes Benehmen, konventionelles Entgegenkommen, Artigkeit gegen alle Frauen, junge und alte. Er selbst gab das Beispiel der Galanterie. Er hielt seine Zöglinge an, die Worte zu wählen, den Körper in Schick zu bringen, Damen die Hände zu küssen, gewandte Formeln der Höflichkeit zu sprechen. Gesellschaften wurden gegeben, wo sich die Mädchen mit den Knaben zum Spiele vereinigten. Er beförderte die Besuche gerade bei solchen Familien, wo junge Mädchen, oft recht ausgelassene, wilde, den Ton im Hause angaben. Ganz gegen die neue Lehre der Erziehung war Herr Cleanth gerade für die Kinderbälle. Ihm schien bei diesen jungen Stutzern und kleinen Koketten hinlänglich gesorgt, daß noch niemand Gefahr lief, überreizt zu werden. Zur Liebe waren ihm ja die beiden Geschlechter der Menschheit einmal bestimmt, die Eitelkeit und die Galanterie waren ihm Erbschaften unserer Natur. Wozu sich also da den Vorteil entgehen lassen, Knaben schon beizeiten zu »Artigkeiten« »gegen die Damen« zu dressieren und sie an einen Verkehr mit dem schönen Geschlecht zu gewöhnen? Welche Verlegenheiten haben oft zwanzigjährige junge Männer, bei einem Ball Tänzerinnen zu gewinnen oder in einem Salon mit Damen eine Unterhaltung anzuknüpfen! Cleanth ließ seinen Sohn tanzen, Französisch sprechen, Damen die Hände küssen, die Kinderbälle besuchen.

Der Gespiele, der nur ab und zu dies sein Lebensparadies betreten durfte, sah in soviel Herrlichkeit nur von weitem ein. Wie konnte er sich auch ganz aus seiner häuslichen Erde entwurzeln! Ohnehin war das Tanzen den Eltern ein Greuel wie die Komödie. Der Gespiele sah den Freund über die geglättete Diele schweben und sich anmutig im Kreise drehen, während er selbst nur – manchmal Tränen im Auge – mit Bärensüßen nachtrottete. Gewandt entschlüpfte dem Freunde die Phrase: *A vot' santé, ma chère tante*, die auch der Gespiele nachsprechen sollte, die Reihe herumgehend beim Dessert am Tisch und jedem Erwachsenen die Hände küssend. Wieder stand eine Ohrfeige in Perspektive. Der Versuch wurde schon mit Widerstreben gemacht. Eine alte Tante schalt eines Tages, eine andre lachte, der Knabe wurde verwirrt, erzürnte sich, brüskierte die Gesellschaft, stürzte in ein Nebenzimmer und schlug die Tür zu, um sich einer solchen Dressur zu entziehen. Es waren vornehme »Tanten« des Hauses, polnische Verwandte aus Militärkreisen. Aber so gut sie russisch taten, die Knute blieb diesmal aus. Herr Cleanth verlegte sich auf ein vernünftiges Zureden. Er schien etwas von der wahren Ursache der Verzweiflung des rebellischen Jungen zu ahnen. Die beiden Tanten gaben sich in der ganzen, auch ihm unausstehlich breiten Förmlichkeit russisch-polnisch-französelnder Etikette.

An zunehmender Blickschärfung für menschliches Tun konnte es unter solchen Umständen nicht fehlen. Die Charaktere wurden durch den Kontrast erkannt, der nicht greller sein konnte als z.B. zwischen dem apokalyptischen Vetter und dem Freigeist Cleanth. Das sah der Knabe frühe, wie sich alles den Machtbegabten zudrängte, sich dem Glanze unterordnete, die tiefste Ergebenheit sich nach der Sonne der Gunst neigte. Der Vorteil stand da als Regulator aller Lebensverhältnisse. Mancher Stachel der Zurücksetzung oder des erlittenen Unrechts blieb im verwundeten Gemüt haften. Beklemmend war ihm das Durcheinander der Interessen, das Laufen und Rennen der Menschen um nichts, soweit ihm wenigstens scheinen wollte, und dabei eine Geschwätzigkeit, die für jene Kreise, in denen er zuweilen leben durfte, durch etwas speziell Lokales noch eine besondere Färbung erhielt.

Man kennt die Berliner Hofräte. Sie sind ausgestorben; an ihre Stelle ist der Berliner »Geheimrat« getreten. Der Hofrat war liebenswürdiger. Die Geheimräte erstarren nächstens zur Mumie. Sie geben sich mit beständiger Betrachtung des Schattens, den sie werfen, mit Verwunderung gleichsam über sich selbst. Da war die alte Berliner hofrätliche Emsigkeit, das windigste, charakterisierte Nichts, die Abhängigkeit von einigen aufgerafften und höchst sicher vorgetragenen Phrasen, die immer blindlings angenommene Tradition, die süßeste Unterwürfigkeit gegen Obere, ein stetes Zummundereden von einer Gesellschaftsstufe zur andern, die Sucht nach Auszeichnungen und leeren Titeln, besonders nach Ordensverleihungen, wie sie auch jeden 20. oder 21. Januar wie bei Schulprüfungen erwartet wurden, doch noch amüsanter, leutseliger, kulanter.

Aber der Knabe wurde mit einer wahren Angst vor dieser jenseits seines eigenen Lebens liegenden Welt erfüllt. Es kam ihm vor, als wenn seine ursprüngliche Lebensheimat zwar die der Armut, aber die Welt der gesinnungsvollen Ehrlichkeit war. Der biblische Vetter Wilhelm schwebte so hoch über vornehm tuender Lüge und Narrheit, er wußte so treffend die Endlichkeit alles glänzenden Elends der Erde zu bezeichnen, er wußte die wahre Wahrheit und das lebendige Leben so an die ewige Quelle des

Lichts und der Erlösung zurückzuleiten, daß der Knabe zwar in die vornehme Welt mit mächtigstem Reize ging, aber doch wie gefeit gegen Lug und Trug.

Eine Abenderzählung des Vaters von einem Wintersturm auf der pommerschen Heide, von jenem Prallschuß bei Leipzig, von einem Biwak im Ardennenwalde erkräftigte den Knaben, daß er nicht zagte und bangte in dem Getändel von Formen, die ihm ungeschickt gelangen oder die man ihm als Fallen legte, um sich über seinen Sturz zu belustigen.

Auch der mit Liebe und Inbrunst erfaßte Gottesgedanke half ihm oft hinweg über erlittene Unbill. Er gab ihm beim einsamen Nachhausegehen im Abenddunkel von so vielen nur halb verstandenen rauschenden Gesellschaftsleerheiten Trost und so viel Erhebung, daß er stark und kräftig, wenn auch oft nach dem bittersten Weinen, in das er (und eigentlich um nichts) ausbrechen mußte, immer wieder in seine häusliche Welt zurückkehrte mit dem wachsenden Mute des Selbstvertrauens.

Und lag auch nicht eine Erhebung darin, daß der Knabe mitten in dem prächtigen Gewebe vom Laufen im Zirkel, Blind-Dahinrennen, devotesten Grüßen, Schmeicheln, Speichellecken so vielerlei schwarzen Schicksalseinschlag bemerkte?

Es ist ein schaudervoll grausames Wort, das den über die geraubte Tochter jammernden und über die von der Tochter vergeudeten Reichtümer schier verzweifelnden Shylock tröstet, wenn ihm Tubal von des Antonio untergegangenen Schiffen sagen kann: »Andre Leute haben auch Unglück!« Es gibt aber Lebenskompensationen solcher Art. Sie sind da und wirken beruhigend, wenn man sich auch schämt, es einzugestehen. Man fühlt diese Ausgleichungen der ewigen Nemesis, ohne sie herzlos anzurufen oder rachelechzend zu bejubeln. Andre Leute haben auch Unglück! Andre Leute entbehren auch! Die Reichen haben kummervolle Nächte! Der Große muß sich wieder Größeren unterwerfen, noch Mächtigeren dienen! Auch sie werden gezerrt von den Armen geringerer Verwandtschaft, die sich an sie kettet und Hilfe für ihren Ruin verlangt!

Da waren ehrenvoll genannte Namen. Jedes Geschäft wurde ihnen zugewiesen, jede Vermittlung anvertraut. Plötzlich – ein Flüstern, wenn man sie nannte. Es waren Kaufleute, die eben falliert hatten. Sie entflohen oder wanderten in lange und nicht immer bequeme Gefängnisse.

Das Wort: Bankrott! weckte dem Knaben erschütternde Vorstellungen von namenlosestem Menschenweh. Der Bankrott der »Gebrüder Benecke« erfüllte die ganze Stadt. Andre Namen wurden plötzlich wie totgeschwiegen. Ihr Stand, ihr Ehrgefühl, ihre Liebenswürdigkeit hatte sie nicht gehindert, Verbrecher zu werden.

Von unglücklichen Ehen wurde gesprochen, von Scheidungen, mißratenen Kindern. Oh, diese Welt war immer im Fluß, in schwatzhafter Bewegung, charmant, liebenswürdig, aber plötzlich stockte sie. Dann war etwas geschehen, was alle erschütterte, eine Tat, ein Schicksal war dazwischengefahren, und schmerzlich genug fühlt bereits ein

Kind, daß jener Schlag, der die Pause am längsten andauern ließ, nicht immer der Tod war. Und freilich dann auch der Tod! Ja, man sah Tränen und hörte Klagen. Für die roten Gewänder rauschten schwarze auf.

Aber manchmal wurde dann die Geschwätzigkeit des Glücks abgelöst von der Geschwätzigkeit des Unglücks. Man hörte prahlende Reden, wie man ertragen, entbehren, dulden, sich einrichten wollte. Und das Kind sah, welch ein Behagen aus dem neuen Zustande erwuchs. Die Erbschaften wurden besprochen. Ost entwickelte sich aus dem Tode eine noch größere Pracht, eine noch größere Freude. »Lachende Erben!« Das war dem Kinde ein Wort, anfangs unverständlich, dann so häßlich wie das Lachen der Lachtauben, das ihm nie gefallen konnte. Lachende Erben! Er hatte ein Bild in allen Buchbinderläden gesehen, wie ein reiches, sogenanntes »Hundefräulein« einen geliebten verstorbenen Favoritmops begraben läßt und den eingeladenen, mitleidbezeugenden Pöbel mit Kuchen und Wein traktiert. Die Geschichte war soeben passiert. Und so kamen ihm alle »lachenden Erben« vor. Ein Hund auf einem Katafalk mit Lichtern und ringsum lachende Heuchler, die zu weinen vorgeben und Kuchen essen und Wein trinken. Ein Toter war in der vornehmen Welt oft längst vergessen, und nur ein Kind, das ihm völlig fernstand, trauerte noch um den alten Herrn, der dort immer am Fenster bei den Hyazinthen gesessen, gescherzt, so präzis nach der Uhr gesehen hatte, an deren Kette man spielen durfte. Dann war er einmal gegangen und nicht wiedergekommen.

Je stärker die Stöße und Angriffe werden, die das Leben auf ein junges Gemüt richtet, desto besorgter wird es sich nach Schutz und Beistand umsehen. Die Welt wimmelt von Haß und Feindschaft. Wo ist Liebe? Der Mensch, kaum geboren, sucht Liebe. Der tote hölzerne Hund, das bärtige Kätzchen von Papiermaché gewinnen des kaum lallenden Kindes erste Zärtlichkeit. Bald freilich zertrümmert die wilde Menschennatur, wie oft in späteren Jahren, oft grausam genug, ihr erstes Spielzeug der Liebe. Die süßen Himmel werden gestürzt, die stumme Gegenliebe wird zerrissen, immer Neues will sich der flatterhafte Sinn erobern, um das Ausgekostete, Genossene für wieder Neues auszutauschen. So wird der Arm um einen Gespielen, so um eine Nachbarin geschlungen, und wie bald sind sie vergessen!

Der Knabe empfand zwei Neigungen zu gleicher Zeit; ein Fall, der seinem Doppelleben entsprach. Die Liebe in der Armut galt einer Tochter jenes Selbstmörders in der Sattelkammer; die Liebe im Reichtum war ein lebhaftes, witziges, ausgelassenes Mädchen, eines Rates Tochter. Beide Phantasien ähnelten sich zum Verwechseln. Sie wurden mit demselben Herzen, demselben Munde durchlebt, die eine auf den dunklen Schleichwegen des akademischen Turms und im Wiesengras der Alltagswelt, die andre sonntäglich auf dem Teppich ihres väterlichen Salons. Beide hatten dasselbe krause, schwarze, weiche Haar, beide kurzgeschnittene sogenannte Schwedenköpfe, beide hatten feurige braune Augen, beide dieselben weißen Zähne, dieselben kleinen

Stumpfnäschen, beide waren behend wie Gazellen, älter als der Knabe, der auch in beiden Körpern nur eine und dieselbe Seele liebte. Und diese Neigungen, die eben nur Gefühle waren, ausdruckslose Stimmungen, wurden erwidert.

Von beiden Wesen fand sich der Knabe bevorzugt – wie man eben von Frauen bevorzugt wird – zum Necken, zum Gehänseltwerden; was ist den Frauen Männerliebe? Dienen und Apportieren! Diese beiden Mädchen, älter geworden, schenkten im Spiel nur diesem ihre Gunst oder wußten es vollkommen, wie sie ihn verletzten, wenn sie andre wählten. Auch der Haß, wenigstens Zorn und Schmollen, ist eine Form der Liebe bei so junger Neigung. »Ich möchte ihm die Augen auskratzen« oder: »Der infame Bengel«! Alles das ist Liebe, und darum schwärmte der Knabe auch mit der Tochter des Erhängten unter den Sternen und mit der Tochter des Rates unter duftenden Zimmerblumen.

Wo Liebe ist, ist auch Leid. Und das Leid der Liebe kommt dann noch, wie alles Unheil, selten allein. Wo die einen Blüten welken, sinken ihnen ungeahnt die andern nach.

Das erste große, schmerzliche Weh sollte den Knaben treffen, der Verlust seines Paradieses. Nicht durch eigene Schuld. Das Wetter fuhr aus den Wolken, nachdem schon lange selbst bei lichtem Sonnenschein ferne Donner das Nahen eines Sturmes verkündet hatten.

Ach, diese Zeichen kamen weither, von einem Lande des Ostens! Im Reiche des Zaren lebte Herrn Cleanth ein Bruder, ein Kriegsoberster des Kaisers Alexander, nach Warschau kommandiert zum Geniekorps. Schon lange hatte es geheißen, der spekulative Maler sollte ebenfalls mit der deutschen Romantik, die ihm ohnehin ein Greuel war, brechen, sollte aber auch sein aufgeklärtes 18. Jahrhundert, die Freimaurerei, Voltaire, aufgeben und nach Rußland ziehen, dort das neue Wunder der Zeit, die Lithographie lehren, Karten des Zarenreiches zeichnen und der Regierung überhaupt in ihren militärisch organisierten Kulturspekulationen zur Hand gehen. Noch sträubte sich das deutsche Gemüt gegen die polnischen Wälder. Aber der Kriegsoberste des Zaren schickte seine Gemahlin, seine Schwägerin; es kamen die Neffen der Brüder, die schon in Warschau erzogen waren und polnische Sitte, polnischen Ehrgeiz mitbrachten.

Cleanths Hausstand erweiterte sich durch diesen Zuwachs. Russinnen, adlige, stolze, anspruchsvolle Wesen, brachten Wagen, Rosse, Bediente und jene den Sarmaten eigene luxuriöse Umständlichkeit mit, die daheim alles viel besser hat, ausgenommen das, was soeben in der Fremde gekauft wurde. Das bauschte sich, das rauschte, das mäkelte, flanierte durch die »Butiken«, die Gold- und Silberläden, die Modemagazine.

Oh, hieß es, in Deutschland kann man nicht heizen, in Deutschland nicht kochen, in Deutschland kann man nicht waschen, ja auch nicht singen, nicht tanzen, nicht gehen und stehen. Nur noch in Warschau und Petersburg war die Kultur zu Hause.

Wer hätte nicht von den vielen beurlaubt reisenden Titular- und Kollegienräten noch jetzt, selbst in Italien, die Überzeugung gewonnen, daß nur in Petersburg die Goldorangen blühen! Dies russische Selbstgefühl in den Damen, das polnische in den Kindern und Bedienten kam oft zu gewaltsamem Ausbruch. Bei beiden Parteien gab es sich in solcher Lebhaftigkeit kund, daß das ohnehin damals traurig zurückgehende Deutschland wie in nichts verschwand. Willusch, ein Spielgenosse, Neffe Cleanths, ergriff bei Tisch eine Gabel und rief. als von Polen und seinem »verschuldeten« Geschick die Rede war, mit Verzweiflung: »Ich mir möchte stechen diese Gabel in die Brust, wenn ihr beschimpft mein Vaterland!« Die anderen wehrten dem Knaben, der später bei Ostrolenka focht.

Herr Cleanth bestrafte sogar den sich so revolutionär vor den russischen Tanten äußernden jungen Polen. Dem deutschen Gespielen blieb Willuschs Drohung unvergeßlich. Sich erstechen können um sein Vaterland! Untergehen um eine Idee! Heilighalten können etwas Verspottetes! Das Wort eröffnete ihm einen Blick auf Gebiete, die von Herrn Cleanths Hause so entlegen waren wie die Turnerei in der Hasenheide von dem Salon des Fürsten Hardenberg. Ideen, Ahnungen stiegen aus dem Herzen in den Kopf.

Auf die Länge widerstand Herr Cleanth den Reizungen des Zaren nicht. Die russische Regierung übertrug ihm vorläufig die Direktion einer neu zu entwerfenden Karte Polens und gab ihm außerdem die bestimmte Zusicherung weiterer Unterstützung, wenn er im Fache der praktischen Kunstanwendungen in Warschau Etablissements errichten wollte. Der Drang nach Bewährung seiner Umsicht und Regsamkeit lebte zu mächtig in dem ehrgeizigen Manne, der sich in einigen Jahren zum Minister der öffentlichen Arbeiten avanciert zu sehen träumte. Berlin bot keine Gelegenheit, seine Kenntnisse geltend zu machen; selbst etwas zu unternehmen, dafür fürchtete er das Risiko. So siegte denn der Entschluß, den russischen Damen und dem kleinen Willusch zu folgen. Das große Palais am Leipziger Achteck wurde der Regierung verkauft, noch ein märchenhaft schöner Winter im Nebenhause durchlebt mit Zeichenstunden, Spielen, Weihnachtsfreuden, strengen, aber unverstandenen Anleitungen zur praktischen Lebensphilosophie, Mißverständnissen zwischen mathematischem Konservativismus und sich schon meldender ungebundener Romantik, Neckereien durch die ausgelassensten Hofrats- und Rendantentöchter und der geduldig hingegebenen Schwärmerei für jene Doppelliebe.

Dann nahte der Frühling. Im nahen Tiergarten sproßte und keimte es über dem vermoderten Laub. Auf der Luiseninsel, die noch nicht lange angelegt war, lagen Schneeglöckchen und Krokus unter düstern Bluttannen und Trauerweiden, die zu treiben anfingen. Die Stunde des Abschieds rückte heran.

Der furchtbarste Schmerz zerriß des Knaben Brust. Nichtetwa nur die Herbigkeit des Verlustes allein war sein Kummer, wenn sich ihm die Tür seines Paradieses so plötzlich zuschlug und die Wonnen dieses Umgangs nicht länger gestattet sein konnten, er sah nur die Trennung von seinem Freunde und Gespielen selbst. Von diesem zu lassen, seinem halben Bruder, dem immer frohgestimmten Gesellen, der nie den Kopf hängen ließ, immer lachte, immer strebte, immer mit blitzendem Auge ins Leben sah, von diesem Namensbruder mit den frischen Wangen, dem braunen Auge, dem dunklen Haar, seinem eigenen vollkommenen Widerspiel in allem – scheiden!

Der Verlust war ihm herzzerreißend. Noch hielt, als Briefe versprochen wurden und baldige Rückkehr und Besuch, die Kraft aus; als aber der Reisewagen hochbepackt vor der Türe stand, das Horn des Postillions sich aus der Leipziger Straße meldete, die Rosse zum frühlingsgrünen Achteck einlenkten und sie eingespannt wurden, als es dann zum Abschied ging, zur letzten Umarmung, da brachen alle Schleusen der zurückgedämmten Wehmut, und so unaufhaltsam flossen die Tränen der innigsten Hingebung, daß Herr Cleanth, über die Heftigkeit dieses Schmerzes selbst erschüttert, seine üblichen Senecaregeln vom Beherrschen der Leidenschaften und alle seine stoischen Maurerphrasen aus »Royal-York« und den »Vier Weltkugeln« diesmal unterließ und in wirklicher Bewegung von seinem Halbsohne Abschied nahm.

Der Wagen rollte von dannen, der Postillion blies, Tücher wehten. Der Knabe sah sich um – er war mit seiner ebenfalls weinenden Schwester allein. Geschenke lagen noch genug da von Dingen, die man nicht hatte mitnehmen können, Spiegel, sogar Bilder in goldenen Rahmen für die Eltern, Bücher, die prächtige Beckersche Weltgeschichte sogar in zehn Bänden. Der loyale, auf die russischen Voraussetzungen schnell eingehende Herr Cleanth hatte diese als ein vom Zaren verbotenes Buch zurückgelassen. Konnte den Knaben von alledem etwas trösten? Er hatte den ersten wahrhaften Schmerz empfunden.

Daheim erwartete ihn sein altes, angeborenes Los. Die Eltern führten keine Szene auf, aber in ihrem Gefühl und sonstigem Benehmen lag das, was die Bildung durch Szenen ausdrückt. Die Bildung würde die trauernden Kinder an ihr Herz gezogen und getröstet haben. Aber solche Eltern aus dem Volk helfen sich anders. Sie wagten den Umzug aus einer engen und unerträglich gewordenen Wohnung in eine neuere und größere, die sie von jetzt ab bezahlen mußten. Sie wagten sogar das Unglaubliche, dem Knaben den Gefallen zu tun, ihn »ins Gymnasium« zu geben.

In der Osterwoche wurde der düstere Turm in der Akademie verlassen und dicht in der Nähe des alten Zieten ein Häuschen bezogen. Nach Ostern führte der Vater den Sohn zum Direktor des Gymnasiums am Friedrichswerder. Nach dem Abschied von seinem geliebten Freunde war der Examinandus in allen Nerven noch so erschüttert, daß er die Ermahnungen des kleinen, runden, wohlgenährten, seltsamen, als komisch berufenen, aber warm empfindenden Schulmonarchen sogleich beim ersten seiner sanften Worte mit Tränen aufnahm. Die gute Sitte, die ihm die polnisch-russische Salonherrschaft zwangsweise beigebracht hatte, wirkte noch so in ihm nach, daß er auf des Direktors Wort: »Und nun, mein Sohn, gib mir auf dies Versprechen feierlichst die Hand!« nicht die Hand reichte, sondern im Gegenteil die zarte, weiche, wohlgepflegte Hand des Schulmonarchen ergriff und diese voll Inbrunst an seine Lippen drückte.

Zimmermann, so hieß der Schulregent, war früher selbst in Polen gewesen, lächelte über die unberlinische Sitte, ließ sich aber die Ausnahme von der Regel gefallen. Gewiß verwilderte der Knabe mit der Zeit – aber von jenem Handkuß her war ihm eine gute Note im Gedächtnis des Rektors zurückgeblieben. Wenigstens hat der durch die ständige Führung eines spanischen Rohrs in seinen hohen Stiefelschäften berühmte Pädagoge ihn niemals – eigenhändig durchgebleut.

1821–1829

Lehreroriginale

Es gibt in Berlin eine Gegend, wohin vielleicht Friedrich Schiller gezogen sein würde, wenn jenes Berufungsprojekt, das ihn von den Ufern der Ilm an die Spree entführen sollte, zustande gekommen wäre.

Eben an diesen Ufern der Spree, an jenen holländischen Grachten, die sich, ab und zu mit Bäumen besetzt, durch die innere Stadt ziehen, hätte er, des daselbst ständig verbreiteten – Äpfelgeruchs wegen, Gefallen gefunden zu wohnen. Denn man weiß (und wer es nicht wissen sollte, kann es vom Kastellan des Schillerhauses in Weimar versichert erhalten), daß Schiller, und vorzugsweise beim Arbeiten, den Duft von Äpfeln einzuatmen liebte, und zwar Äpfeln, die – um mit der Alexander Dumasschen Vergleichung zu sprechen – schon im demimondischen Zustande, dem des Übergangs, begriffen waren.

Von der Schleusen- bis zur Gertraudenbrücke duftet es noch heute – doch lange nicht mehr so kräftig wie damals dem Kindergemüt – nach nichts als Birnen und Äpfeln. Der schmale, trübe, in der Farbe altem Kanonenerz ähnliche Spreearm war und ist noch jetzt ständig mit hochgezimmerten langen Kähnen bedeckt, die aus Potsdam, aus der Lausitz mit Obst anfahren, selten ihre Ladung vollständig löschen, sondern sich für den Winter und sogar die Zeit, wo die Äpfel- und Birnbäume schon wieder neue Blüten ansetzen, zum Detailverkauf bequem vor Anker legen. Die säuerliche Beimischung des süßen Apfelgeruchs, die Schiller wahrscheinlich deshalb so liebte, weil sie ihn an die Kelter- und Herbstfreuden seiner schwäbischen Heimat erinnerte, konnte im Laufe eines nur von den »Dreiern« und »Sechsern« der umwohnenden Schuljugend abhängigen Geschäftsverkehrs nicht ausbleiben. Verspeist wurden diese ungeheuren Vorräte sämtlich, doch langsam.

Hier nun, dicht an einer in der Mitte liegenden sogenannten »Jungfernbrücke« – der Forscher steht sinnend und fragt den Verein für die Geschichte der Mark: Wieso »Jungfern«? –, erhebt sich ein jetzt etwas modernisiertes Eckhaus, das vor einem halben Jahrhundert die Lehr- und Lernkräfte des Friedrich-Werderschen Gymnasiums beherbergte. Dem Stil nach war es einer jener Bauten, die den Charakter aller Kasernen-, Lazarett-, Militärmagazins-, Garnisonkirchen-, Schulbauten der friderizianischen Zeit trugen. Die Außenseite hatte hier und da etwas Stukkaturschmuck. Die Fenster waren hoch, die Zimmer geräumig. Eine große Aufgangstreppe erlaubte die Massenentfaltung der Schuljugend. Der Hof eignete sich vorzugsweise für die Nachahmung der damals beliebten Kämpfe zwischen Türken und Hellenen. Denn Kanaris, Miaulis, Kolokotroni waren in den zwanziger Jahren die Helden des Tages, deren Abbildungen, grell mit Wasserfarben getuscht, neben Ludwig Sands Enthauptung an allen Buchbinderläden hingen.

Das Friedrich-Werdersche Gymnasium befand sich 1822 nach längerer Blütezeit ohne Zweifel schon im Verfall. Gegründet durch den Philanthropinismus der Nicolaischen Zeit, zuerst geleitet vom vielgerühmten Pädagogen Friedrich Gedike, konnte die Anstalt aus Mangel an Mitteln den Wettstreit mit den beiden älteren Gymnasien der Stadt, dem Grauen Kloster und dem Joachimsthal, nicht aushalten. Die Begründung eines neuen Gymnasiums auf der Friedrichstadt, die Verwandlung des »Köllnischen« Gymnasiums in eine Anstalt, die sich ausdrücklich für die Aufnahme der immer mehr vom Zeitgeist empfohlenen »Realien« in ihren Plan bekannte, waren äußere Hemmnisse, zu denen sich noch innere gesellten, die durch den derzeitigen Rektor, die vorhandenen Lehrkräfte nicht überwunden werden konnten.

Soweit sich eine reifere Erfahrung die Eindrücke des Knaben- und des ersten Jünglingsalters zurechtlegen und ordnen kann, litt die Anstalt an unvermittelten Gegensätzen. Sie war mehr als ihre ältern Schwestern jenseits der Spree vom Geiste der Zeit berührt gewesen. Während jene den gemessenen Schritt des alten gelehrten Wesens und Wissens innehielten, war das Friedrich-Werdersche Gymnasium aus dem Geist seiner ersten Begründung, dem Geist Nicolais und seiner Umgebungen, zu jähe in die Romantik der Jahre 1800–1812 übergesprungen.

Der letzte Rektor war Tiecks Schwager gewesen, Bernhardi, der erste Gatte jener mit dem Lebenslauf der beiden Schlegel vielfach verwickelten Sophia Tieck, die nach mancherlei Abenteuern »freier Liebe« noch einmal in Rom wieder in den Ehehafen als eine Frau von Knorring einlief. Bernhardis einnehmende Persönlichkeit, sein Talent, sich durch die Rede geltend zu machen, der spätere Charakter seiner vorzugsweise auf die modisch gewordene Sprachwissenschaft und Grammatik gerichteten Studien, seine Beziehung zu Schleiermacher und anderen Parteigängern der bekehrten romantischen Schule hatten vergessen lassen, daß der gestrenge Gymnasiarch ehemals Theaterrezensionen und leichte »Bambocciaden« geschrieben. Trotzdem daß die Anstalt unter ihm blühte, blieb in den Traditionen derselben ein unvermittelter Zwiespalt, der nach seinem Abgang und baldigem Tode zum Ausbruch kommen sollte.

Man sah diesen Zwiespalt der Tendenz recht an der Bibliothek, die dem Schülergebrauch geöffnet war. Die Primaner wechselten im Amt, die Bücher zu verleihen. Manches Buch wurde dem Quintaner von dem später berühmten Wilhelm Wackernagel verabfolgt. Auch Hermann Ulrici, der fromme Shakespeare-Kultuspriester, verwaltete, glaube ich, eine Zeitlang das Amt des Bibliothekars. Vorzugsweise gewandt schien die Verwaltung eines späteren Breslauer Professors der Philologie Ambrosch. Als ich später dann selbst dies Ehrenamt bekleidete, fand ich die schöne Ansammlung im trostlosesten Zustand der Verwüstung. Sie war spoliiert wie eine deutsche Bibliothek im Dreißigjährigen Kriege durch die Schweden. Kein mehrbändiges Werk war noch vollständig vorhanden. Die Reisen des jungen Anacharsis hatten bandweise bei allen Antiquaren der Königstraße Station gemacht. Die reichste Literatur aus den Zeiten der Aufklärungsperiode, die Schriften Iselins, Zöllners, Übersetzungen Addisons, Raynals, die Literatur der Erfahrungsseelenkunde, Garve und andere wurden dezimiert wie der unmittelbare Gegensatz derselben, die Schriften der Romantiker, Achim von Arnims, Tiecks (der ehebevor selbst ein Schüler der Anstalt gewesen), Brentanos. Daß aber Zweifel und Glaube, Tatsachensinn und Schwärmerei, Reisebeschreibung und bunte phantastische Ideenwelt in dieser Bibliothek so dicht nebeneinanderstehen konnten, ebendas war charakteristisch. Im Lehrerpersonal, in den Stimmungen und Richtungen des Unterrichts scheint mir die gleiche Dissonanzgeherrscht zu haben.

Der Direktor, ein anerkannter Mathematiker, Lehrer seiner Wissenschaft auch an der Artillerieschule, war ein Mann in mittleren Jahren, eine kurze gedrungene, mehr durch Emphysem als durch wirkliche Fettfülle beleibte Gestalt, immer im blauen Frack mit goldenen Knöpfen, immer mit einem zum Strafen bereiten Rohrstock in den hochschäftigen Stiefeln. Es scheint eine Folge seines längeren Hauslehrerns in Rußland gewesen zu sein, wenn der sonst so weiche und milde Mann unablässig eigenhändig gegen die Abschaffung der Prügelstrafe protestierte. Die noch höhere Instanz der körperlichen Züchtigung, das »Übergelegtwerden«, war eine regelmäßig wiederkehrende, an bestimmte Revisionswochentage geknüpfte Erfahrung selbst bei hoffnungsvolleren Jünglingen. In solchen Fällen trat die muskulöse Hand des Kalfaktors in Mitaktion, einer stämmigen Unteroffiziersfigur, die selbst die besten Kunden beim Ankauf seiner »Schinkenbrote« vor dem Direktor, dem pädagogischen Peter Arbues, der dem Züchtigungsakte zusah, nicht schonen durfte. Der wunderliche, unter vier Augen liebevolle Direktor Zimmermann wurde gefürchtet, wie die Mäuse die Katze fürchten. Das hinderte nicht, dem immer wie zum Empfang von Besuch gekleideten, mit einem sauberausgelegten, sogenannten »gebrannten« Jabot erscheinenden Schulmonarchen alle seine Schwächen abzulauschen.

Der spottsüchtigen Jugend entging nicht des Direktors ständige Zerstreutheit. Anekdoten liefen über ihn um. »Ich sehe viele, die – nicht da sind!« hatte er beim Überblick einer Klasse gerufen. Oder er redete wohl jemand mit der Frage an: »Schmidt, wie heißen Sie?«

Einem Lehrer der Mathesis, der es oft hervorhob, daß von den Griechen diese Wissenschaft die erste genannt worden wäre, einem Vertreter derselben festen Gesinnung, die seinen wackern Sohn, den parlamentszeitberühmten »Bürgermeister von Spandau«, in eine mehr als zwölfjährige Verbannung führte, hätten sich, sollte man glauben, die mehr realistisch tätigen, in den untern Klassen wirkenden Kräfte vorzugsweise anschließen sollen. Dem schien aber nicht so. Selbst die Reallehrer, die Lehrer des Griechischen und Lateinischen ohnehin, gingen dem dirigierenden Sonderling aus dem Wege, ja es drang bis ans Ohr der Schüler die Kunde von einem Kriegszustand, der in der Lehrerwelt selbst waltete. Eine Verschwörung organisierte sich, vorzugsweise geleitet durch einen Gesangslehrer, der neben seinem Hauptamt, die Singübungen zu leiten, auch in anderen Fächern, Geschichte und im Deutschen, unterrichten wollte. Die Energie, welche dieser Professor anwandte, um aus uns allen hervorragende Opern- oder wenigstens Kirchensänger zu machen, war anerkennenswert. Der immer wie eben vom fröhlichen Mahle kommende Herr, ein Junggesell mit schon ergrautem Backenbart und Kopfhaar, Thüringer, gebürtig aus Bernburg, seine Vaterstadt in sächsischer Weise mit zwei harten B aussprechend, gehörte zu den Teilnehmern der damals durch Zelter, Rungenhagen, Reichardt schwunghaft betriebenen Liedertafeln, spielte eine hervorragende Rolle in der Freimaurerloge »Zu den drei Weltkugeln« und wußte im Leben der Anstalt den Chorgesang in einer Weise als obligatorisch geltend zu machen wie nur die Kreisersatzkommissionen die allgemeine Wehrpflicht. Man wurde geprüft, nochmals geprüft, heute zugelassen, ein andermal zurückgestellt, wieder hervorgerufen – alle halbe Jahre wie bei einer Rekrutenaushebung. Als Diskantist wurde ich aufgenommen und als *Basso primo* entlassen. Doch begnügte sich der Professor X nicht mit seinem Ruhm als Gesangslehrer, sondern machte es wie Liszt und Wagner, die auch ihren Taktierstock gern über die Köpfe ihrer Sänger und Instrumentisten hinweg über andere Lebensgruppen und Zustände hinausragen lassen. Unser Professor war ehrgeizig. Er gab sich das Ansehen, die Anstalt auf seinen Schultern zu tragen. Im Konferenzzimmer der Lehrer, auf den Korridoren und Treppen war er der lauteste. Und wie gering war seine Berechtigung, weiter als im Musiksaal vorlaut zu sein! Selbst die schwache Einsicht eines Untersekundaners durchschaute des Mannes hohles Wissen. Sein Geschichtsunterricht, der sofort aufhörte, wenn sich seine Zettel in den Notenblättern verloren hatten, Zettel, die nur Auszüge aus den Geschichtswerken von Rühs und Luden enthielten (welche Quellen er denn auch im letzten Drittel der Stunde ganz offen vorlas), war nur mit unserem eigenen Wissen zu vergleichen, wenn wir uns – die Jahreszahlen auf die Nägel der Finger geschrieben hatten.

Der Zeichenunterricht war in den Händen eines alten Professors K. Auch diese Reliquie aus den Zeiten der Nützlichkeitstheorie war ohne jeden idealen Aufschwung. Sowie der alte Graubart mit seiner großen Zeichenmappe und einem Kasten voll Zeichenmaterialien eintrat, verwandelte sich die Stunde in eine jener Schülerorgien, wo man die himmlische Geduld eines Lehrers bewundern muß. Jede Ordnung schien aufgelöst. Tollheit und Bosheit gingen durcheinander; denn von Gutmütigkeit ist bei den Ostentationen der Skandalsucht der Jugend nie die Rede.

Der alte K. teilte abgegriffene, schmutzige Vorzeichnungen, Handzeichnungen, Kupferstiche, Nasen, Lippen, Augen in Aquatinta, Pferde, Hunde, alles durcheinander, zum Kopieren aus und sprach dabei mit den Quartanern ihren vaterstädtischen Dialekt. Rief einer: »Ach, der dumme Kuhstall! Den hab' ick ja schon zweemal gezeechnet!« so antwortete K.: »Junge, det ist 'ne Landschaft nach 'm Niederländer!« »Ach wat«, lautete die Replik, »so sieht's bei Moabit ooch aus!«

Jeder zankte um das ihm bestimmte Blatt. »Zerreißt mir meine Zeechnungen nicht! Verdammte Bengels! Wer sich untersteht, hier in meine Mappe zu greifen!« »Ach, Herr K., geben Sie mir doch den Kopp! Der ist schön!« »Junge, der ist for dir zu schwer!« »Nee, ick werd 'n schon fertigkriegen!«

Von den Köpfen war ihm einer besonders von Wert, der Kopf des Mörders Heinrichs IV. von Frankreich, Ravaillacs. Regelmäßig empfahl er gerade diese Vorzeichnung. Dauerte ihm das Suchen der ihn umlagernden Quartaner nach Vorzeichnungen in seiner Mappe zu lange, so rief er: »Na, nimm doch Ravaillac!« Worauf er oft genug mit Indignation geantwortet bekam: »Herr Jeses! Ravaillakken hab' ick ja schon dreimal gezeechnet! Lassen Sie sich doch Ihren Ravaillac sauer kochen!«

Die Möglichkeit, daß dieser alte Mann eine solche Behandlung aushielt, lag in seiner Gewinnsucht. In jenem Kasten mit Zeichenmaterialien fand sich alles, was die Schüler zur Zeichenstunde nötig und nicht von Sarre am Werderschen Markte mitgebracht hatten, Papier, Lineale, Bleistifte, Reißfedern, schwarze Kreide usw. Da gab es ein Feilschen und Schachern. »Ne, Sie sind mal wieder teuer!« »Ick habe nur en Zweegroschenstück bei mir, Herr Professor!« So ging es durcheinander. Als der Alte endlich pensioniert wurde, kam ein jugendlicher Ersatz. Dieser brachte eine Mappe voll sauberer kleiner Landschaften, erste Proben der damals neuen Lithographie. Es war der Vater Eduard Tempelteys in Koburg. Die Eleganz und Würde des neuen Lehrers brachte die böse Rotte zum Schweigen.

Zum höheren Schulamtskandidatenexamen gehört eine in einer Gymnasialklasse vor den Schulräten abzuhaltende »Probelektion«, hierauf nach erlangtem Zeugnis der Anstellungsfähigkeit als Lehrer ein sogenanntes »Probejahr«, die unentgeltliche Lehrhilfe an irgendeinem zu wählenden oder zugewiesen bekommenen Gymnasium. So gab es denn zu gewissen Zeiten eine stete Abwechslung unter den Dozenten, von denen die Mehrzahl schüchtern und überhöflich, einige determiniert oder gar maliziös auftraten. Jeden suchte der Übermut und die nichtruhende Spottsucht der Flegeljahre zu Falle zu bringen. Es mußten schon ganz außergewöhnliche Erscheinungen sein, die uns imponierten und still und gläubig machten. Der Versuch zum »Austrommeln« war immer rege. Wir hatten zwei Franzosen als Lehrer ihrer Sprache, einen Vollblutfranzosen, ehemaligen Offizier der »Großen Armee« – nach dem Brande von Moskau in Berlin geblieben –, und den vollsten Gegensatz dieses schön gewachsenen, formengewandten, aber vom frühen Morgen an schon eine Atmosphäre von Kognak verbreitenden Militärs, den reformierten Prediger N. N., ein verhutzeltes Männlein, kaum vier Fuß hoch, unschön bis zum Exzeß. Warum der Schülerwitz diesen verkörperten Begriff der Theologie von Genf und Lausanne, diesen Boileauschen Rigoristen in Sachen der Poesie, diesen Schwärmer für Bossuet und Fénélon – »Fisel« nannte, ist mir unerfindlich geblieben. »Fusel« hätte der andre, der »Colonel« heißen können, der zuweilen in seinem gebrochenen Deutsch – nicht mit einem stentorischen, sondern weichlich singenden, durchaus unmännlichen Tone ausrief: »Ich habe ein Regiment kommandiert und sollte euch nicht zur Räson bringen?«

In milderer Art gab sich von seiten unsres verwilderten Schülerstaates die Ironie, die eines schon bis Prima reichenden Lehrers gesamte Tätigkeit begleitete, des Inspektors. Schlesier von Geburt, hatte der ärmste, im Antlitz von den Blattern zerrissene Mann ein schlesisches Gemüt, nicht aber die schlesische stramme Tatkraft in die Mark mitgebracht. Sein Wissen galt für außerordentlich, seine Lehrgabe aber gering. Die Gewohnheit der Lehrer, sich die Exerzitienhefte von einem der Schüler nach Hause bringen zu lassen, hatte Einblicke in die Häuslichkeit unserer Mentoren geboten.

Wie schnell orientiert sich ein schnelles Knabenauge trotz seines schüchternen Klingelns und Klopfens! Der Inspektor war unverheiratet, wohnte bei einem Schlossermeister, der eine hübsche Frau und vier Kinder hatte. Sogleich wollte das nun schon des Lebens kundiger gewordene Schülerange gesehen haben, daß die Physiognomie sämtlicher Kinder des Schlossers mit der des Inspektors die nämliche war.

Die erwiesenere Schwäche des Lehrers war die Neigung zum Privatgespräch während der Stunde. Man umstand sein Katheder und forschte ihn nach seinen Ansichten über Griechenlands Wiedergeburt aus. Die olynthischen Reden des Demosthenes sollten übersetzt werden, und wir ließen uns in die Stellung der Schiffe in der Schlacht von Navarin ein. Wir erhoben künstliche Zweifel über die Stellung des türkischen Admiralsschiffes, spielten satirische »Ach nein! Nein! Die Engländer standen ja hier!« als Trumpf aus und zeichneten auf der Platte des vor dem Katheder stehenden Tisches die Stellung der Schiffe, alles nur, um die Sorglosigkeit des gutherzigen Inspektors, der auf jede Bemerkung einging, zum Skandal auszubeuten. Der Höhepunkt der Verkürzung der Lehrstunde auf manchmal kaum zwanzig Minuten wurde vollends erreicht, als die lebhafte, mit einer sprudelnden, heisern und unverständlichen Redeweise ausgestattete Phantasie unseres Erklärers des Sallust und Demosthenes auf den Gedanken geraten war, daß die Römer ursprünglich Germanen gewesen und sich die lateinische Sprache vollkommen aus den Grundformen der gotischen und des Sanskrit herleiten lassen könnte. Einem Programm über diesen Gegenstand folgte bald eine ausführliche Schrift, die bei Korn in Breslau erschien: »Der germanische Ursprung des römischen Volkes und der lateinischen Sprache«. Jetzt waren alle Schleusen geöffnet. Wir umstanden das Katheder, wir bewunderten sein Buch, das wir uns anschafften, wir jagten nach Etymologien, fragten nach Vermittlungen, wenn denn doch die Gegensätze für die nächsten Bedürfnisse: »Brot« und »panis«, »Pflug« und »aratrum« zu schroff waren. Die olynthischen Reden des Demosthenes gerieten fast in Vergessenheit.

Draußen in der deutschen Welt wehte damals eine herbstlich rauhe Luft. Die Hoffnungen der Befreiungskriege, die Blütenkränze, die einst um die Denkmäler unserer großen Siege gewunden wurden, hingen verwelkt. Die Karlsbader Beschlüsse hatten den Anfang gemacht zu einer immer enger und enger die natürlichen Atmungswerkzeuge einer Nation zusammenschnürenden Bevormundung. Die wissenschaftliche Forschung, die Hebung der Universitäten, die Notwendigkeit, die den Franzosen wieder abgenommenen Lande am Rhein geistiger an uns zu fesseln, alles das bedingte zwar Schöpfungen im Dienste der Intelligenz, Schulen, Berufungen berühmter Namen – die Periode Altenstein verleugnete nicht die Verehrung von Kunst und Wissenschaft, die an allerhöchst maßgebender Stelle fehlte –, aber die Weisungen aus dem Polizei- und auswärtigen Ministerium wurden immer dringender, unduldsamer und ablehnend. Zuletzt wurde das gute Verhalten in politischer und kirchlicher Hinsicht bei Belohnungen und Bevorzugungen maßgebender als das Verdienst.

Wir Scholaren glaubten, daß die plötzliche Entfernung unseres gefürchteten Rohrstockschwingers, des Rektors, eine Folge seines Alters war. In Wahrheit hatte die Pensionierung desselben ihren Grund in einer Verschwörung, die der edle Freimaurer hauptsächlich geleitet hatte, ein Theologe gesellte sich ihm zu und der Sohn eines Theologen. Die Denunziation ging auf die Religionsgesinnung, die bei Zimmermann dem Geiste derjenigen Partie der sich immer mehr lichtenden Schülerbibliothek entsprach, die noch mit Gedike, Biester und Nicolai ging. Der strenge Lehrer der Mathesis war ein Schüler Kants. Waren ihm Äußerungen über den Religionsunterricht entschlüpft, hatte er ihn in den untern Klassen ab und zu selbst gegeben, genug, das immer mehr von oben her sich steigernde Drängen nach Kirchlichkeit war schon so erstarkt, daß einer der Angeber, der zugleich in einer der nächsten Stadtkirchen predigte, provisorisch in des Angeschuldigten Stelle einrückte und bis auf weiteres der Leiter der Anstalt wurde.

Dieser Professor und Prediger N. N. gehörte zu denjenigen unserer Lehrergestalten, die das Unglaubliche leisteten, zugleich, um gefürchtet und auf der andern Seite ein Gegenstand der Jugendsucht zu sein, alles lächerlich zu finden. Die mit einem markanten, fast südlich zu nennenden Kopf ausgestattete Gestalt war nicht verwachsen, hielt sich aber mit emporgehobener linker Schulter und niedergebeugtem, blitzende Strahlen aus den schwarz umrandeten Augen entsendendem Haupte in manchen Augenblicken

143

wie ein Äsop und erhob sich dann wieder strafend wie Moses, der Prophet. Ein Schauspieler würde etwa Richard III. so spielen können, wie dieser Professor über die große Treppe und in einem neuen Lokal, in welches später die Anstalt übersiedelte, über den Hof bald hüpfte und trippelte, bald drohend und wuchtig auftrat.

Die Sprechweise des uns unheimlichen Mannes war die lauteste, immer wie auf Echo berechnet, dabei singend im Ton und zuweilen fast mit wirklicher Absicht, statt zu sprechen, zu singen. Die Töne gingen dann wie im chromatischen Lauf die Skala durch. Das Liebliche erhielt die hohen, das Ernste die tiefen Noten. Ihm bewußt mußte diese Weise sein, denn zuweilen fiel der Sonderling plötzlich aus der Rolle und sprach mit vollkommener Natürlichkeit.

Vom Herzen dieses Lehrers mochten die Schüler wenig Beweise haben. Aber sein Verstand war unstreitig ebenso groß wie seine Unwissenheit. Bitter war sein Spott. Aus seinem scheuen, unheimlichen Auge, das niemandem standhielt, zuckte es irrlichterhaft unter den schwarzen Wimpern, wenn er einmal ein Urteil über allgemeine, weltliche oder geistliche Dinge fällte.

Unvergeßlich ist mir ein mit Dringlichkeit und im Tone schmerzbewegter Mahnung gesprochenes Wort aus seiner bessern Stimmung: »Lesen Sie, ich beschwöre Sie, die Dichter in Ihren jetzigen jungen Jahren! Im Alter verliert sich dafür die Empfänglichkeit!« Eine Mahnung, die mich in die größte Unruhe versetzte und augenblicklich bestimmte, zum Kaufmann Nätebus in der Friedrichstraße zu laufen und auf »Shakespeare, übersetzt von Meyer« zu subskribieren.

Mit diesem Meyer, dem Begründer des Bibliographischen Instituts zu Hildburghausen, wollte damals der gesamte Berliner Buchhandel seiner »Miniaturbibliothek der deutschen Klassiker« wegen nichts zu tun haben, so daß der anschlägige Kopf, dessen Etablissement eine so großartige Zukunft haben sollte, sich eines Kolonialwarenhändlers, des Kaufmanns Nätebus in der Friedrichstraße, zum Vertreiben seiner Artikel bediente.

Dieser Lehrer erklärte uns die Iliade. Er hatte ständig Vossens Übersetzung zur Seite und geriet infolgedessen noch mehr in jenen singenden Schwung der Rede, der ihn sogar in gewöhnlicher Rede hexametrisch sprechen und einen Schüler mit einem Distichon anreden ließ:
»Geiseler, merken Sie auf, man wird es Ihnen beweisen,
 Wär' der Beweis schon geführt, längst schon wären Sie fort!«
Die Beantwortung einer Frage durch die Schüler verstand der Unwissende so lange hinzuhalten, bis er sich in den Noten seiner Ausgabe oder im Wörterverzeichnis orientiert hatte. Der Bruder Freimaurer K. las Rühs und Laden zumeist verstohlen ab, der neue Direktor ganz offen. Deutsche Literatur lehrte er nicht nach, sondern aus Franz Horn. Ganze Kapitel brachte er einfach zum Vortrag aus den bekannten Büchern des damals noch in Berlin für Goethe, Schiller und die klassische Zeit in den Zeitschrif-

ten und kleinen Teeabenden den Ton angebenden schönseligen Kritikers. »Schöner, geistreicher, treffender kann man diese Periode der Literaturgeschichte, den Göttinger Dichterbund, nicht erzählen, als unser Meister Franz Horn getan hat. Hören Sie!«

Eines Tages war der Vortrag bis zu Wieland gekommen. Wie groß war unser Erstaunen, als wir kaum den wie gesungen vorgetragenen Namen Wieland vernommen hatten und hören mußten: »Dieser Dichter hat in solchem Grade Sitte, Anstand und Religion mit Füßen getreten, daß er für uns nicht existiert. Er wird hiermit überschlagen. Franz Horn hat es auch getan.«

Das Nonplusultra von Vorträgen, die uns alle bis zu einem Niederkämpfen der Lachmuskeln, das krampfhaft zu werden drohte – denn wehe dem, der sein Lachen verraten hätte –, belustigten, war der Versuch, den die Begeisterung Altensteins und aller offiziellen Kreise für Hegels Philosophie in den Schulen mit Einführung einer Lehrstunde machte: »Philosophische Propädeutik«. Als provisorischer Direktor teilte sich der Professor diese bedeutungsvolle Lektion, die eine wahre Feierstunde des Gymnasiums hätte werden können und es unter seinem Nachfolger auch wurde, selbst zu. Wir wußten alle, daß uns von ihm Diktate aus »Matthiäs Propädeutik« gemacht wurden. Diese Diktate erläuterte dann die »philosophische Vorschule«. Ein Satz wie etwa der: »Die Logik ist die Anleitung zum Urteilen und Schlüsse zu ziehen«, wurde von diesem Lehrer, während sich auf jeder Bank die gewecterten Köpfe die Hand über die Oberlippe halten mußten zum Verbergen des Lachens, folgendermaßen erläutert: »Logik, Λογικη, also griechisches Wort, die Logik ist, d.h. stellt vor oder auch ist die Anleitung, sagen wir, die Wissenschaft oder je nachdem eine Kunst, ist also, sagen wir, die Anleitung, zu urteilen, d.h. Urteile zu fällen, auszusprechen und Schlüsse, Schlußfolgerungen, *conclusiones latine*, zu ziehen, d.h. herzuleiten, abzuleiten, kurz, logisch zu schließen und logisch zu denken.« Nun folgte sogleich § 2. In dieser Weise ging es die Stunde fort, bis endlich der dröhnende Schlag der Uhr im Hofe Erlösung von einem solchen Mißbrauch der Zeit brachte, einer solchen Täuschung des wahrhaft nach Geistesbefruchtung schmachtenden Jünglingsgemüts.

Das Provisorium hörte endlich auf. Die Neubesetzung des Direktorats führt die Erinnerung auf die Lichtseiten der Anstalt, die bei so vielem Schatten nicht fehlten.

Ersatz und Aufschwung

Von manchen Menschen könnte man sagen, sie seien zum Geheimratwerden geboren. Schon auf der Schule unterscheiden sie sich von den andern. Sie schließen keine

Freundschaften, sie geraten nicht in die Lage, zu den Exzessen ihrer Mitschüler gute Miene machen zu müssen, sie legen den Lehrern, was hinter dem Rücken derselben geschehen ist, sofort offen und klar zutage. Nicht gerade daß sie angeben oder aus mißgünstigem, heimliche Schliche und Tücke liebendem Gemüte heraus liebedienerische Gesinnung zeigen; nein, ihre Haltung ist eine ihnen angeborene, in der Regel durch die Erziehung vervollkommnete. Sie besitzen von Hause aus das Talent für eine soziale Tugend, die man das »korrekte Denken« nennt.

Der »korrekte Denker« tritt nur alle Jubeljahre einmal, wenn die Dinge und Personen etwa auch allzu arg werden sollten, in die Opposition. Seine Wahl ist bei jedem Dilemma bald getroffen. Wo die gebieterische Macht der Umstände steht, dahin tritt der »korrekte Denker«. Werden Hypothesen erörtert, Meinungen durchgesprochen, selbst solche, die noch keineswegs im Parteienstreit aufs Tapet gebracht worden sind, die also noch links und rechts offenlassen, immer wissen diese glücklichen Naturen des »korrekten Denkens« die Auffassung zu finden und zu wahren, die, wenn die Frage parlamentarisch werden sollte, die Ansicht der Ministerbank ist.

Das Musterbild eines »korrekten Denkers« im Gegensatz zur fahrigen Leidenschaftlichkeit, zur Verkennung des geziemenden Bewußtseins seiner Lebensstellung, zur Geltendmachung seiner subjektiven Begriffe vom Zukommlichen ist der Staatssekretär Antonio in Goethes »Tasso«. Da ist der Hofton nicht etwa verkörpert als die tyrannische Regel des Zeremoniells, als die gedankenlose Gesetzgebung einer willkürlichen Anordnung der Standesunterschiede, sondern als die reine Urweisheit und Goethes eigenstes Erfassen von Welt und Zeit überhaupt. Der Minister des Herzogs von Ferrara hat die gleich respektvollen Worte über den Papst, über die Nepoten, über Ariost, ohne sich für den einen oder anderen dieser Namen ganz zu verbürgen. Er würde auch Tasso von einer gewissen Seite anerkannt und ihm das Seinige gelassen haben, wenn dieser die Schranke seines Standes innegehalten hätte. Der »korrekte Denker« weiß jeden unterzubringen, wohin er gehört. Nicht, daß im innern Mechanismus seines Urteils nicht *pro* und *contra* zu einem momentanen Anprall gekommen sein könnten, ein kurzer Kampf wird gekämpft, und servil erscheint an ihm nichts. Bald aber hat er sich gefunden, und dann wird die durchgängige Begleiterin seines Wesens, wie bei Antonio Montecatino, die immer triumphierende Ironie sein.

Die »korrekten Denker« sind Ironiker. Ständig haben sie in ihren Mienen ein sardonisches Lächeln. Bei ihrem Zustimmen zur Macht der Verhältnisse, das manche Menschen so gewöhnlich erscheinen läßt, wissen sie immer die Grazie zu wahren. Willibald Pirckheimer und Erasmus von Rotterdam waren solche »korrekten Denker« der Reformationszeit, während Hutten und Luther mit der Tür ins Haus fielen.

Goethes Antonio im schwarzen Scholastergewande, Ciceros Verrinen oder ein Paket durchkorrigierter Extemporalien unterm Arm, war August Friedrich Ribbeck, der endliche Nachfolger des schwarzen Predigers und Professors N. N. Ein Sohn des ersten Geistlichen der Stadt, des Propstes, hatte er eine Erziehung genossen, die ihn vor allen Merkmalen eines plebejischen Ursprungs bewahrte. Den Schliff des Vornehmen mehrte noch eine Beziehung zu einem Prinzensohne morganatischer Ehe, den er mit einem andern Lehrer der Anstalt, der sich sogar ein Reitpferd hielt und in die Klasse mit Sporen kam, unterrichtete.

Der Eindruck dieses in seiner Art ausgezeichneten Mannes auf die Jugend kam schon damals, als derselbe an dem Trifolium teilnahm, das auf Zimmermanns Pensionierung drang (worauf er für einige Zeit die Anstalt verließ, um als Direktor wiederzukehren), den Wirkungen der Antike gleich. Man stand vor einer erhabenen, vornehm lächelnd blickenden Gottheit und suchte sich, zuerst angefröstelt, das etwaige warme Leben derselben heraus. Das erste Urteil, das in des Schülers lauschendes Ohr über diesen Mann, ehe er noch selbst bei ihm Unterricht hatte, gedrungen war, kam aus der Kollegenwelt. Ein zynisch gekleideter, nur kurze Zeit an der Anstalt verweilender, doch für grundgelehrt ausgerufener alter Hilfslehrer hatte Ribbeck vor den Schülern selbst einen »Terroristen« genannt. »Terrorist«, das Wort machte dem Untertertianer zu schaffen. Es blieb lange an seinem Vorstellungsvermögen unerklärt haften. Robespierre, lernte er endlich, war ein Terrorist. Aber jener zynische Hilfslehrer ähnelte selbst einem Robespierre. Vielleicht hatte dieser den Terrorismus der Eleganz bei den Girondisten gemeint, die triumphierenden Erfolge der honetten und wohlgekleideten Leute und der »korrekten Denker«.

Bald erfuhr denn auch der höher hinaufrückende Schüler selbst Ribbecks kurz abtrumpfende, schneidige Schärfe, seinen markanten Witz, die vornehme Geringschätzung, die jedes Nichtwissen verwundete und beschämte. Aber allmählich gingen bei längerem Zusammenarbeiten dem Schüler auch die positiven Elemente dieses pädagogischen Antonio auf. Sie lagen in der Fülle und Vielseitigkeit seines Wissens, in seiner gewandten, kunstvollen Rede, in seiner klaren Übersicht der Lerntätigkeit einer ganzen Klasse, in dem schnellen Aufrufen, Fragen der wunderbarsten Anwendung aller Künste der sokratischen Methode. In seinen späteren Jahren trat auch neben Ribbecks kaustischem Witz sein Gemüt, sein herablassendes Wohlwollen und durchweg eine große Abmilderung seiner früheren Schroffheit ein.

Zumpt gesteht in der ersten Vorrede zu seiner »Lateinischen Grammatik«, daß Ribbeck sein Mitarbeiter gewesen. Das Gefühl für Sprachrichtigkeit war bei diesem Lehrer ein außerordentliches. Nicht nur beruhte es auf seinen Studien, von denen einiges Gedruckte Zeugnis gibt, sondern mehr noch auf seinem Takt- und Schicklichkeitsgefühl. Die letzten Reste berlinischen Jargons wurden den Schülern durch einen wahren Schauder ausgetrieben, der den Lehrer beim Anhören gewisser Worte, wie etwa »drängeln« und dgl., überfiel. Er hielt sich beide Ohren zu, wenn man übersetzte: »Es war dem Julius Cäsar zu Ohren gekommen!« – »Die Ohren wachsen einem ja förmlich zu Eselsohren!« rief er mit seiner schneidenden, in der Höhe durch die Nase gehenden Stimme. »Es war dem Julius Cäsar zu Ohr gekommen«, mußte man sagen. Zu figürlichem Gebrauch für »Wissenschaft«, »Kenntnis« ist der Plural unpassend.

Zu beklagen war des Gestrengen Neigung für kursorische Lektüre. Die Alten ließ er förmlich durchjagen, ohne daß er die volle Reproduktion dessen, was man las, in unserm Vorstellungsvermögen abwartete. In den Reden des Cicero z.B., in den Verrinen, trat kein Stillstand ein. Lexikographie und Grammatik boten ihm allein die Anhaltspunkte einer Erläuterung; für Zumpt und Buttmann tat er alles. Die Vertiefung in das Gelesene selbst jedoch, Archäologie und Geschichte, die gezogene Moral des Gelesenen kamen zu kurz. Glücklicherweiseging seine Vorliebe für Etymologie und Syntax nicht soweit, uns, wie künftigen Philologen, Parallelstellen zu diktieren, wie leider einige andere Lehrer taten.

A. F. Ribbeck kam in späteren Jahren auch noch an die Direktion des Grauen Klosters, fühlte sich brustleidend und ist auf einer Reise nach Italien in Venedig gestorben. Sein »Terrorismus« war denn doch wohl überwiegend nur sein organisatorisches Talent, das jede Unvollkommenheit durchschaute, nirgends etwas Halbes duldete. Gewiß war er eine ästhetische Natur, im Stil Platens und Rückerts. Die Form ging ihm über den Inhalt. Damals war die Zeit des durch Zelter, Friedrich Förster u.a. ein- und mit einer gewissen aufdringlichen Absichtlichkeit durchgeführten Goethe-Kultus. Es lag Methode in diesem oft überspannten Preisen eines Heroen, der den »korrekten Denkern« (»Hofräte« hat sie Börne später genannt) gegen Schiller vernachlässigt erschien. Man ließ Preisausschreibungen ergehen für das beste Gedicht auf den »Alten in Weimar«.

An einem Wettkampf zwischen mehreren bekannten Namen, zu denen auch Ribbeck gehörte, wer Manzonis berühmte Ode auf den Tod Napoleons am besten übersetzte, beteiligte sich damals das ganze gelehrte Berlin. Seltsam aber, daß von diesen und ähnlichen Neigungen (auch für Germanistik) nur äußerst wenig an dem praktischen Pädagogen in der Klasse sichtbar wurde. Die größte Feinfühligkeit für dichterische Schönheit konnte von Ribbeck vorausgesetzt werden, ebenso ein verächtliches Ablehnen dessen, was seinen Neigungen und demjenigen widersprach, wofür sich sein persönlicher Geschmack gelegentlich entschieden hatte. Aber bei alledem erlebte man in seinen Lektionen nie eine Abschweifung auf die Gegenwart, nie einen Fingerzeig für ein Unterrichtsgebiet, das vielleicht einem andern gehörte. Und doch – wie würden den Primaner, der sich schon von draußen her seine innere Welt bestimmen ließ, einige Winke ergriffen haben über die Zeit und ihre Erscheinungen, und wenn es nur ein Wort über Goethes »Faust« gewesen wäre! Solche Offenbarungen existierten nicht.

Ich gestehe, daß ich zu Ribbecks Lieblingsschülern gehörte, wenn ich auch wohl am schroffsten die guten Erwartungen täuschte, die seine Vorliebe hegte. Seine Religiosität war die Schleiermachersche, damals die maßgebende für all diese Ausläufe der Romantik, die sich noch ab und zu wieder zu erheben versuchte.

Auch auf diesem Gebiet hatte man die »korrekten Gläubigen«. Was man bekannte, war selbstredend nicht das Christentum des Pastors Jänicke in der Böhmischen Kirche, aber man würde sich doch noch eher zu diesem bekannt haben, wenn man zwischen ihm und Röhr-Wegscheider hätte wählen sollen. Ich erinnere mich nicht, ob auch Strauß in seiner Schrift »Die Ganzen und die Halben« auf den Schein einer größeren geistigen und gesellschaftlichen Vornehmheit im Bekennen auf Schleiermacher Nachdruck gelegt hat.

Die Romantik hatte sich überlebt. Im Verse durch ihr Auslaufen in langatmige Epen, wie Schulzes »Bezauberte Rose«, in der Prosa durch ihr Auslaufen in Tiecks Novellen, meist kapriziöse Einfälle, die mit dem Aufgebot seines gewandten Dialogs und manches erheiternden, aus dem Leben gegriffenen Charakters auf Augenblicke eine gefällige Wirkung zurückließen. Neue Schößlinge trieben aus dem alten Stamm des poetisch-nationalen Dranges zur Poesie, vor dem ja alle »Schule« zur Nebensache werden muß. Uhland war seines Ursprungs Romantiker. Mit seinem Freunde Justinus Kerner wurzelte er tief in den Anschauungen von Kunst und Leben, die sich, den Paragraphen der Lehrbücher unserer Literaturgeschichte zufolge, damals schon als überlebt hätten bekennen sollen. Zum Glück war die Triebkraft seines an Goethes bestes Teil wieder anknüpfenden Talentes eine freie, individuell gestaltende. So brach denn ein neues Zeitalter an, ein positiv schaffendes, dessen Kundgebungen vorzugsweise in der Lyrik und lokal in der Sphäre des Stuttgarter »Morgenblatts« auftraten. Unvergeßlich ist mir das erste Hereinfallen des Namens Uhland in unsere lateinische Welt. Es war ein Eindruck auf uns Sekundaner, wie wenn sich ein Schmetterling in ein Zimmer voll werkettätiger Arbeit verirrt hätte, ein Sonnenstrahl in eine düstere Kammer, eine Blume geworfen worden wäre auf unsern von schweinsledernen Büchern beschwerten Schreibtisch. Die Nennung war nur vorübergehend, beinahe sogar scheu, als hätte der Name Heinrich Heine gelautet. Und mit der Empfehlung war zugleich eine Warnung verbunden, die so seltsam klang, als wäre sie aus dem Schall des Namens hergeleitet gewesen. »Ein Dichter«, hieß es, »der die Sage meisterlich zu behandeln versteht, ist jetzt Uhland. Er hat nur den Fehler, nicht immer das Düstre und Unheimliche zu vermeiden.« Oder waren das trauernde Königspaar, des Sängers Fluch gemeint? Die Zeit reiste, wo die Düsseldorfer einen Dichter illustrieren sollten, der immer mehr anfing, Liebling der Nation zu werden.

Der kühne Neuerer, der in die abgelesene Franz Hornsche Literaturgeschichtenweisheit, in dies ewige Einerlei von Bodmer und Gottsched, Klopstock, Voß, Lessing,

Schiller und Goethe, den Namen Uhland warf, war ein schlanker, magerer junger Lehrer, der noch etwas vom Studenten hatte, ein Angehöriger der vielverzweigten Schulfamilie Passow, Karl Passow. Sein Vortrag fesselte so lange durch eine frische Anregung, die den Reiz eines wie eingeschmuggelten geistigen Lebens von draußen her für uns hatte, bis die scharfe Beobachtung der Jugend auch ihm seine Schwächen abgesehen hatte. Seine Einleitungen der ersten Lektionen im neuen Lehrkursus waren überaus fesselnd. Sie versprachen alle Herrlichkeiten des »Fortsetzung folgt«. Plötzlich trat aber auch bei ihm Erschlaffung, Zerstreutheit, Mangel an Präparation ein. Die Stunde bekam den Charakter eines Stegreifvortrags. Erst da, als sich die Ursachen dieses Nichtworthaltens nach so viel verheißendem Anfang zu lichten anfingen, ging das Schifflein wieder mit vollen Segeln. Es war die Aufgabe des jungen Philologenehrgeizes gewesen, die Episteln und Satiren des Horaz ins Deutsche zu übertragen. Nun wurde der bald zum Joachimsthal versetzte Lehrer fast wieder zu voll des Stoffes, so daß wir uns in der Lektüre des Horaz nur schneckenartig fortbewegten und für eine einzige Epistel fast ein Vierteljahr brauchten.

Den Preis des anregenden Lehrvermögens erwarb sich ein Angehöriger der ebenfalls weitverzweigten Lehrerfamilie Giesebrecht. Von diesem hieß es, er wäre Rektor einer mecklenburgischen Stadtschule gewesen. Sein Erscheinen war ein vorübergehendes und hatte etwas von einer Probezeit oder Aushilfe.

Bei diesem trefflichen Manne, der die Historien des Tacitus mit uns las, kam all die Anregung zur Geltung, die nur im vielseitigen Wissen eines Lehrers, in seiner eigenen Ergriffenheit vom behandelten Stoff liegen kann. Giesebrecht hatte einen nicht starken, aber eindringlichen, etwas provinziell gefärbten, doch immer männlichen Ton, den Ton einer reisen, fast hätte man sagen mögen, schmerzlich geprüften Lebenserfahrung, einen Ton, der so ganz im Einklang mit dem düstern Kolorit in den Erzählungen des Tacitus stand, mit den elegischen Betrachtungen, dem Schmerz über Zeitenlauf und Schicksal und die Seltenheit der redlichen Charaktere. Dabei bot die Erläuterung dieses Lehrers nach einer seither gründlich bei uns vernachlässigten Seite hin, der archäologischen, eine Unterhaltung, die schon allein gefesselt haben würde ohne das Werk des großen Historikers selbst, das dann auch um so schärfer und klarer zutage trat. Wir lasen bei andern Sophokles und selbst Äschylus. Wir traten an die Tafel und gaben mit Kreide den Bau der Chöre an. Das metrische System Gottfried Herrmanns war durch die Schüler August Boeckhs noch nicht verdrängt.

Schlesien schien ein Privilegium zu haben, die Zöglinge des Breslauer Seminars auf die berlinischen Schulen zu schicken. Auch den Sophokles erläuterte ein Schlesier, sogar ein damals mit Achtung genannter Editor der Tragiker. Aber das Ganze seiner Leistung verlief in Mittelmäßigkeit. Der selbstgefällige Ton des Erklärers konnte nicht fortreißen, auf die Länge nicht über die Tagelöhnerei erheben.

Wann wird man endlich anfangen, in den Lehrplan der obersten Klasse eines Gymnasiums eine oder zwei Stunden für die Lektüre und Erläuterung guter Übersetzungen der Alten aufzunehmen! Der Vossische Homer gilt für verpönt in des Schülers Hand, und an welcher Quelle anders gewann er denn die Totalübersicht über den großen Sänger von Chios? Im Urtext geht der Inhalt über dem ewigen philologischen Knaupeln am Worte dahin. War im griechischen Text einer Göttin ein Beiname gegeben, sogleich folgte ein langer Exkurs über den Ursprung desselben. Oder eine seltene Wortformation brachte wieder ein ganzes Kapitel der Grammatik in Mitleidenschaft. Das Lesen anerkannt gelungener Übersetzungen wird manche Erläuterung nicht ausschließen, aber ein Gedicht wird nur allein auf diese Art objektiv erfaßbar, die Schönheiten desselben werden nur so dem Verständnis und Genuß zugänglich. Was ein Primaner an griechischem Wortwissen schon aus Sekunda mitbringt, ist wahrlich für jeden gelehrten Lebensberuf, den philologischen mag man ausnehmen, ausreichend.

Schlesier und kein Ende! Eine Zeitlang war auch der Physiker ein Schlesier. Diesmal nicht nur in seinem Fache der Sattelfestesten einer, sondern auch ein mit Lehrgabe und liebenswürdiger Bonhomie ausgestatteter Dozent. Niemand anders als der berühmte Dove. Obschon in diesem Fach verhältnismäßig selbst einer der ungenügendsten Schüler, begriff ich doch die Klarheit der Demonstration, die Leichtigkeit im Herbeiführen des gelungenen Experiments, des Lehrers Schöpfen aus einem beinahe für uns zu reichen Wissen. Denn hemmend war den Zurückgebliebenen allerwege die leichte Handhabung von Begriffen, die für sie noch auf der Liste des Unerklärten standen. Mit »Kali« und »Natron« warf der Lehrer um sich wie mit selbstverständlichen, mit uns auf die Welt gekommenen Begriffen. Oft hätte ich den anmutig Plaudernden, der die Hörer wie mit Sirenenton zu fesseln verstand und schon damals auf seinen Ehrensitz in der Akademie der Wissenschaften loszusteuern schien, unterbrechen mögen mit der Bitte, über unsere Sphäre nicht hinauszufliegen und uns gefälligst erst an – Sauerstickstoff, Oxyd und ähnliches Abc seines Wissens gewöhnen zu wollen! Aber ein junger Dozent umfängt seine Wissenschaft wie der Jüngling seine Braut. Er möchte ihr alle Schätze zu Füßen legen, alle Herzen gewinnen, jedes Ohr zum Vertrauten seines beneidenswerten Glückes machen.

Als flüchtige Erscheinung tauchte schon früher ein anderes spätres »Mitglied der Akademie der Wissenschaften« auf, der Mathematiker Steiner, seines Ursprungs ein Schweizer Hirtenknabe, der von seiner Herde zu Pestalozzi nach Iferten gelaufen kam und unterrichtet sein wollte. Den Ärmsten machte sein Schweizerdialekt zur vollständigen pädagogischen Unmöglichkeit für Norddeutschland. Einen Kommilitonen namens Iselieb nannte er zum Jubel der Klasse regelmäßig »Iselebbe«, welcher Name ihm denn selbst verblieb. Der Versuch mit ihm währte kaum länger als ein halbes Jahr.

Das Chaos der Anstalt hatte sich durch Ribbecks Direktorat etwas gelichtet. Ganz beseitigen ließen sich die alten Elemente nicht. Professor N. N., der Bewunderer Franz Horns, behielt den deutschen Unterricht bis in die obersten Klassen und ging in seinen Vorträgen nur rückwärts, vom Göttinger Dichterbund und übersprungenen Wieland auf die schlesische Dichterschule, die frommen Liedersänger Dach, Weckherlin, Paul Fleming, deren Lieder uns vorgelesen, deren Lebensumstände weit und breit und umständlich erzählt wurden.

Es ist die größte Torheit, unsere Jugend mit Perioden unserer Literaturgeschichte zu unterhalten, die nur noch höchstens durch das Gesangbuch mit unserm Jahrhundert und der Bewährung unserer Bildung im Zusammenhang stehen. Nur die »philosophische Propädeutik« eignete sich der neue Direktor selbst an. Das war denn allerdings eine wahre Luftreinigung der alten Atmosphäre der Anstalt, ein Bad, ein Strudelbad, Dusche und Sturzwelle zugleich für uns.

Ein Lehrsystem zu geben schien dem Dozenten mit Recht nicht am Orte; uns historisch von Kants Ding an sich und Fichtes Ich gleich Ich zu unterhalten wohl nicht minder. Ribbecks Methode war die, einige Begriffe, meist synonymische, zu wählen und diese von allen Seiten mit Schnellfragen zu vorausgesetzten Schnellantworten zu betrachten. Die ganze Klasse schien in die Denkoperation eines einzigen verwandelt. Einer dachte mit dem andern dasselbe, sollte es wenigstens denken, Pausen und Stockungen wurden nicht zugelassen; wer nicht unmittelbar antwortete, wurde durch den Anruf derer beschämt, die zumeist sicher am Platze waren. Der Eindruck am Schluß dieser katechetischen Stunde war regelmäßig der, daß sich Lehrer und Schüler wie nach einer gelungenen Kunstleistung gegenseitig hätten Glück wünschen können. Drei der Primaner wurden damals von den anderen ehrenvoll als eine »Selekta« abgesondert. Ein späterer, schon verstorbener Pfarrer Hermann Böttcher, der jetzige Professor der Philosophie in Greifswald George und meine Wenigkeit. In den letzten Zeiten des höheren Schullebens tritt eine Erschlaffung, eine wahre Sehnsucht nach endlicher Erlösung vom Schulzwange ein. Immer derselbe regelmäßige Gang der Beschäftigung, immer die gleiche Verpflichtung zur Arbeit, die Abhängigkeit vom Stundenschlag bis zur Minute! Und dabei doch so viel Reiz schon zur Freiheit, so viel Verlockung durch den Anblick des ungebundenen Studententums, das in jener blühenden Zeit der Berliner Universität und bei den noch kleinen Verhältnissen einer damals wenig über 200000 Einwohnern zählenden, geographisch auffallend isolierten Stadt weit mehr hervortratals jetzt.

Welche Anstrengungen schon der tägliche viermalige weite Weg zur und von der Schule! Die Anstalt wurde verlegt, doch den in der Friedrichstadt Wohnenden nicht näher. Das sogenannte alte »Fürstenhaus« beherbergte damals in seinen vorderen Räumen das »Intelligenzkontor«, in seinen hinteren, an die königliche Münze grenzenden kurz vorher ein Gefängnis für »Demagogen«. Ein Zufall hatte mich vor Umwandlung in unsere Gymnasialansiedlung in diese vergitterten Korridore geführt, die von Wärtern mit schweren Schlüsselbunden durchschritten, von Soldaten bewacht wurden. Die einzelnen Kammern hatten Doppeltüren. Hinter ihnen schmachteten Jünglinge aus Thüringen, Westfalen, Pommern, Schlesien. Die schönste Jugendzeit ging ihnen dahin. Darunter mancher Name, der später gefeiert wurde. Die nahe »Hausvogtei« war überfüllt von den Opfern der Zentraluntersuchungskommission in Mainz, den Vorläufern und Anbahuern von Ideen, die gegenwärtig Fürsten und Minister zu Vertretern haben. Später wurden die Gefangenen zumeist nach Köpenick in jenes Schloß abgeführt, an welchem wir jetzt zur Sommerlust so vergnügt vorüberfahren, um in Grünau Aale zu essen und die Müggelseewarte zu ersteigen.

Als unser Gymnasium einzog, war jene Kerkerwelt höchstens noch am Karzer erkennbar. Die Kammern waren zu Sälen durchbrochen; Türen, Fensterladen, Tische, Bänke bekamen einen Anstrich von grüngrauer Ölfarbe. Wir klebten noch fest auf den frischgestrichenen Bänken.

Wie gründlich damals die Universitäten purifiziert wurden, wie nachdrücklich die Griffe gewirkt hatten, die Kamptz in die deutsche Studenten- und Professorenwelt getan, diese traurige Erfahrung, die jahrzehntelang nachhielt und selbst durch die Julirevolution von 1830 noch nicht umgestoßen wurde, ersah sich aus dem Umstand, daß von unseren sämtlichen Lehrern kaum einer, vielleicht Karl Passow ausgenommen, eine Berührung mit demjenigen Geist entweder vertrat oder allenfalls ahnen ließ, der kurz zuvor in seinen Räumen so schwer hatte büßen müssen. Das mit dem Wesen der »Burschenschaften« so nahe verbundene Turnen existierte nicht mehr. Das noch vor wenig Jahren so viel erörterte »Turnziel« war in den Augen der Staatslenker nur der Fürsten- und Ministermord. Selbst das Feuer der Befreiungskriege, das in den Schulen durch Geschichtsunterricht und deutsche Lehrstunde hätte fortlodern sollen, wurde wie ein allzu gefährlicher Brand zugeworfen und erstickt. Die Flammen brachen nur etwa in der Singstunde aus, wenn Theodor Körners »Schwert zu meiner Linken« in der Hand des Jünglings »winken« und der Tod fürs Vaterland als ein der Nacheiferung würdiges Bild in die Herzen dringen konnte. Aber Stellung zu nehmen gegen Napoleon oder Frankreich, das blieb Privatsache des Schülers. Aufklärungen über die Geschichte unsres Jahrhunderts gab es nicht, selbst nicht einmal über unsere Siege.

Hinter die Schule gehen

Es gibt auch ein geistiges »Hinter die Schule gehen«. Ohne die Wirkungen desselben stellt sich keine wahre Freiheit im Gebrauch der von den Lehrern aufgenommenen Bildung ein. Kenntnisse, Anschauungen, die dem nächsten Schulleben fremd blieben, muß man gewonnen haben, um die wahre »Reife« nicht für die Universität, sondern fürs Leben zu gewinnen.

Es gibt Lehrer, die auch für dies »Außerhalb der Schule« höchst liebevoll anzuregen, auch da, auf einem allerdings dunkeln, an Irrwegen und Klippen reichen Gebiete, Führer zu sein verstehen. In großen zerstreuenden Städten allerdings wird einem Schüler diese Wohltat selten zuteil. An unserm Gymnasium fehlte sie gänzlich.

Aber erst noch sei von einem wirklichen, frevelhaften »Hinter die Schule gehen« berichtet und eingestanden, daß dem Erzähler das Jahr 1823; verhängnisvoll wurde.

Die Sonne zur Hundstagszeit brannte in diesem Jahre so heiß! Die Poesie des »Schafgrabens«, der jetzt unter den Neubauten am Tempelhofer und Halleschen Ufer, höher hinauf an den Gasanstalten begraben liegt, lockte so verführerisch ins dunkelblaue, hier und da schlammige und nur nabeltiefe, aber wonnig kühle Gewässer! Dem »Wassernix« wurde noch gründlicher gehuldigt jenseits der Linden. Zum Oranienburger Tor hinaus war die Panke nicht überall zur »Bassermannschen Gestalt« geworden, wie sie etwa an der Nachtkonditorei der Karlstraße, einer nächtlichen Eimerfrau nicht unähnlich, ans Tageslicht schießt – nein, bei den »Invaliden« war sie noch ein klarer, unter jungen und alten Weiden munter dahinhüpfender und seine »Ikleie« treibender Bach, militärblau wie alles märkische Gewässer und des Preisens würdig, das ihr Schmidt von Werneuchen gewidmet.

In der Nähe des Invalidenhauses lag ein wie im hohen Schilf begrabener Pfuhl, wir nannten ihn Teich. Wie mit Polypenfangarmen griff eine unheimliche Vegetation, die auf seinem Grunde wucherte, nach unsern Lenden und Waden, wenn wir dort, ohne Schwimmhosen, hinter die Schule gegangene Jünglinge, badeten. Jetzt rauchen hier Schornsteine und erheben sich Siegesdenkmäler und neue Kasernen, wo sich so träumerisch beobachten ließ, wie die Distel ihr wolliges Blütenhaupt auf die Schultern höchst gefährlicher Brennesseln legte und die »Kalitte« von einer Kartoffelblüte auf die andere flog. »*Infandum scelus infanda poena piandum*« – und »Fordre niemand, mein Schicksal zu hören!«

Unter den Frevlern, die für ihren Schulstreik, den großartigsten, der vielleicht je durchgeführt wurde, von beinahe einem Vierteljahr, zu büßen hatten, befand sich auch der Sänger des »Neuen Reineke Fuchs«, der schon auf der Schule durch eine immer flügge Lebendigkeit im Rätselaufgeben und Scharadenlösen ausgezeichnete Adolf Glaßbrenner.

Das geistige »Hinter die Schule gehen« ist beim Kinde zuerst ein neugieriges Aufschlagen alles dessen, was der Zufall an Büchern in die Hand gibt. Sinnend, wie in ein fernes Eden verloren, steht der durch Kameradenbeispiel verführte, aber reuevoll jetzt wieder von den besten Vorsätzen erfüllte Quartaner an einem Buchladen und spinnt sich Märchen aus und lange Zukunftsahnungen von diesem und von jenem Werk, während die Wagen um ihn her rasseln, der Verkehr der Straße donnert – er könnte am Niagarafall stehen, und in seinem Grübeln über diesen oder jenen Titel stört ihn nichts.

In jenen Zeiten gab es noch weit mehr antiquarische Bücherstände auf offener Straße als jetzt. Am rechten Flügel der Universität, am Schloß, in der Jägerstraße, als diese noch mit »Kolonnaden« geschmückt war, hielt man im Wandern inne, um Büchertitel zu lesen. Der alte Mann, der am Schloß einen Abhub alter Bücher feilbot, hätte in einer Erzählung von E.T.A. Hoffmann figurieren können neben seinen Nußknackermenschen. Schräg dem jetzigen »Roten Schloß« gegenüber, wo oft der Sturmwind Hüte und Mäntel fortzureißen droht, hielt dieser alte, wie vom Jahre 1770 vergessene und zurückgebliebene graubärtige Mann stand. Sein nach der Mode des vorigen Jahrhunderts geschnittener Rock hatte zwei lange Seitenschöße, wie der Frack des Doktors Dulcamara auf der Bühne. Zwei Uhrketten hingen über eine bis an die Lenden gehende Weste heraus. Für den Schüler bot sein Kram nichts Brauchbares, ja, man fürchtete sich, den unheimlichen Automatenmenschen anzureden.

Kulanter war ein kleiner rundlicher, rotwangiger Mann, der ein Häuschen dicht an der Schleusenbrücke bewohnte und die Jugend Berlins vorzugsweise anzulocken verstand, Gsellius, der Begründer der großen, so blühenden Buchverkausssirma. Seine Ehehälfte, Frau Gsellius, kletterte wohl selbst auf die Leiter, um von den oberen Fächern noch einige ihr näher bekannte Xenophons und Neposse herunterzuholen. Aber die Preise bestimmte der Gatte.

Eine Quelle mancher Heimlichkeit, doch zu fruchttragender Lektüre anregend, wurde das Erscheinen zweier Übersetzungsbibliotheken der alten Klassiker, einer, die von Stuttgart, und einer konkurrierenden, die von Prenzlau in der Uckermark ausging. Die letztere, in blauem Umschlag, heimelte sich mehr an als jene in braunem, trotzdem diese als Bürgen ihrer Vortrefflichkeit die Namen Schwab, Tafel und Osiander auf dem Titel trug. Ciceros Briefe, im Prenzlauer Sammelwerk übersetzt und erläutert von einem sonst unbekannt gebliebenen Rektor Thospann, wurde eine Fundgrube für jene Tatsachenfülle, nach welcher sich der Jüngling sehnt. Das abscheuliche Wortgeklaube hörte in diesen Übersetzungen auf. Der Pragmatismus, der die Sachlagen, die Nebenumstände, die besonderen Bedingungen und nächsten Bezüge der Fakten ins Licht stellte, ergriff den Leser. Diese Sammlungen, auf welche – und auf beide zugleich – mit den größten Opfern der Sparsamkeit und Entbehrung abonniert wurde, brachten Einleitungen in jedes Werk, die mehr enthielten, als wir in der Klasse erfuhren. Leider hatten es die Herausgeber so einzurichten gewußt, daß die Werke, die in den Schulplänen vorkamen, nicht so früh erschienen, daß sie die damals lebende junge Generation noch brauchen konnte.

Die Mahnung des Professors N. N., die Dichter in der Jugend zu lesen, wirkte nach. Der defekte Zustand der Schülerbibliothek zwang, die Leihbibliothek statt ihrer eintreten zu lassen. Unterm Tisch und sogar während der Klasse kam jene Mahnung den Übersetzungen Walter Scotts zugute, der Zwickauer kleinen Ausgabe mit lateinischen Lettern.

Wenn je ein Dichter sein Zeitalter ergriffen hat, so war es der »große Unbekannte«, der »Verfasser des Waverley«, wie lange Jahre der bezaubernde Dichter genannt wurde. Raupachs »Schleichhändler« geben einen ungefähren Begriff von dem damals hervorgebrachten Begeisterungsgrade. Die allgemeine Reaktion der europäischen Zustände, die Rückkehr und Vertiefung in die Ideen des Mittelalters erleichtern die Aufnahme dieser Arbeiten eines sinnigen Genius, gegen dessen phantasiebeschwingten Flug der gegenwärtige Gouvernantenroman Englands nur zu ärmlich absticht.

Wie wurde ein Selbstbesitzender Zwickauer Ausgabe umschmeichelt von den leselüsternen Kameraden! Förmliche Anwartschaften nach der Ancienität der Meldungen wurden eröffnet, wer darankäme, endlich den »Quentin Durward« zu bekommen! Wie wurde geschwelgt in den Schrecken, die Ludwig XI. um sich verbreitete! Wie unheimlich beängstigend und zuletzt so rührend wirkte ein reicher Zwerg – wo kommt er vor? Im »Herzen von Midlothian«?

Die Hexen Hochschottlands, die Norne von Faithful Head waren Gestalten, die für unser Bedürfnis nach drastischem Schauer nicht grotesker erfunden werden konnten. Im Zauberbann der Nachtseiten des Lebens, unter den Macbethhexen, wie einst bei den Geisterbeschwörungen der Hexenküche im »Faust«, war dem Erzähler ästhetisch am wohlsten. Die Angst der meisten Kinder vor Geschichten, die übel enden, hatte er nicht.

Es ist ein Verlust zu nennen, wenn eine seit Generationen bestehende gute Bibliothek einer großen Stadt später zerstückelt wird. Die Petrische Leihbibliothek führte ihre Kataloge bis in die Literatur des vorigen Jahrhunderts zurück. Während die Königliche Bibliothek aus dem belletristischen Gebiet entweder gar nichts anschafft oder nichts verleiht, konnte sich der Liebhaber und Forscher auf dem Kulturgebiet älterer Epochen in solchen und ähnlichen Bibliotheken, deren Bestandteile jetzt vielleicht in des Stuttgarter Scheible Kuriositätenkatalogen zu finden sind, Rats holen. Bei Petri war die ganze Nicolaizeit vertreten, die spätere romantische, wenigstens in ihrem polemischen

Zusammenprall mit Kotzebue und Merkel, die erste »Bonaparte«-Literatur, die Erniedrigungszeit, als die »Löschbrände«, »Fackeln«, »Silhouetten Berliner Charaktere«, die Werke der Firma Peter Hammer in Köln und Amsterdam erschienen, später die Restaurationszeit, wo die »Satiriker« Friedrich und Julius von Voß die Sittengeißler sein wollten – doch nur zu sehr verrieten, was alles, was damals zu schreiben und zu drucken erlaubt wurde, von der Misere des öffentlichen Lebens, nebenbei auch von Pensionen und Subventionen, die man erbettelte, abhängig war.

Für die damals modische schöne Literatur, für Clauren, Van der Velde, Tromlitz und ähnliches fehlte dem Erzähler jede Neigung; nur die alte echte Romantik wurde aufgesucht, Novalis, Achim von Arnim, Brentano. Die »Hymnen an die Nacht« begeisterten den Erzähler selbst zu einer Apostrophe an die Sterne, die er schon als Primaner dem Dr. W. Häring für sein »Konversationsblatt« einschickte, der sie auch abdruckte.

Schon vorher hatten Veit Webers »Sagen der Vorzeit« um so mehr auf die Phantasie gewirkt, als die Schauplätze derselben, die alten efeuumwundenen Mauerbögen und zerfallenen Türme der Rheinburgen, die sie wie im magischen Mondlicht neu erstehen, sich von Rittern und Reisigen, holden Frauen und deren Liebeslied beleben ließen, für den auf die Kiefern der Mark angewiesenen Knaben einen erhöhten Reiz ausübten.

Selbstverständlich wurde Schiller gelesen, Goethe im »Faust«, »Götz« und »Wilhelm Meister«, vorzugsweise Jean Paul. Letzterer wurde ein Liebling des Jünglings, der allmählich die Zeit des sonntäglichen Kirchenbesuchs zu opfern und mit dem Verweilen auf einer Bank im stillen Tiergarten zu vertauschen anfing. Jean Paul hatte damals die gläubigsten Leser. Kanzelt ihn herab, ihr Literarhistoriker, nennt ihn mit Goethe einen »Tragelaphen« – er versetzte beim Lesen den ganzen Menschen in Mittätigkeit! Seine Bilder- und Witzsprache griff bald in dies, bald in jenes Gebiet des Wissens über, wo wir zugleich, während nur die Unterhaltung, die Befriedigung des Herzens gesucht wurde, Belehrung fanden. Brauchte der Dichter Vergleiche mit den Erfahrungen der Alltäglichkeit, die jedermann selbst macht, wie erging sich da die noch nicht blasierte Jugend im gesundesten Lachen! Wie gerne hätten wir uns ganz in Titan – Liane – Roquairol vertieft! Aber die Griechen und Römer ließen uns nicht los. Zum Überfluß mußte noch Hebräisch gelernt werden. Eine alte hebräische Bibel wurde an derselben Stelle am Schauspielhause erhandelt, wo später der Generalintendant der Königlichen Schauspiele sein Empfangskabinett hatte. An der Ecke der Jäger- und Charlottenstraße befand sich ein Antiquar.

Das Theater befördert das geistige »Hinter die Schule gehen« in einem solchen Grade – zunächst negativ –, daß ich kaum fassen kann, wie sich die jetzige Überfülle von Theatern in Berlin zur stillen Klausur des Schullebens, zur träumerischen Brütestimmung im Gemüt des Knaben verhalten mag. Überredet die Reklame von dieser »zwerchfellerschütternden« Posse, von jenem »genußreichen« Lebensbilde, diesem

»durchschlagenden« neuen Werke des Herrn N. N. auch die aufstrebende lateinische Jugend, oder hat sie noch den ästhetischen Rigorismus, der wenigstens den Erzähler in seiner Jugend geringschätzend blicken ließ auf literarische Erscheinungen, Blätter, Bücher, die den Charakter des Unmusischen, Banausischen, Unstudierten an sich trugen?

In meine Gymnasialzeit fiel das erste Auftreten M. G. Saphirs und seiner Nachahmer in Berlin. Komus und Jokus, der Witz und wieder nur der Witz, sollten herrschen. Die Königliche Bühne hatte eine Rivalin bekommen, die Königstädtische am Alexanderplatz. Aber in unsere heiligen Schulhallen drang von diesem Tagesflitter wenig. Erst einigen entschieden zum Belletristischen neigenden Köpfen der Prima gelang es, die stolze Ablehnung dieser flüchtigen und leichten Musenspiele des Tags zu mildern. Da wurde denn ein kleiner Teil der Klasse (durch ein unter uns handschriftlich erscheinendes Journal und einen Sonnabendklub hervorgebracht) so für »Belletristik« gewonnen, daß meine Feder an einer Übersetzung der Oden der Sappho feilte, ja zu einem förmlichen Buche über die öffentlichen Spiele der Römer und zuletzt zu einer Novelle ansetzte für Saphirs »Schnellpost«, die dort auch abgedruckt ist.

Die lateinische Welt vergißt sich am ehesten im Kaffeehause. Berlin hat noch bis zum heutigen Tage keine eigentlichen Kaffeehäuser wie Paris, München, Wien. Die ungemeine Teuerung des baulichen Terrains hat eine Menge kleiner Lokale geschaffen, wo man den oft unausstehlichen Geruch alt gewordener Backwaren mit einatmen muß, um mit knapper Not an einer Tischkante seine Tasse Kaffee zu trinken. Zum Bleiben wird man durch die Fülle der vorhandenen Journale und den Mangel an andern Lesekabinetten genötigt. Wurden nun die Blätter oder die »Baisers« der Konditoreien das Anziehendere? Eines ging mit dem andern. Doch der Sonnabend gehörte ganz der Literatur.

Sonnabendnachmittag hatten sich alle Wochenjournale eingefunden; der »Gesellschafter«, der »Freimütige«, die aus Leipzig gekommenen »Kometen« und »Planeten«, vor allen das damals tonangebende Stuttgarter »Morgenblatt«. Es währte nicht lange, so war der Primaner in alle schwebenden Streitfragen, in die Personalverhältnisse der zeitgenössischen Literatur, die Produktion des Büchermarkts eingeweiht. In Berlins belletristischer Sphäre tobte damals der helle Krieg. Saphir forderte alle Welt zum Kampfe heraus. Eine Zeitlang schützte ihn der Beifall des mittleren Publikums, sogar des Königs, der Ministerien, ja des damals alles vermögenden Hegel. Man glaubte eine Macht gewonnen zu haben, die dem für unbestechlich geltenden Kritiker Rellstab gewachsen war. Diesem verbündeten sich jedoch die alten literarischen Kräfte Berlins. Die Zahl derer, die darunter für die Bühne geschrieben hatten, stieg auf dreizehn. Saphir sagte: »Ich bin dem Taschenspieler Bosko ähnlich, lasse von dreizehn auf mich schießen und ziehe dreizehn Kugeln aus der Rocktasche!«

Er schien unverwundbar. Eine Broschüre folgte auf die andere. Die Offizin des auf der Straße durch seinen schlanken hohen Wuchs und die abschreckendste Häßlichkeit seiner Gesichtszüge aller Welt auffallenden Mannes war die gegenwärtige der Litfaßsäulen. Aus jenem kleinen Winkel, wo einst Berlins alte Kalandsbrüder gehaust haben, kamen seine »Schnellpost«, sein »Kurier«, »Staffette« und manche spätere Nachahmung.

Das Königliche Theater bot damals in Oper und Schauspiel denkwürdige Leistungen. Die erhabenen Rollen Glucks und Spontinis gab Frau Milder-Hauptmann, in dem jetzigen Fache Lucca glänzte die liebenswürdige Seidler-Wranitzki. Bader, Blume waren auf ihrer Höhe. Die Theaterzettel wechselten nur mit »Olympia«, »Nurmahal«, »Vestalin«, »Alcidor«, »Iphigenie«, bis der »Freischütz« die Alleinherrschaft Spontinis brach.

Im Schauspiel herrschte die durch P. A. Wolff eingeführte weimarische Schule, die später durch die jüngeren Brüder Devrient nach Dresden übersiedelte, während in Berlin der Naturalismus zurückblieb. Frau Stich war die weibliche Zugkraft. Die schöne Frau alarmierte damals die Welt durch ihren Liebeshandel mit dem jungen Grafen Blücher, der ihrem Manne in einem Hause der Mohrenstraße, dem jetzigen Hotel »Magdeburg« gegenüber, einen Dolchstich versetzte. Damals begann Raupach, während noch Albini, Frau von Weißenthurn, Houwald, Clauren, Karl Blum die Lieblingsstücke des Königs lieferten. Eine allzu scharfe Beurteilung derselben in den zensurierten Blättern veranlaßte »Kabinettsorders« mit weithin treffender Wirkung. Einmal wurde sogar befohlen, daß jedes neue Stück erst nach der dritten Vorstellung rezensiert werden durfte.

Für den Erzähler dieser Erinnerungen existierte leider diese Kunstsphäre nicht. Sein pietistischer Vater sprach die Verdammungsurteile über Theater in immer heftiger gewordenen Ausdrücken aus, so daß die Frage, ob die Mittel zum Besuch vorhanden gewesen wären, nicht erst nötig hatte, aufgeworfen zu werden.

»Nur der Satan hat seine Freude an diesen Possen! Unser Heiland hat nichts vom Theater gelehrt. Sie werde um wohl einst am Jüngsten Tage spüren, ob sie lieber ins Komödienhaus oder in die Kirche gegangen sind!«

Das wurde nicht so hingemurmelt und als die schüchterne Privatmeinung eines sich in der Minorität Fühlenden ausgesprochen, sondern stand als christlicher Glaubensartikel an der Haustafel und wurde auch von den überfüllten Kirchen bestätigt, wo die Strauß, Couard, Jänike, Goßner in jenen Tagen gegen den Geist der Zeit predigten. So konnte an andere Theatereindrücke nicht gedacht werden als an solche, wofür einmal der Zufall ein Billett auf den Tisch warf. Zuweilen war dies beim Königstädter Theater der Fall. Das denn doch augenscheinlich und ersichtlich daliegende Parterrebillett schien schon dem exakten Sinne des Beamten seine Erledigung zu verlangen. Die mütterliche Liebe predigte Toleranz und berief sich auf die Tatsache, daß ja doch auch der König ins Theater ginge. So sind dem Erzähler wenigstens von den

Schauspielern der jungen aufstrebenden, leider in ihrer Verwaltung aus einer Krise in die andre geschleuderten Königstädter Bühne einige Erinnerungen geblieben, darunter die besten von Schmelka und Beckmann, deren Komik mit dem jetzt üblichen, sich selbst und die Welt parodierenden Ton nichts gemein hatte.

Von Paris kam damals der gesungene Refrain, den Holtei im deutschen »Liederspiel« (Vaudeville) einführen wollte, von Wien kam das schon ausgebildetere Couplet. Noch mit schwacher Wirkung, da die Mitgabe die Zauberposse war, ein Genre, das in Berlin von je nur für die Kinder existierte. Wer sich damals schon hätte hinstellen wollen und als Hausknecht oder Dienstmagd dem Publikum dummdreistaufdringlich die neuesten Zeitereignisse, die Themata der Leitartikel erörtern – die Ablehnung solcher Zumutungen würde vom Publikum selbst gekommen sein. Die Zensur wäre nicht nötig gewesen. Der Janhagel gab nicht wie jetzt den Ton an.

Eine breitspurige Wirksamkeit übten die Übersetzer Louis Angely und Kurländer in Wien. Beide sind die Begründer des »Frei nach dem Französischen«. Der erstere war auch Schauspieler und hatte eine etwas forcierte Komik. Als Ferdinand Raimund nach Berlin kam, 1832 – wo der Erzähler schon Student war –, fand sich nur ein Häuflein Zuschauer im Königstädter Theater ein. Der Beklagenswerte spielte seinen eigenen »Menschenfeind« vor leeren Bänken. Man konnte annehmen, daß ihm die bittern Verwünschungen des Schicksals, von denen Rappelkopf, der wienerisierte Timon, durch den »Alpenkönig«, der niemand anders als Kaiser Franzel im Inkognito sein sollte, geheilt wird, recht von Herzen kamen.

Theatereindrücke, denen regelmäßig, wenn der Erzähler bald nach zehn Uhr, wo die Haustür geschlossen wurde, heimkehrte, die Erklärung des Vaters, der jene erst zu öffnen hatte, folgte: »An dir wird Satan seine Freude haben! Du gehst den graden Weg zur Hölle!«, konnten keine dauernde Lust daran erwecken. Die Bühne blieb mir eine Liebe aus der Ferne, die es zu keiner Erklärung kommen läßt. Mochte ich doch auch kaum voraussetzen, daß Shakespeare und Calderon, die ich für mich und mit lautem Rezitieren allein las, im Schauspiele anders erscheinen würden, als sie vor meinen Augen standen.

Oft hatte ich Regungen, selbst Schauspieler zu werden. Aber die Idealität, in deren Verklärung mir alle Kunst lebte, fehlte zu sehr dem ganzen Theatergebiet. Das Ideal der griechischen Bühne wurde uns in der Klasse täglich vorgeführt, jener unter dem offenen blauen Himmel Griechenlands geführte Kampf heroischer Gestalten mit dem großen erhabenen Schicksal – wo war davon etwas in Schinkels neugebautem »Komödienhause« zu suchen, wo man bei spärlichster Ölbeleuchtung durch ein Gewinde von kellerartigen Gängen und Treppen hindurch mußte, um endlich im zweiten Rang oder auf der Galerie fast immer – allein zu sitzen! Denn der Zuspruch zum Theater war damals in hohem Grade gering, trotzdem daß Friedrich Wilhelm III., wenn nicht gerade im Opernhause Ballett angesetzt war, jeder Schauspielvorstellung beiwohnte.

Einen wie andern Blick gab, statt auf den Theaterzettel mit: »Der Galeerensklave«, »Preziosa«, »Künstlers Erdenwallen«, die Welt des Geistes und der Forschung! Die Nachtstunde mit »unnützerweise verbrauchtem Öl« ließ schönere Gebilde aufsteigen, als sie der an sich nicht mehr gefürchtete »Satan« im Theater zauberte!

Die »Prolegomena« F. A. Wolfs, von dessen Geist die ganze damalige Altertumswissenschaft durchdrungen war, blieben unserm Kreise nicht fremd und wurden zu häuslichem, privatem Studium erworben. Die kühne Hypothese, daß es keinen Homer gegeben hätte, sondern nur ein homeridisches Zeitalter, eine Alluvion von Dichtungen, die sich durch die Zeiten, durch eine Schule gebildet hätten, und daß zuletzt in Athen, teilweise auf Staatsbefehl, dies große Material geordnet, überarbeitet, ergänzt worden wäre – sie warf – mit Begeisterungsschwingen – den Zweifel in die Brust als Führer fürs ganze Leben. Die gläubige Natur, die angeborene oder anerzogene Verehrung der Tradition war dahin. Alles in dem jungen Mann stockte und staunte ob dieser Enthüllung eines verführerischen Scharfsinns. Hier gab es keinen Glauben an die Unmöglichkeit, daß eine Dichtung wie durch *generatio aequivoqua* ins Leben gerufen werden konnte. Die Bahn war gebrochen, sich gegenüber allen Anfängen der Geschichte, jedem mythischen, über das Maß der Gegenwart hinausragenden Begriffe, am meisten der Bibel selbst, nur prüfend zu verhalten und alles Ungeheuerliche, Unverhältnismäßige, Wunderbare natürlich zu erklären.

Die Teufel kamen immer näher – aber von einer andern Seite! Von der Studierlampe! Diese wandernden Homeriden waren es. Diese tanzten nicht im Ballett vor dem frommen Agendenkönig. Im Geiste sah ich's: Erzogen und gebildet auf einer Sängerschule (vielleicht lag sie in Chios), hinauswandernd, erst zu Schiff und wie Arion die Geister der See beschwörend mit dem Saitenklang goldner Harfen, dann das feste Land betretend in Kleinasien, auf Trojas Trümmern oder in Argolis, wo sie die Löwenburg der Atriden aufnahm! Alle zerstreut, jeder singend, jeder allein bildend an seinem besondern Stoff, der geschult auf diese Mythe, der auf jene und dann alle vier Jahre zu Olympia sich vereinigend, dort nichts begehrend, nichts sich mühend zu erringen als den Kranz vom wildem Ölbaum auf das lockenumwallte Haupt! Die Gegenwart hat die Hypothese der Prolegomenen und ihre spätere Anwendung auch auf die Nibelungen verworfen, sie hat wieder für einen wirklich dagewesenen großen Dichter Homer plädiert. Ich kann an diesen nicht glauben. Wer die Schwierigkeiten des Schreibens in den alten grauen Tagen erwägt, wer an die Unmöglichkeit denkt, das Material für weitschichtige Aufzeichnungen aufzutreiben, wer da weiß, daß nur eine Staats- oder Kultushilfe, ein gleichsam gesetzgeberischer Akt die Mittel bot, um lange Bücherrollen zu führen, der wird sich das Bild eines sich schon damals *à la* Goethe mit ruhiger Federführung hinsetzenden und seine Iliade und Odyssee dichtenden Homer niemals vorstellen können.

Das entschiedenste geistige »Hinter die Schule gehen« wurde mit den Büchern getrieben, die sich einige stimmungsverwandte Schüler zusteckten, mit verbotenen. Sie betrafen die damalige Lebensfrage der akademischen Jugend, ob Landsmannschaft, ob Burschenschaft. Von Schulgenossen, die ihre Eltern am Orte hatten, konnte solche eingeschmuggelte Lektüre nicht kommen, obschon die sich zuweilen in die Klassen verlierenden Spoliationen der väterlichen Bibliotheken, ja selbst der Kupferstichsammlungen merkwürdige Untersuchungen hätten bringen können. Ein Kommilitone »schenkte« mir zum Beispiel mit voller Treuherzigkeit einen Müllerschen Stich des Evangelisten Johannes, der später zu hohen Preisen gesucht wurde. Haupts »Burschenschaften und Landsmannschaften« und Herbsts »Ideale und Irrtümer« brachte der schon genannte spätere Pfarrer Böttcher in unsern Kreis. Selbst der Sohn eines Landpfarrers bei Züllichau, wohnte er selbständig. Eine Zeitlang da, wo vielleicht gegenwärtig in der Jägerstraße bei Beyer einer der Leser dieser Zeilen nach dem Theater sein Beefsteak zu verzehren pflegt. Welche Umkehr durch die Zeit! Dieser jetzige Restaurationsgarten war pedantisch gepflegt, an den Beeten rings mit Buchsbaum umfriedigt, die Gänge waren mit gelbem Kieselsand beschüttet; das Haus war eines jener wenigen alten »vornehmen« Berliner Häuser, die ständig geschlossen blieben. Alles ringsum war klösterlich. Bei jedem laut gesprochenen Worte guckten alte Demoiselles mit langen Locken (aus Seide, wie sie damals üblich) entrüstet zum Fenster heraus. An den unheimlichen, schwarzgeräucherten Brandmauern, die in ganzer Länge das Gärtchen einschlossen, schlichen die den Damen wahrscheinlich einzig sympathischen Katzen dahin.

Man sollte am Berliner, wenn man seinen Urtypus schildert, seine Pedanterie, eine gewisse mißgünstige Peinlichkeit, die Wahrung des Kleinlichen und die nur langsam kommende Regung zum Leichtnehmen, Generosen und Kulanten nicht verschweigen. Die meisten Physiologen unserer sozialen Zustände, Skizzen- und Bildermaler über Berlin und die Berliner vergreifen sich, wenn sie nicht von einer gewissen hypochondrischen, griesgrämlichen, kalt ablehnenden Neigung im Charakter des Märkers überhaupt ausgehen, woraus auch andrerseits die eigentümlichen Tugenden dieses Stammes, das feste Beharren, Mut und Entschlossenheit, herzuleiten sind.

»Haupt« und »Herbst« hatten einen kleinen Kreis, der sich schon durch Studenten rekrutierte, auf dem Gewissen, wenn wir beim »Heil dir im Siegerkranz« uns schon lange das Ohr zuhielten und nur über Barbarossas Erwachen im Kyffhäuser, über die wiederherzustellende Kaiserkrone träumten. Die alten spitznasigen Demoiselles, bei welchen Böttcher von seinem Vater einquartiert worden war, kündigten ihm sogleich nach einem unsrer Nachmittagskaffees, bei denen »Das Volk steht auf, der Sturm bricht los« entsprechend intoniert wurde. Trotzig zog der Ausgewiesene in die Scharrn-, die Kur-, die Französische Straße. Überall vertrieb ihn unser Lärm. Der Ärmste war krank am Fuße und hinkte. Ost, wenn ich die wilden Ausbrüche seines Zorns sah, mußte ich denken: Wie der Schöpfer so weise voraussorgt! Jedem, der in seiner Art für andere gefährlich werden könnte, legt er einen Dämpfer auf!

Wir folgten diesem Rattenfänger, einer idealen, schwunghaften Natur, mit seiner feurigen Rede, seinen langen, hellblonden, ungelockt auf die Schultern fallenden Haaren, seinen sprühenden Augen von Hausnummer zu Hausnummer seiner Wohnungen, bis er nach seinem rühmlichst bestandenen Abiturientenexamen auf ein halbes Jahr nach Halle ging, dann zurückkehrte und unsern inzwischen umgestalteten Bund mit seinen »Haupt«- und »Herbst«-Ideen beinahe nach – Köpenick geführt hätte. Denn wir hatten trotz unsres »an Eides Statt« gegebenen Gelöbnisses und der drohenden Gefahren durch Pedell, Universitätsrichter und Minister vom Kamptz in gewissen Formen eine Burschenschaft errichtet.

Abschluß

Es wurde nun mit der Zeit fast unmöglich, die Welt der Schule und des gesteigerten inneren Lebens mit der des Hauses, mit der Welt der täglichen Umgebungen, der herabziehenden Gewöhnlichkeit im Einklang zu erhalten. Die klassischen Ideale im Kopfe, die endlich gewonnene sichere Gewißheit, daß es eine Welt des Schönen, Hochherrlichen, über diesen gemeinen Erdenbedingungen Erhabenen gibt, an welcher die Sterblichen hienieden mitzugenießen, für das Hereinragen derselben ins Erdenleben mitzuleiden und mitzuschaffen berufen sind – und dem dann gegenüber die immer anspruchsvollere, wilde, ja trotzige Durchkreuzung durch eine von Armut, Unwissenheit und satanischem Wahn bedingte Lebensexistenz – es wurde zuletzt eine Qual, unerträglich, obschon – sie ertragen werden mußte. Sie hatte den immer mehr sich entwickelnden Bruch mit allem im damaligen Berlin Gegebenen im Gefolge.

Die Mittel fehlten, Berlin zu verlassen und etwa dem Beispiel mancher Kameraden zu folgen, die auf die Gymnasien kleinerer Städte gehen durften, wo sie eine beneidenswerte Freiheit gewannen. Konnten doch selbst die Hilfsquellen, die ein Fortwandern auf dem Wege zu dem noch hochliegenden Tempel Minervas ermöglichten, nur dadurch erworben werden, daß zu einigen Stiftungsvergünstigungen, deren Verleihung dem Gemüt des bald wieder mit dem ausgearteten Quartaner versöhnten Zimmermann zu danken war, sich die Erträgnisse einer schon zu lehren anfangenden Laufbahn gesellten.

»Stundengeben!« Du inhaltschweres, Bilder der Mühe, der in die Ewigkeit hinein erneuerten Sisyphusarbeit weckendes Wort! Prüfungsreicher Kurrendedienst! In sommerlicher Nachmittagshitze die lange Friedrichstraße von ihrem einen Ende bis ans andre keuchen, im Wintersturm, abends, wenn der Schnee alle Straßen unwegsam machte oder der Frost die Fenster der Häuser undurchsichtig, pünktlich an Ort und Stelle eintreffen, um einen faulen, hinter seinen Mitschülern zurückgebliebenen Untertertianer vorwärtszubringen – gewiß zum »europäischen Sklavenleben« eine Vorstufe, wenn man die geringe Entgeltung hinzunimmt und die gewaltige Fülle von Pflichten, die sich der junge Lehrer aufbürdet, der doch noch selbst ein Schüler ist und seinen Vorgesetzten gegenüber in der Klasse seinen Mann zu stehen hat. Nach diesen Lektionen begannen erst die eigenen Arbeiten, Präparationen, Übersetzungen, Ausarbeitungen und die mit gesteigertem Eifer betriebenen eigenen philologischen Studien.

Zum Glück gefällt sich der Rigorismus der Jugend in solchen Kraftproben. Noch ist man Anachoret in der Kunst des Abschließens und der Entbehrungen. Am Wintermorgen schon um sechs Uhr, erwärmt nur durch die nachhaltende Bettwärme, noch lange vor dem Frühstück schon in einer Kammer ohne Ofen hinter dem grünen Blechlampenschirm zu sitzen und Meierotto über Roms Sitten und Gebräuche zu exzerpieren, den alten Niewport über die Feste der Römer, die Gedichte der Sappho, die Fragmente des Alkäus zu übersetzen, das war ein selbstauferlegtes Martyrium, nie mit Klage oder Mißmut erfüllend. Abends aber kam so manche Störung. Zum Lernen sollten sich sogar Musikübungen gesellen. Die Übungen im Flötenspiel – »unglückselige« Erinnerung – erschienen den Eltern wichtiger als die Lektüre von Raumers »Vorlesungen über die alte Geschichte«.

Der Unterricht im Fingergriff und Mundansatz der Flöte war die Folge des sonderbaren Schauspiels, daß sich eine Zeitlang regelmäßig drei Bewerber um die Gunst der Schwester, Rivalen, die sich bitter haßten und auszustechen suchten, einfanden. Einer derselben, Militär mit silbernem Portepee, eine nicht gewöhnliche Natur, die es später bis zum Rechnungsrat beim Steuerwesen brachte, war zugleich musikalischer Dilettant. Der abendliche Unterricht im Flötenspiel, den er gab, machte ihn zum umgekehrten Pendant für Schillers Major Walter. Dieser nahm nur Flötenstunde, um seiner Liebe nahe zu sein, jener gab welche. Herb löste sich auch hier der Konflikt. Der Flötenspieler hatte Gelegenheit, wöchentlich zweimal zu kommen, und sein Schüler blies schon Berbiguier und Fürstenau mit ihm, aber die Schwester wählte einen andern. Bei ihrer Hochzeit wurde getanzt, ohne daß, wie auf der Hochzeit des Bruders geschehen, der Hauswirt auf die nächste Wache lief und Beistand gegen einen von ihm behaupteten Einbruch der Decke begehrte. Der Berliner ist, wie schon oben gesagt, von Natur nörgelnd und mißgünstig.

Beim Stundengeben eröffneten sich wieder allerlei interessante Fernsichten in die Verschiedenheiten der Existenzen. Mit unbefangenem, reinem Sinn wurde in eine wunderlich geartete Welt geblickt, wo die Nähe einer Fürstlichkeit waltete, des freilich schon verstorbenen Staatskanzlers Hardenberg.

Bekannt ist des weichlichen und in allem die Signatur des 18. Jahrhunderts tragenden Staatsmannes zerrüttete Häuslichkeit. Hier geriet der junge Stundengeber in die Existenz eines der Schwiegersöhne des Fürsten. Es war ein Witwer, der sich fast im Geiste des Herrn Cleanth gab, nur daß die Veranlassungen zum Podagra, das im Leben des Herrn Legationsrates eine Hauptrolle spielte, bei Cleanth zurücktraten. Die Freimaurerei jedoch, das enge Zusammenhalten geheimnisvoll verbundener Brüder, dabei in Mittagsgesprächen, denen der Primaner nicht selten als *à la fortune du pot* Geladener beiwohnen durfte, die ganze Zeit der Haugwitz in den Auffassungen der Politik, Friedrich Nicolai in Sachen der schönen Literatur und Kunst, das war die nämliche Welt wie auf dem Leipziger Platz. Nach Tisch vereinigten sich die maurerischen Freunde zum Quartettspiel. So lernte ich früh jene unverwüstlichen Haydn- und Mozartschwelger kennen, mit welchen im Bunde die Zelter und die Begründer der Liedertafeln, auch einige Orgelspieler in den Kirchen Berlins in Tonsachen ein Regiment führten, das sich noch jetzt bei einem kleinen, doch kräftigen Häuflein regt, sooft es gilt, die Anmutungen unsrer musikalischen »Zukunft« abzuwehren.

Einer der Hausfreunde war ein Original. In alten Tagen Militär, dann zum Zivilfach zurückgegangen, hatte er sich auf abstrakte Philosophie geworfen. Auf eigene Kosten ließ er mehr als ein Dutzend kleiner blaubroschierter Hefte drucken, in denen er nach Kantischen Prinzipien der damals in allen Köpfen rumorenden Hegelschen Philosophie eine andere Metaphysik, Logik, Anthropologie usw. gegenüberstellte.

Schon wagte der Primaner, mit dem immer freundlichen und sich wegen seiner kostspieligen Torheit zuweilen selbst ironisierenden Mann zu streiten. Wenn er dann seinen Gegner nicht zu überzeugen vermochte, so zog er wieder ein paar neue Hefte einer Onto- oder Teleologie aus der Tasche und empfahl sie zu gelegentlichem Studium. Der Sohn des wackern Mannes war der später bekannt gewordene Schulrat Bormann.

Ein Sohn des damals berühmten Kartographen Engelhardt war ebenfalls mein Schüler und lohnte mir, wie die Enkel Hardenbergs, nicht nur durch treue Folgsamkeit, sondern auch durch den Zauber weiblicher Nachbarschaft beim Dozieren. Holde Schwestern, in der Leipziger Straße (jetzt »Leipziger Garten«) eine braune, in der Friedrichstraße (jetzt »Konzertgarten«) – allerwärts verwandelt sich Berlin in Wirtshäuser! – eine hochblonde, kredenzten Früchte, Wein, Kaffee. Schon zitterte die Hand, die dargereichte Tasse zu empfangen, die Wange glühte. Der Anrede folgte mit Verlegenheit die Antwort. Nach dem Verschwinden, der ach! so flüchtig gewesenen Erscheinungen wurde erst die Toilette geordnet. Xenophons Rückzug der 10000 Griechen, der eben traktiert wurde, konnte als Sinnbild dienen für den schwierigen Rückzug des siebzehnjährigen Lehrers selbst in die wirkliche Welt.

Die Russen sollen ein Wort für die ersten Liebesschauer der Jugend haben, *Sasnoba*. Gewiß ist damit beim Anblick seiner Schönen Gesichtskrampf, Stocken der Redewerkzeuge und das Gefühl urplötzlicher Verdummung verbunden. »Schneide doch nicht so schreckliche Gesichter!« hatte die Hofratstochter von früher, die halb und halb vergessene, gesagt, als ich eines Tages einen Rückfall in »*Sasnoba*« bekam, weil ich sie auf der Hochzeit der Schwester mit entblößten Armen erscheinen sah.

Bei jenem Hardenbergschwiegersohn trat unter unbestimmter Angabe ihrer Familienstellung eine junge Dame nicht nur von blendender Schönheit auf, sondern auch in einem Kostüm, wie dem Jüngling dergleichen nur vom Theater her bekannt war. Das langflutende Kleid war gelber Atlas, Rot und Schwarz bildete den Besatz, das in Locken frisierte schwarze Haar war mit Perlen geschmückt, die Ohrringe blitzten. Aus einem Garten unter ein Rebendach schlüpfend (die Jetztzeit hat diese Gärten eingerissen bis auf einige Bäume, um den Biertrinkern noch einigen Schatten zu lassen), einen Korb voll Apfel, Birnen und Trauben unter dem halbnackten bräunlichen Arm, erschien mir die ausnehmend wohlwollende Dame, die nur zu bald im Hause wieder verschwand, wie eine vom Fest des Dionysos verirrte Bacchantin.

Die Liebesflammen der Schulbank erlöschen glücklicherweise nur zu bald. Amor und Passows Griechisches Lexikon reimen sich nicht zusammen. Und doch wurden die Intervalle vom Erlöschen einer Flamme zum Entzünden einer andern immer länger, die Triebe demnach stärker, nachhaltiger. An Erhörung war nirgends zu denken. Vor der »Einsegnung« trug die Hofratstochter kein Bedenken, ihre Auszeichnungen, ihre Neckereien forzusetzen. Aber vom Konfirmandenfrack an trat Reserve ein und sogar Grobheit auf die Kundgebungen des *Sasnoba*.

Eine sehr unglückliche Liebeswahl traf eine blasse schlanke Morgenbegleiterin beim Schulbesuch, die regelmäßig um denselben Glockenschlag irgendwo aus einem der Häuser der Mohrenstraße schlüpfte, sofort vor den stechenden Augen des Sekundaners die andre Seite der Straße suchte, mittags aber doch auf dem Heimwege wieder dieselbe Parallele mit ihm machen mußte. Ihr jedesmaliges Erröten beim Begegnen war ohne Zweifel Indignation. Der ganze Himmel auf Erden, den ein Sekundaner in seiner Brust zum Angebot auf Lager hält, blieb unabgegeben. Eines Tages ließ sich die blasse Spröde »unter den Palmen nicht mehr sehen«.

Ja, unter den Palmen! Im damaligen »Schulgarten«, dem jetzigen Dreistraßendreieck (Lenné-, Bellevue-, Königgrätzer Straße), grünten zwar keine Palmen, aber Holunderbüsche, Akazien und Äpfelbäume. Militärische Konzerte führten fast immer dieselben Familien mit ihren Angehörigen an dieselben Kaffeetische. Man machte hier Bekanntschaften durch einen Fehltritt auf ein fremdes Hühnerauge und die Bitte um Entschuldigung oder durch die wacklige Lehne eines Stuhls, für welchen man sich einen weniger defekten und »vielleicht vakanten« vom Nachbartisch ausbat. Hier war es sogar eine Jüdin aus der Spandauer Straße geworden, die jene ganz verzehrende Kraft des Mondes zu besitzen schien, die Attraktion, die einen abends ohnehin präparationsmüden Primaner rein zum leblosen Schatten machte. Es waren doch etwa sechzig Kaffeetische zugegen, und überall saß jugendlicher Nachwuchs, und gerade diese sechzehnjährige schlanke Brünette aus der Spandauer Straße mußte es sein, diese unter Onkeln und Tanten mit dem Bewußtsein, als die erste im Aufgehen begriffene Blüte ihres Familienstammes zu gelten, diese prangende blaßrote Rose, der schon bis zur Kurfürstenbrücke entgegengegangen und nach stummem Gruß ein toggenburgartiges Geleit bis zum Schulgarten gegeben wurde!

Ach, wohl sah das Auge, himmeltrunken, die abendliche Heimbegleitung der Familie aus dem Konzert durch eine Kohorte von Refrendarien, Auskultatoren, Assessoren und Leutnants. Aber hatte man denn nicht schon Fälle erlebt von Brautständen, die zehn Jahre gedauert? War nicht jede Kandidatenbraut selbstredend auf sieben gefaßt? Die gesunde Vernunft schwand dahin vor diesem schlanken Wuchs, diesen schönen Augen, dieser sich bald spöttisch, bald im englischen *languish* ergehenden Koketterie. Verse und die damalige Neuerung der Stadtpost wurden gewagt, Verse, die von einem Tal sangen und von einem einsamen Wandrer darin und von einem Murmelquell, der des Wandrers Geständnis hörte und davon dem Monde Mitteilung machte, aber unter dem Siegel der Verschwiegenheit. Diese Verse wurden erneuert, bis ein an die Schwester des leichterratenen Dichters gelangter Entrüstungsschrei der Mutter, der sich in die Form einer ästhetischen Kritik kleidete, dem Schwindel des an jedem Dienstag und Freitag, wo die Sommerkonzerte im »Schulgarten« stattfanden, unzurechnungsfähigen Primaners ein jähes Ende bereitete. Eine Dusche auf die erste schriftstellerische Eitelkeit verfehlte ihre Wirkung nicht.

Aus diesen Träumereien für Idole, mit denen niemals auch nur eine halbe Silbe gewechselt wurde, weckte immer noch die strenge Schulordnung und das Übermaß häuslicher Arbeiten und die Revolution, die jedes neugelesene tiefer gehende Buch hervorbrachte. Besonders erkräftigend war der Stolz, der im Staat und den Zuständen ringsum nur die Gegenstände burschenschaftlich vorgeschriebener Verachtung sah.

Hatte schon die Hinrichtung Ludwig Sands den Grund zu einer Lebensanschauung gelegt, die mit wohlgemuter Ergebung auf eine Laufbahn der Märtyrerschaft hinausgehen wollte, hatte der Knabe in seiner Kammer – wie oft! – die Situation nachgeahmt, sich auf einen Stuhl zu setzen, den Hals zu entblößen und den tödlichen Streich gerade wie auf dem Wiesenrain bei Mannheim zu empfangen, so wurden, wie wohl auch junge katholische Kleriker im Seminar mit Versen, Exaltationen, Nachahmungen der Märtyrerleiden ihre Laufbahn zu beginnen pflegen, durch die glühendste Freundschaft für jenen Hermann Böttcher und einige Gleichgestimmte (mit denen die »korrekten« Gemüter der Beamten-, reichen Kaufmanns- und Bürgersöhne in diametralem Gegensatz standen) die Wirrsale des Kopfes immer heißer und bedenklicher.

Der einzige Dämpfer, der die Anschauungen nicht über das Maß gehen ließ, war die Rücksicht auf die Eltern. Und hier entschied mehr die Pietät als die Furcht. Das Unvermögen ihrer Bildung, sich zu den Gesichtspunkten des Sohnes, der ihrer Sphäre immer mehr entrückte, aufzuschwingen, entwaffnete diesen, rührte ihn. Manche Unterwerfung kam nach stürmischen Szenen mit dem schmerzlich nachgesprochenen Worte: »Vater, vergib ihnen, sie wissen nicht, was sie tun!«

Der Leseeifer ging vorzugsweise auf das Romantische. Nicht etwa auf Romane; seit Walter Scotts farbenreichen Gemälden sprach nichts mehr an. Die Periode Cooper-Irving, der sich wiederum einige Mitschüler unter den Klassenpulten während der Stunde mit Leidenschaft hingaben, ging an dem Erzähler vorüber wie fast alles, was in gleicher Art die Abendzeitungsnovellisten schrieben, van der Velde, Tromlitz, Wachsmann u.a. Selbst Tiecks Novellen standen noch zurück gegen dessen »Octavian«, »Blaubart«, »Gestiefelten Kater«. Achim von Arnim wurde in allem, was an ihm faustisch, mittelalterlich, abstrus polemisch war, insoweit genossen, als wenigstens einiger Sinn und Verstand aus seiner forcierten Weise heraus zu erkennen war. Und E.T.A. Hoffmann, der Matador des Tages, der Gefeierte bei allen Hofräten, allen Stammgästen bei Sala Tarone, war dem Jüngling zu mitternächtlich blasiert. Nur das »Fräulein von Scudery« fesselte durch Grauen.

Jean Pauls Charaktere waren es, denen die ganze Hingebung eines gläubigen, noch unkritischen Gemüts gehörte, ein Lesen voll Liebe und Bewunderung. An Jean Paul war so wohltuend, daß der Umgang mit ihm auch die Verbindung mit jener vornehm geistigen Welt erhielt, in der sich der erste wissenschaftliche Eifer der Jugend so hochmütig bewegt.

Jean Paul war gelehrt; er vergaß nie über seinen Helden, und wenn sie den untersten Lebensstufen angehörten, die Quellen seiner eigenen Bildung. Bald gibt er ein Zitat aus den Alten, bald eine Vergleichung mit einem kürzlich erst entdeckten Vorkommnis des chemischen Laboratoriums. Dann wieder bringt er nichtsdestoweniger wieder das der Jugend so wohlbekannte Platteste aus der Werkstatt des Schusters und Schneiders, des Schmieds und des Schlossers und bringt es in eine Beziehung zu den Äonen der Geisterwelt.

Den Jugendsinn reizt nichts so sehr als der Kontrast. Er wird immer lachen über die Unterbrechung alles Steifen, Feierlichen und Eingelernten durch die Bedingungen der Natur. Jean Paul wies auf Herder hin, und auch dessen Werke wurden erworben, zum Buchbinder gegeben und wenigstens teilweise von der Verklebung des Blätterschnittes durch Lektüre befreit, schon um Fühlung mit der Theologie zu behalten.

Denn die Theologie sollte und mußte es werden. Ein geringes Stipendium stand (unter der »Gerichtslaube« des Rathauses, wo sich die Kasse der Stiftungen befand) in Aussicht, aber nur für einen Theologen.

Der regelmäßig eingehaltene Sonnabendnachmittag bei Giovanoly, die dann frisch und neu angekommenen, mit unsrer gegenwärtigen Zeit verglichen, so dürftigen, sämtlich streng zensurierten Morgen-, Mittag-, Abend- und Mitternachtszeitungen brachten die laufende Chronik der zeitgenössischen Belletristik, Berichte über Schauspieler und neue Stücke, Kritiken und Antikritiken, Korrespondenzen. Der Wert der Leistungen ging weit auseinander. Von Altenburg, das den Ruhm genoß, die einzige Stadt zu sein, wo die Zensur milde geübt wurde, kamen Zeitbetrachtungen; von Leipzig verbreitete sich die dilettantische Novellenschreiberei und bei literarischen Klopffechtereien eine banausische Sprache. Die Frauennamen singen an eine Rolle zu spielen. Anfangs mehr in der Lyrik als im Roman. Wien vertrat ganz nur die Interessen der Bühne. Alledem, verflachend, wie es wirkte, hielt den Widerpart teils die schwäbische Lyrik, teils die im Norden immer mehr aufkommende literargeschichtliche Philologie, wie man die nicht endenden Rückblicke auf Weimar und die Dichterheroen (die hinterlassenen »Briefwechsel« singen an eine Rolle zu spielen) nennen möchte. Zwischendurch ertönten schon immer mehr die Zerrissenheitsakkorde, Spuren der ersten Einwirkung Lord Byrons auch auf Deutschland.

Wer sich wie der Erzähler in Ludwig Uhland vertiefen, diesen geliebten Sänger der Naturschönheit und der Ritterzeit in den Park von »Bellevue« mitnehmen, ihn dort auf einer Bank oder am »Schafgraben« auf einem Rasenfleck mit romantischer Schwelgerei genießen konnte, war unfähig, an Heinrich Heine Gefallen zu finden. Die »Reisebilder«, so manche Heinesche Mitteilung im »Gesellschafter« widerstanden. Die Empfindung, die in dem einen seiner mir viel zu »loddrig« gearbeiteten Gedichte herrschte (der Philologe hielt auf Reim und Rhythmus), wurde im andern wieder aufgehoben, ja oft am Schluß der Gedichte selbst schon. Die französische Spitze mit »Madame« und ähnlich erschien dem jungen Kritiker albern, nur für *commis voyageurs* berechnet, denen er überließ, darüber zu lachen. Dazu wurde die ganze Haltung des Heineschen Liedes von ihm für ein Plagiat erklärt. Des »Knaben Wunderhorn« war eines der Bücher, die sich auf unsrer defekten Bibliothek aus der Bernhardizeit des Gymnasiums erhalten hatten. Darin standen ja alle diese Rosen und Lilien und blitzten alle diese Tautropfen und waren auch all diese Balladenwendungen zu lesen: »In Straßburg auf der Schanz« – und auch sonst schien das Gehabe und Getue vom Tannhäuser und von der Frau Minne usw. nur erborgt.

Heines Judentum ergänzte das ganze Bild von alten erborgten Kleidern.[1] Noch drei Jahre später nannte ich seine Blumen in einer meiner ersten Kritiken gemachte und sprach von Taft, aus dem sie gefertigt, und von Odeur, den sie verbreiteten, aus darauf getröpfelten Essenzen. Im wesentlichen ist das meine Meinung immer geblieben, ungeachtet der Kompositionen von Schumann und Mendelssohn, deren Schönheit dem Dichter zugute gekommen. Ich zog mir freilich damit den Haß und die Verfolgung des Mannes bis an sein Ende, ja noch bis über sein Grab hinaus zu. Denn die Herren Herausgeber seines Nachlasses nahmen keinen Anstand, nur um Bücher zu machen, all die Unflätereien drucken zu lassen, die sich Heine zu gelegentlicher Einschaltung in seine Schriften notiert hatte.

Das »Morgenblatt« wurde damals in seinem poetischen Teil von dem Professor Gustav Schwab, in seinem kritischen von Dr. Wolfgang Menzel redigiert. An das letztere, dies Bekenntnis bin ich schuldig, schloß alles, was in mir nach Licht und Gestaltung rang, wie mit organischer Notwendigkeit und Zugehörigkeit an. Der Redakteur des »Tübinger« Literaturblattes, wie es genannt wurde, hatte zwar Gegner, wo man hinblickte; die von ihm Getadelten rächten sich in Prosa und Versen; die bekannte Polemik Menzels gegen Goethe, die auf einigen weiter von ihm ausgeführten Sätzen des vom Erzähler schon leidenschaftlich geliebten, oft laut rezitierten Novalis beruhte, hatte ihn vorzugsweise verhaßt gemacht in Berlin, wo gerade damals auf Zelters Betrieb der Goethekultus (halb dem großen Genius, halb dem Minister geltend) in vollster Blüte stand; aber ich stand unentwegt zu dem damals patriotisch, deutsch und natürlich urteilenden Manne.

Ratlos noch über die Wahl, die in jenem Konflikt gegen oder für den Dichter des »Faust«, »Götz«, »Egmont«, »Werther« getroffen werden sollte, hielt sich der junge Literaturadept an die wenigstens für ihn bezaubernde Wirkung der W.Menzelschen Begründung seines kritisch-literarischen Urteils durch die Interessen der Nation im großen und ganzen. Deutschlands tiefster Verfall im 18. Jahrhundert, die Wiedergeburt des Vaterlandes zunächst durch die Belebung unserer geistigen Spannkraft, aber auch da noch selbst in dem Leben der Heroen der idealen Revolution, die wir durchmachten, so vielfach vorkommende Charakterlosigkeit in politischen Dingen, Kriecherei und Schmeichelei gegen Große, alles das hat W. Menzel meisterhaft geschildert.

Er zeigte, wie trotz all unsrer Philosophie und Poesie das Reich in Stücke ging und die Trümmer zum Spielball der Brutalität des Korsen wurden. Er schilderte die Keime neuer Hoffnungen, die Gedanken des Tugendbundes, wie sie genährt und verbreitet wurden während des Drucks, die Taten Steins, die Aufrufe Jahns, Arndts, Görres' an ein neues Geschlecht von antiker Bürgertugend und spartanischer Sittenstrenge, den

---

[1] *Anspielung auf den wenige Zeilen vorher erhobenen Vorwurf des literarischen Plagiats. Vgl. hierzu die Einleitung des Herausgebers auf Seite 21 f.*

Kampf um die Erhaltung dessen, was aus dem Zusammensturz des Alten noch mit den Erkennungszeichen ehemaliger schönerer Bewährung zu retten war, die Enthüllungen und Neuverklärungen altgermanischer Gedanken und Institutionen, ohne darüber den Rechten der Gegenwart, selbst der Ironie, dem Witze, sogar dem vollsten Gepräge des Modernen, dem Wohlgefallen am Esprit selbst eines Voltaire etwas zu vergeben. Das war die damalige eigentümliche Anschauung Wolfgang Menzels, die in jener dumpfen Zeit ihre vollkommene Würdigung nur in dem politisch vorgeschritteneren Süddeutschland fand. In einem eigenen Buche: »Die deutsche Literatur« (erschienen bei den Gebrüdern Franckh in Stuttgart, die damals die gesamte Buchhändlerwelt mit ihren Verlagsunternehmungen überraschten) wurde der *Status quo* des geistigen Schaffens der Deutschen, von der Lyrik an bis in die Naturwissenschaften, mit schlagendem Witz und dem vielseitigsten Wissen festgestellt. Erst spätere Einsicht entdeckte Lücken und Irrtümer, wie sie sich aus dem leichten desultorischen Gange der Behandlung doch nicht entschuldigen ließen. Doch der erste Eindruck war für ein Jugendgemüt überwältigend. Für jede Form der Dichtkunst, für jede Disziplin der Wissenschaft suchte Menzel die Verbindung mit den teuersten Gütern der Nation herzustellen, mit dem verlorenen und zurückzuerobernden Palladium der Nationalgröße, mit ständischer Freiheit, mit öffentlicher Jugenderziehung, mit Reform nach allen Seiten hin. Das blendende Buch wurde von dem Siebzehnjährigen sofort käuflich erworben und verschlungen.

Die »korrekte Denkerschaft« der Schulkameraden steuerte nur dem Examen zu. Selbst der geniale Hermann Böttcher hatte keinen andern Mitteilungsdrang und keine andre Empfänglichkeit für Poesie, als wenn ihm diese entgegentrat aus den patriotischen Liedern des neuen Leipziger Kommersbuches, Vossens »Luise«, Kosegartens »Jucunde«. Tiedges »Urania«, Schulzes »Bezauberte Rose« wurden genannt, Werke, die für mich schon Menzels Negation, wie die Kritiker zu tun pflegen, in ein eigenes Schubfach gelegt und »abgetan« hatte.

Der Versuch, eine sich wöchentlich einmal versammelnde Gesellschaft zu gründen und aus den »Verhandlungen« derselben eine (geschriebene) Zeitschrift hervortreten zu lassen, gelang für einige Zeit. Die »Blätter für Poesie und Prosa« brachten es auf einige Nummern. Der darin am häufigsten aufgetretene Mitarbeiter war der Sohn des damals in voller Machtblüte stehenden Demagogenverfolgers von Kamptz.

Jünglingsfreundschaften sind gewiß ein erquickender Tau für eine Jugend, die zuletzt unter ihren Büchern und vollzuschreibenden Heften verschmachtet. Wie aber die stille Widerspiegelung gegebener Zustände überhaupt nicht die Art der Jugend ist, sondern ihr alles, was sie unternimmt und erlebt, einen Treffer, einen Zielpunkt haben muß, so verlangt auch jede Jugendfreundschaft eine Nahrung, ein besonderes Band des Interesses. Entweder kletten sich die jungen Herzen aneinander an zum Erproben ihrer Kraft, wo es dann zu Exzessen kommt, worüber die meisten Eltern die Jugendkameradschaft verwünschen – oder es muß eine gleiche Stimmung und Richtung im wissenschaftlichen Streben vorhanden sein, eine liebevolle gegenseitige Förderung und die Anerkennung des gegenseitig erkannten Wertes. Die letztere ist höchst selten. Der Neid, die Mißgunst stellen sich nur allzufrüh in Seelen ein, die aus ihren Familien oft in der Tat auch nichts als ein dumpfes, vegetativ-egoistisches Leben mitbringen. Kalt und gleichgültig trottet da das eine dünkelhafte, hoffnungsvolle Muttersöhnchen neben dem andern. Die große Stadt, die weiten Entfernungen, die verschiedenen Lebensweisen der Familien tun für die Isolierung noch das übrige.

Im ganzen hatte der demnächstige Abiturient über den Mangel an Beziehungen nicht zu klagen. Sein eignes Gefühl für Freundschaft ging bis zu Anwandlungen platonischer Leidenschaft. Ihm konnte geschehen, daß er auf den nackten Arm eines im heißen Sommer in Hemdärmeln mit ihm zugleich zu Hause übersetzenden Kommilitonen mit förmlichem Liebesschauer einen Kuß drückte. Aber volle Vertraute des Herzens und der keimenden exklusiveren Bildung gab es nicht. Abgesehen von dem politischen Schwärmen für Jahn, Sand, Herbst, Haupt mit einigen Gesinnungsverwandten, lagerte sich um den romantischen Träumer zuletzt völlige Einsamkeit. Bibliothekar des Gymnasiums geworden, hatte er nach und nach zum Lesen alles mitgenommen, was einen besonderen Reiz an sich zu tragen schien, sowohl aus der rationalistischen Zeit Nicolais, Reisebeschreibungen und die gesamte Berliner Monatsschrift Gedikes und Biesters, die treffliche, belehrende Aufsätze enthielt, wie aus der romantischen Epoche alles, was noch nicht an die Antiquare der Königstraße verhandelt war, z.B. sechs Bände »Studien« von Creuzer und Daub, eine Fundgrube für die Geschichte der wissenschaftlichen Forschung seit 1806. Die mythologische Frage, über welche der alte Voß und Creuzer in Streit gerieten, führte wieder auf Wolfgang Menzel zurück. Denn dieser hatte sich in diesen ganz Deutschland (schon des Krypto-Katholizismus wegen, den Voß in den Beschäftigungen mit Indiens Götterlehre sehen wollte) aufregenden Streit gemischt und war auf die Seite Creuzers getreten. Die jugendliche Hingebung faßte alles nach den Gesichtspunkten ihres Führers. Das Herz des Jünglings marktet und dingt nicht. Ist es für eine Frage, für einen Charakter einmal gewonnen, was kann die Liebe wankend machen! Mittelstraßen werden erst in späteren Jahren gefunden.

»Alles Wissen bläht auf.« Hochgemutet, wenn nicht hochmütig wurde die Stimmung, die sich einst bei einem abendlichen Spaziergange mit einem Kameraden, dem späteren Prediger Hache, Unter den Linden sich fast wie im Pharisäergeist an die Brust schlagend, mit dem gemeinen Mann ringsum in Vergleichung bringen und die unermeßliche Vornehmheit, Größe und schon auf Erden verbürgte Unsterblichkeit rühmen konnte, die eine musische Lebensbestimmung dem Menschen gäbe, der Umgang mit der Welt des Großen und Schönen! Glaubten wir nicht beide, wie unter den Säulen des Parthenon, auf der Akropolis zu Athen zu stehen! Wir waren den Menschen um uns her der wahre Vollblutjunker des lateinischen und griechischen Selbstgefühls. Glücklicherweise ging der Hochmut auf Gutes und Schönes. Der Vetter Apokalyptiker mußte zuerst daran glauben. »Machen Sie sich doch nicht lächerlich, Vetter!« hieß es, wenn sich dieser jeden Sonntag nach der Kirche zum bescheidenen Mittagsmahl des Hauses, dessen Regeln die alten blieben, einstellte, am Büchergestell des in einer Kammer hausenden Neffen eine Lektüre ausgesucht hatte und darin mit kritischem Kopfschütteln und jeweiligen Interjektionen bis zum »Gott sei Dank, der Tisch ist gedeckt!« sich vertiefte. Kant, Jacobi, Fichte und Schleiermacher liefen schon unter – die Bücherstände der Antiquare in den Straßen kannten den eifrigen Rückentitelleser und Käufer. Wurde der Vetter gefragt: »Nun, Vetter, wie steht's wieder?« Irrlehren! hieß es. Jedes Räsonnement, wo nicht sofort Christus ins Treffen rückte, schien ihm auf den Weg gefallen. Die liebste Lektüre blieb ihm die Beckersche Weltgeschichte, die Herr Cleanth nicht hatte mit nach Polen nehmen wollen.

Die alle Vierteljahre einmal anlangenden »Briefe aus Warschau« fielen in ein, nach den Außeneindrücken beurteilt, freudlos und völlig düster gewordenes Jugendleben wie Sonnenstrahlen in einen Regentag. Die Hoffnung auf eine baldige Wiedervereinigung mit dem fernen Freunde wurde nicht erfüllt, auch nicht mehr genährt. Die Familie wurde ostensibel russisch, im stillen polnisch.

Das Abiturientenexamen brachte das möglich beste Zeugnis, das gegeben werden konnte. Zum Programm der feierlichen Entlassung gehörte eine lateinische Rede über eine übliche Aktusphrase: Das Studium des Altertums in seinem wohltuenden Einfluß auf die Sitten. Wieviel Beispiele hätten dem pathetischen Redner entgegengehalten werden können vom absoluten Gegenteil, vom erbärmlichsten Charakter der größten Altertumsforscher! Nur allein der dem gefeierten Cicero fast gleichgeachtete Muretus, der Verherrlicher der Bartholomäusnacht, brauchte genannt zu werden und die vielen Schwächlinge, Abenteurer, Betrüger unter den späteren Humanisten! Aber die Suada floß, und die Perioden hatten ihr ciceronianisches *esse videatur*.

Der Singchor unsres großen Freimaurer- und Liedertafel-Meisters gab vor- und nachher Sätze aus Cherubinis »Requiem« mit einer Präzision, an welcher der Engere Rat der Singakademie seine Freude gehabt haben würde. Auch einige Prämien wurden ausgeteilt. Schließlich trat die hagere Gestalt des Rektors auf und gab mit dem ihm eigenen hochliegenden Nasalton seiner Rede das Bukett des Frühlingsvormittags, wo schon draußen die an den Straßenecken ausgebotenen Veilchen dufteten und auf dem Gendarmenmarkt die Hyazinthentöpfe blühten. Der Sprecher gab Paränesen an die aus der Anstalt Scheidenden, Danksagungen an die hohen Behörden, sowohl an die der Stadt wie an die des Ministeriums, unter denen Johannes Schulze, Süvern, Nicolovius nicht fehlten.

»Frei ist der Bursch! Halle soll leben!« Ach, wie so gern hätte der junge Fuchs, der am Tage darauf seinen ersten Kommers feierte, den Vers des Rundgesanges wahr machen mögen. Aber die Losung blieb Berlin, die Fortsetzung der Abhängigkeit von einer immer mehr gesteigerten Reizbarkeit des Hauses, die Fortsetzung jenes Wegwanderns, um lateinische und griechische Elemente zu lehren, deren immer präzise Beherrschung schon in den Hintergrund treten mußte im Gemüt des jungen Lehrers, der für den Zwiespalt seiner Stimmungen, die ihn halb zur schönen Literatur, halb zur Philologie zogen, vergebens nach Vermittlung rang. Vorläufig bot die alte Götterlehre und deren neuere wissenschaftliche Behandlung eine solche.

Die Berliner philosophische Fakultät hatte eine Abhandlung über die Schicksalsgottheiten der Alten verlangt. Mit Eifer fiel der Neuling auf das nach allen Seiten hin anregende Thema, dem dann die erste akademische Sommerlust und die Wintermorgenstunden von 6 bis 8, die Abendstunden von 9 bis 12 geopfert wurden. In diesem Thema trafen beide Interessen, die im Gemüt lebten, der künftige Lehrberuf und die gesteigerte Leidenschaft für Dichten und Denken, wie in einem Brennpunkte zusammen. Die anregendsten Werke mußten studiert werden, Schlegels »Weisheit der Inder«, Windischmann, viele Ausläufer der Naturphilosophie. Mit Schelling war man immer wieder dem »Alarcos« und »Jon« und den Weimarer Klassikern nahe. Den Alten, Sophokles, Äschylus ohnehin. Das nächste war, des »unerbittlichen Schicksals« wegen, dem selbst die Götter sich zu beugen hatten, gleich den ganzen Homer mit der Feder in der Hand durchzulesen. Die Theologie schien zu kurz zu kommen. Aber der Mußtheologe belegte auch seine theologischen Kollegia. Überraschend war ihm, als ihm Schleiermacher seine Nummer für die »Einleitung ins Neue Testament« gab, die lange, brennende Tabakspfeife, fast so lang wie der kleine große Mann selbst, die er, am Stehpult arbeitend, rauchte. Ein näheres Fragen: Wer oder woher? Wohin? Wie und wodurch? wurde nicht gestellt, nur die Nummer im Auditorium gegeben und der Termin angezeigt. Mehr gesprochen als: »Am 28. fange ich an!« hätte die Pfeife ausgehen lassen.

Woher und wohin? Im Innern sah es chaotisch genug aus. Die Zeit war hochtheologisch. »Wissen und Glaube« – darüber drängte sich Buch auf Buch. Homer und die Parzen und Wolfgang Menzels Literaturblatt hinderten nicht, daß der theologische Noviz sich sogar auf die Kanzel schwang und predigte.

Das geschah schon im Herbst 1829 im Dorfe Weißensee bei Berlin.

Verzeichnis lieferbarer Titel in der *Sammlung Zenodot*

Allgemeines Programm

Willibald Alexis: Die Hosen des Herrn von Bredow.
260 Seiten. ISBN 978-3-86640-111-2
Anonym: Fortunatus.
128 Seiten. ISBN 978-3-86640-164-8
Berthold Auerbach: Barfüßele.
152 Seiten. ISBN 978-3-86640-117-4
Hermann Conradi: Adam Mensch.
240 Seiten. ISBN 978-3-86640-103-7
Johann Jakob Engel: Herr Lorenz Stark.
140 Seiten. ISBN 978-3-86640-171-6
Paul Ernst: Der schmale Weg zum Glück.
212 Seiten. ISBN 978-3-86640-112-9
Franz Michael Felder: Reich und arm.
256 Seiten. ISBN 978-3-86640-131-0
Friedrich Gerstäcker: Die Regulatoren in Arkansas.
396 Seiten. ISBN 978-3-86640-177-8
Carl Hauptmann: Einhart der Lächler.
220 Seiten. ISBN 978-3-86640-134-1
Eduard von Keyserling: Abendliche Häuser.
108 Seiten. ISBN 978-3-86640-189-1
Eduard von Keyserling: Beate und Mareile.
92 Seiten. ISBN 978-3-86640-110-5
Eduard von Keyserling: Dumala.
92 Seiten. ISBN 978-3-86640-109-9
Eduard von Keyserling: Wellen.
108 Seiten. ISBN 978-3-86640-186-0

Klabund: Bracke.
96 Seiten. ISBN 978-3-86640-191-4
Friedrich Maximilian Klinger: Geschichte eines Teutschen der neusten Zeit.
184 Seiten. ISBN 978-3-86640-195-2
Adolph Freiherr von Knigge: Benjamin Noldmanns Geschichte der Aufklärung in Abyssinien.
228 Seiten. ISBN 978-3-86640-160-0
Adolph Freiherr von Knigge: Die Reise nach Braunschweig.
108 Seiten. ISBN 978-3-86640-197-6
Louise Otto: Schloß und Fabrik.
276 Seiten. ISBN 978-3-86640-165-5
Otto Ruppius: Das Vermächtnis des Pedlars.
192 Seiten. ISBN 978-3-86640-104-4
Paul Scheerbart: Lesabéndio.
144 Seiten. ISBN 978-3-86640-187-7
Friedrich Spielhagen: Zum Zeitvertreib.
152 Seiten. ISBN 978-3-86640-136-5
Carl Spitteler: Die Mädchenfeinde.
72 Seiten. ISBN 978-3-86640-184-6
Ludwig Thoma: Andreas Vöst.
220 Seiten. ISBN 978-3-86640-168-6
Ludwig Thoma: Der Ruepp.
148 Seiten. ISBN 978-3-86640-182-2
Ludwig Thoma: Der Wittiber.
152 Seiten. ISBN 978-3-86640-181-5

Jakob Wassermann: Christian Wahnschaffe.
588 Seiten. ISBN 978-3-86640-153-2
Jakob Wassermann: Die Juden von Zirndorf.
196 Seiten. ISBN 978-3-86640-154-9

Sophie Wörishöffer: Robert der Schiffsjunge.
456 Seiten. ISBN 978-3-86640-151-8

Bibliothek der Frauen

Charlotte von Ahlefeld: Erna.
144 Seiten. ISBN 978-3-86640-106-8
Charlotte von Ahlefeld: Marie Müller.
104 Seiten. ISBN 978-3-86640-115-0
Louise Aston: Aus dem Leben einer Frau.
72 Seiten. ISBN 978-3-86640-105-1
Louise Aston: Lydia.
128 Seiten. ISBN 978-3-86640-107-5
Ida Boy-Ed: Fanny Förster.
184 Seiten. ISBN 978-3-86640-119-8
Ida Boy-Ed: Vor der Ehe.
192 Seiten. ISBN 978-3-86640-120-4
Lily Braun: Lebenssucher.
288 Seiten. ISBN 978-3-86640-121-1
Lena Christ: Die Rumplhanni.
104 Seiten. ISBN 978-3-86640-122-8
Lena Christ: Madam Bäurin.
100 Seiten. ISBN 978-3-86640-123-5
Ada Christen: Jungfer Mutter.
104 Seiten. ISBN 978-3-86640-108-2
Hedwig Dohm: Christa Ruland.
152 Seiten. ISBN 978-3-86640-126-6
Hedwig Dohm: Schicksale einer Seele.
212 Seiten. ISBN 978-3-86640-125-9
Hedwig Dohm: Sibilla Dalmar.
192 Seiten. ISBN 978-3-86640-124-2
Marie von Ebner-Eschenbach: Ein kleiner Roman.
72 Seiten. ISBN 978-3-86640-167-9

Marie von Ebner-Eschenbach: Lotti, die Uhrmacherin.
96 Seiten. ISBN 978-3-86640-163-1
Marie von Ebner-Eschenbach: Unsühnbar.
152 Seiten. ISBN 978-3-86640-162-4
Caroline Auguste Fischer: Gustavs Verirrungen.
72 Seiten. ISBN 978-3-86640-172-3
Caroline de la Motte Fouqué: Der Spanier und der Freiwillige in Paris.
96 Seiten. ISBN 978-3-86640-133-4
Caroline de la Motte Fouqué: Magie der Natur.
96 Seiten. ISBN 978-3-86640-132-7
Louise von François: Stufenjahre eines Glücklichen.
380 Seiten. ISBN 978-3-86640-175-4
Henriette Frölich: Virginia oder Die Kolonie von Kentucky.
132 Seiten. ISBN 978-3-86640-176-1
Elisabeth von Heyking: Tschun.
144 Seiten. ISBN 978-3-86640-141-9
Maria Janitschek: Ninive.
124 Seiten. ISBN 978-3-86640-183-9
Eugenie Marlitt: Goldelse.
258 Seiten. ISBN 978-3-86640-196-9
Malwida Freiin v. Meysenbug: Himmlische und irdische Liebe.
88 Seiten. ISBN 978-3-86640-193-8
Henriette von Paalzow: Ste. Roche.

532 Seiten. ISBN 978-3-86640-190-7
Franziska Gräfin zu Reventlow: Der Selbstmord- verein.
96 Seiten. ISBN 978-3-86640-188-4
Friederike Helene Unger: Albert und Albertine.
124 Seiten. ISBN 978-3-86640-169-3

Friederike Helene Unger: Bekenntnisse einer schönen Seele.
108 Seiten. ISBN 978-3-86640-180-8
Friederike Helene Unger: Julchen Grünthal.
212 Seiten. ISBN 978-3-86640-135-8

Autobiographische Bibliothek

Ernst Moritz Arndt: Erinnerungen aus dem äußeren Leben.
260 Seiten. ISBN 978-3-86640-138-9
Lena Christ: Erinnerungen einer Überflüssigen.
152 Seiten. ISBN 978-3-86640-137-2
Theodor Fontane: Von Zwanzig bis Dreißig.
292 Seiten. ISBN 978-3-86640-140-2
Franz Grillparzer: Selbstbiographie.
124 Seiten. ISBN 978-3-86640-142-6
Karl Gutzkow: Aus der Knabenzeit.
172 Seiten. ISBN 978-3-86640-143-3
August Wilhelm Iffland: Über meine theatralische Laufbahn.
92 Seiten. ISBN 978-3-86640-145-7
Karl Immermann: Düsseldorfer Anfänge. Maskengespräche.
80 Seiten. ISBN 978-3-86640-146-4
Malwida Freiin von Meysenbug: Der Lebensabend einer Idealistin.
252 Seiten. ISBN 978-3-86640-147-1
Clara Müller-Jahnke: Ich bekenne..
124 Seiten. ISBN 978-3-86640-148-8
Anton Wildgans: Musik der Kindheit.
76 Seiten. ISBN 978-3-86640-150-1